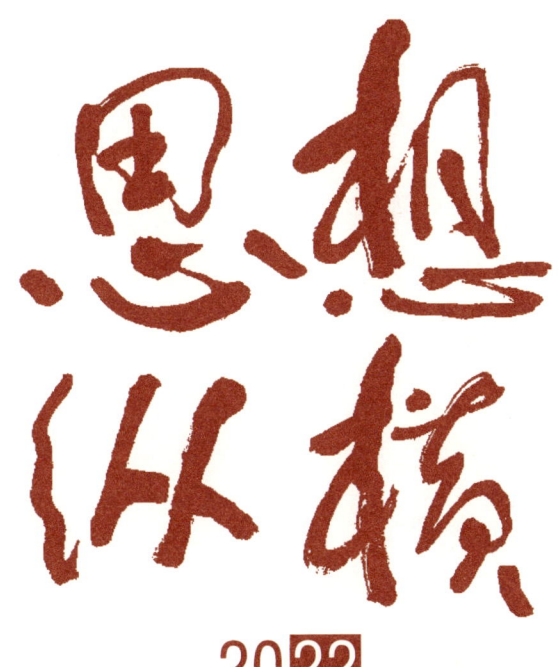

2022

人民日报理论部 主编

人民日报出版社

·北京·

图书在版编目（CIP）数据

思想纵横. 2022 / 人民日报理论部主编. — 北京：
人民日报出版社, 2023.3
  ISBN 978-7-5115-7682-8

Ⅰ. ①思… Ⅱ. ①人… Ⅲ. ①思想政治教育—学习参考资料 Ⅳ. ①D64

中国国家版本馆CIP数据核字(2023)第001434号

书　　名：	思想纵横. 2022
	SIXIANG ZONGHENG. 2022
作　　者：	人民日报理论部　主编
出 版 人：	刘华新
策 划 人：	欧阳辉
责任编辑：	寇　诏　刘　悦
封面设计：	三鼎甲
出版发行：	人民日报出版社
社　　址：	北京金台西路2号
邮政编码：	100733
发行热线：	（010）65369509　65369527　65369846　65369528
邮购热线：	（010）65369530　65363527
编辑热线：	（010）65363105
网　　址：	www.peopledailypress.com
经　　销：	新华书店
印　　刷：	北京盛通印刷股份有限公司
法律顾问：	北京科宇律师事务所 010-83622312
开　　本：	880mm × 1230mm　1/32
字　　数：	352千字
印　　张：	17.25
版次印次：	2023年3月第1版　2023年3月第1次印刷
书　　号：	ISBN 978-7-5115-7682-8
定　　价：	68.00元

前　言

"思想纵横"是人民日报理论版重点栏目，荣获第三十一届中国新闻奖新闻名专栏一等奖。注重思想言论一直是人民日报理论宣传的重要特色。1958年人民日报就开设了"思想评论"栏目，1990年7月6日开始使用"思想纵横"这个栏目名称。几十年来，几代理论宣传工作者薪火相传、苦心经营，"思想纵横"栏目成为人民日报理论宣传的一个标志性栏目、一棵常青树。

《思想纵横（2022）》从"思想纵横"栏目2022年刊发的文章中精选173篇。这些文章坚持以习近平新时代中国特色社会主义思想为指导，围绕深入学习贯彻习近平新时代中国特色社会主义思想和认真学习宣传贯彻党的二十大精神、党的百年奋斗历史经验、不断推进马克思主义中国化时代化等一系列重大理论和实践问题进行深入阐析，及时回应理论和现实热点问题，是党员、干部和青年深入学习贯彻党的创新理论、准确把握党的路线方针政策的通俗理论读物。

目 录

1. 从根本上改变了中国人民的前途命运
   ——深刻认识党的百年奋斗历史意义① ………… 任　勇/001
2. 开辟了实现中华民族伟大复兴的正确道路
   ——深刻认识党的百年奋斗历史意义② ………… 温　静/004
3. 展示了马克思主义的强大生命力
   ——深刻认识党的百年奋斗历史意义③ ………… 沈永福/007
4. 深刻影响了世界历史进程
   ——深刻认识党的百年奋斗历史意义④ ………… 张树华/010
5. 锻造了走在时代前列的中国共产党
   ——深刻认识党的百年奋斗历史意义⑤ ………… 秦　强/013
6. 以高水平安全保障高质量发展 ………… 袁　鹏/016
7. 用制度保障风清气正 ………… 张　磊/020
8. 实现"稳"与"进"良性互动 ………… 孙来斌/024
9. 让我们一起向未来 ………… 徐　川/027
10. 凝聚起团结奋斗的磅礴力量 ………… 董晓辉/030

11. 以历史主动精神赢得胜利 …………………… 商爱玲/033
12. 促进各国人民民心相通 ……………………… 李　丽/036
13. 以坚定历史自信走好新的赶考之路 ………… 王　广/039
14. 从延续民族文化血脉中开拓前进 …………… 梁　宇/042
15. 深刻认识和把握共享发展 …………………… 李琳琳/045
16. 正确把握社会主要矛盾和中心任务 ………… 阮　青/048
17. 增强过硬的担当本领 ………………………… 刘起军/051
18. 在守正创新上实现新作为 …………………… 田鹏颖/054
19. 善于从战略上看问题想问题 ………………… 邓一非/057
20. 淬炼自我革命锐利思想武器 ………………… 杨　明/060
21. 坚守自我革命根本政治方向 ………………… 曹　平/063
22. 大力弘扬全人类共同价值 …………………… 董　青/066
23. 书写新的奋斗历史 …………………………… 周　阳/069
24. 常怀远虑　居安思危 ………………………… 肖伟光/072
25. "双奥之城"讲述多彩中国故事 ……………… 徐和建/075
26. 着力提高理论素养 …………………………… 喻立平/078
27. 打好自我革命攻坚战和持久战 ……………… 高正礼/081
28. 丰富自我革命有效途径 ……………………… 何　畏/084
29. 不断开辟马克思主义中国化新境界 ………… 宋凌云/087
30. 团结奋斗开创美好未来 ……………………… 杨　丹/090
31. 把好事实事做到群众心坎上 ………………… 王影迪/093
32. 团结合作创造人类更美好未来 ……………… 刘兴华/096
33. 在自己选择的道路上昂首阔步走下去 ……… 肖贵清/099

34. 重视战略策略问题 …………………………… 郑丽平/102

35. 以不负人民的实际行动彰显家国情怀 ………… 江　畅/105

36. 加快科技成果向现实生产力转化 ……………… 李翰斌/108

37. 党是领导我们事业的核心力量 ………………… 郭庆松/111

38. 更好肩负起新时代的职责和使命 ……………… 马福运/115

39. 担当和斗争是一种责任 ………………………… 何海根/118

40. 为推进伟大自我革命提供制度保障 …………… 周叶中/121

41. 担当和斗争是一种格局 ………………………… 孙　英/124

42. 人民当家作主的生动实践和必由之路 ………… 桑玉成/127

43. 在防范化解风险上勇于担责全力尽责 ………… 袁绍光/131

44. 运用系统观念推动各领域工作 ………………… 韩庆祥/134

45. 学习理论要有三种境界 ………………………… 张　浩/138

46. 全面深化改革总目标的科学内涵 ……………… 郑新立/141

47. 依靠斗争赢得未来 ……………………………… 卢　毅/145

48. 在高质量发展中保障和改善民生 ……………… 邵景均/148

49. 抓住抓好总抓手 ………………………… 莫纪宏　王　喜/151

50. 筑牢高质量发展的制度基石 …………………… 洪银兴/154

51. 大力弘扬北京冬奥精神 ………………… 周美雷　张文君/158

52. 大力发扬担当和斗争精神 ……………………… 刘　学/161

53. 铸牢党对军队绝对领导这个强军之魂 ………… 杨　超/164

54. 在青春的赛道上奋力奔跑 ……………………… 闫　帅/168

55. 做有理想有本领有担当的新时代中国青年 …… 杨　波/171

56. 强化精准思维 …………………………………… 周　晔/174

57. 引领时代潮流的鲜明旗帜 …………………… 李　文/177
58. 最根本的本领是理论素养 …………………… 宋思强/181
59. 以伟大自我革命引领伟大社会革命 ………… 刘靖北/184
60. 为民造福是最大政绩 ………………………… 李包庚/187
61. 以系统观念把握构建新发展格局 …… 韩喜平　董　涛/190
62. 确保党始终总揽全局协调各方 ……… 秦　龙　吉瑞霞/193
63. 重视学习　善于学习 ………………………… 徐　闻/196
64. 爱读书　读好书　善读书 …………………… 甘　毅/199
65. 勇做新时代的弄潮儿 ………………………… 赵渊杰/202
66. 以高度政治自觉推进全面从严治党 ………… 徐建刚/205
67. 做新时代好青年 ……………………………… 陈　翔/209
68. 时刻绷紧旗帜鲜明讲政治这根弦 …………… 洪向华/212
69. 把青春播撒在民族复兴的征程上 …………… 袁铭嵘/215
70. 中国经济巨轮破浪前行的科学指引 ………… 李义平/218
71. 在新征程上谱写激昂青春乐章 ……………… 王　衡/222
72. 统筹山水林田湖草沙系统治理 ……………… 马俊杰/225
73. 保持永不懈怠的精神状态和一往无前的奋斗姿态… 谢兵良/228
74. 争做伟大事业的生力军 ……………………… 付京香/231
75. 坚持正确党史观 ……………………………… 韩喜平/234
76. 坚定不移推进高水平对外开放 ……………… 权　衡/237
77. 对"国之大者"心中有数 ……………………… 梁　宇/241
78. 提升基层治理法治化水平 …………………… 沈建波/244
79. 新的赶考之路上永葆自我革命精神 … 王越芬　关媛媛/247

80. 深化对做好经济工作的规律性认识 …………… 鲍文涵/250

81. 全过程人民民主展现强大生命力 ……………… 唐亚林/253

82. 以奋斗者的姿态逐梦蓝天 ……………………… 徐朝梁/257

83. 把道理讲深讲透讲活 …………………………… 赵正桥/260

84. 全面加强基础设施建设 ………………………… 张立群/263

85. 法治获得感不断增强 …………………………… 李　林/266

86. 激发青春的能动力和创造力 …………………… 庄忠正/269

87. 传承好弘扬好新时代北斗精神 ………………… 陈忠贵/272

88. 引导学生扣好人生第一粒扣子 ………………… 骆　乾/275

89. 科学把握功成的"有我"与"无我" … 宁　波　董　伟/278

90. 坚持就是胜利 …………………………………… 侍　旭/281

91. 敬仰中华优秀传统文化 ………………………… 蔡文成/284

92. 用根本制度保障文化建设 ……………………… 欧阳雪梅/287

93. 大力弘扬留学报国的光荣传统 ………………… 郑传芳/290

94. 推动构建科技伦理治理体系 …………………… 潘教峰/293

95. 人民是党执政兴国的最大底气 ………………… 杨丽敏/296

96. 创造人类减贫史上的奇迹 ……………………… 张晓山/299

97. 以好家风涵养团结奋斗精神 …………………… 朱翠明/303

98. 要有"时时放心不下"的责任感 ……………… 张　帆/306

99. 制度强则国家强 ………………………………… 步　超/309

100. 把系统观念贯穿"双碳"工作全过程 ……… 庄贵阳/312

101. 保持历史耐心和战略定力 …………………… 王　萍/316

102. 把阅读作为成长的重要途径 ………………… 王英华/319

103. 弘扬平等互鉴对话包容的文明观 ······ 刘梁剑/322
104. 毫不动摇坚持党对人民军队绝对领导的根本原则和制度 ······ 杨　艳/325
105. 数字化让乡村文化焕发盎然生机 ······ 方　宁/329
106. 提升数字文化建设水平 ······ 崔海教/332
107. 涵养新时代共产党人的良好家风 ······ 王增福/335
108. 坚持总体国家安全观 ······ 曹诗权/338
109. 以人民为中心是党的根本执政理念 ······ 郭建宁/342
110. 我们推进的是中国共产党领导的社会主义现代化 ······ 樊　伟/345
111. 弘扬爱国传统　共谋民族复兴 ······ 王英津/348
112. 一体推进不敢腐不能腐不想腐 ······ 宋　伟/351
113. 以奋发有为的精神状态奋进新征程 ······ 王祖强/354
114. 党的鲜明政治品格和强大政治优势 ······ 王新生/357
115. 在世界大变局中开创新局 ······ 吴志成/360
116. 深化社会主义价值目标理论 ······ 赵中源/364
117. 尊重人民首创精神 ······ 殷　烁/367
118. 把我们自己的事情做好 ······ 袁吉富/370
119. 科学把握战略机遇和风险挑战 ······ 许宝健/373
120. 敢于斗争　敢于胜利 ······ 裴　新/376
121. 不断强固当代中国文化根基 ······ 蒋金锵/379
122. 坚持以马克思主义中国化时代化最新成果为指导 ······ 肖伟光/382
123. 牢牢掌握发展主动权 ······ 赵凌云/385
124. 始终同人民同呼吸共命运心连心 ······ 罗　峰/388

125. 建设高素质专业化教师队伍	拓俊杰	/391
126. 春风化雨　以美育人	朱立元	/394
127. 把国家和民族发展放在自己力量的基点上	汪明义	/397
128. 弘扬向上向善的文化	曾建平	/400
129. 坚定信心　迎难而上	刘　学	/403
130. 传承红色基因　凝聚奋进力量	孟月明	/406
131. 充分发挥科学理论指导的强大政治优势	邓一非	/409
132. 坚持底线思维	胡长栓	/412
133. 始终贯彻党的群众路线	夏锦文	/415
134. 始终把握历史主动	连李生	/418
135. 坚持中国特色社会主义道路	马　峰	/421
136. 归根到底是老百姓的"幸福梦"	何民捷	/424
137. 用新的伟大奋斗创造新的伟业	刘建平	/427
138. 团结就是力量　团结才能胜利	肖远平	/430
139. 团结才能胜利　奋斗才会成功	刘　学	/433
140. 培养担当民族复兴大任的时代新人	田海林	/436
141. 坚定历史自信	粟用湘	/439
142. 在新的赶考之路上交出优异答卷	曹　平	/442
143. 文化自信明显增强	姜圣瑜	/445
144. 增强忧患意识	陈始发	/448
145. 务必不忘初心、牢记使命	李立峰	/451
146. 务必谦虚谨慎、艰苦奋斗	朱文鸿	/454
147. 务必敢于斗争、善于斗争	程晓宇	/457

148. 回答并指导解决问题是理论的根本任务 …… 肖伟光/460

149. 坚持人民至上
　　——深刻学习领会"六个坚持"之一…… 张　彦/463

150. 坚持自信自立
　　——深刻学习领会"六个坚持"之二…… 欧阳锡龙/466

151. 坚持守正创新
　　——深刻学习领会"六个坚持"之三…… 景兰杰/469

152. 坚持问题导向
　　——深刻学习领会"六个坚持"之四…… 郑水泉/472

153. 坚持系统观念
　　——深刻学习领会"六个坚持"之五…… 杨　莘/475

154. 坚持胸怀天下
　　——深刻学习领会"六个坚持"之六…… 高祖贵/478

155. 用新的伟大奋斗创造新的伟业 …… 谢兵良/481

156. 主动识变应变求变 …… 蒋金锵/484

157. 继续推进实践基础上的理论创新 …… 欧阳辉/487

158. 永葆共产党人的清廉作风 …… 薛　琳/490

159. 树牢群众观点 …… 李梦云/493

160. 把党的伟大自我革命进行到底 …… 肖　飞/496

161. 健全新型举国体制 …… 王　钦/499

162. 坚持和发展中国特色社会主义的必由之路 …… 杨　明/501

163. 实现中华民族伟大复兴的必由之路 …… 陈志刚/504

164. 中国人民创造历史伟业的必由之路 …… 王小鸿/507

165. 新时代我国发展壮大的必由之路 ·············· 郑延冰/510

166. 永葆生机活力、走好新的赶考之路的必由之路··· 陈从楷/513

167. 对世界现代化理论的重大丰富和发展 ········ 于春晖/516

168. 实现人类历史上前所未有的伟大创举
　　——深刻理解把握中国式现代化的中国特色之一　鄢一龙/519

169. 着力促进全体人民共同富裕
　　——深刻理解把握中国式现代化的中国特色之二　潘玉驹/522

170. 物质文明和精神文明均衡发展、相互促进
　　——深刻理解把握中国式现代化的中国特色之三　张　明/525

171. 努力建设人与自然和谐共生的美丽中国
　　——深刻理解把握中国式现代化的中国特色之四　赵渊杰/528

172. 致力于推动构建人类命运共同体
　　——深刻理解把握中国式现代化的中国特色之五　谢　韬/531

173. 建设宜居宜业和美乡村 ···················· 杨　果/534

1

从根本上改变了中国人民的前途命运
——深刻认识党的百年奋斗历史意义①

任 勇

旧中国山河破碎，人民饥寒交迫、饱受欺凌。如今，中国人民过上了殷实幸福的小康生活。党的十九届六中全会通过的《中共中央关于党的百年奋斗重大成就和历史经验的决议》系统总结党百年奋斗的重大历史意义，第一条就是"党的百年奋斗从根本上改变了中国人民的前途命运"。中国共产党自成立以来，始终践行初心使命，团结带领中国人民进行英勇顽强的奋斗，促进了人民幸福、发展了人民民主、增强了人民自信，不断绘就美好生活的壮丽画卷。

回顾历史，人民生活的改善最有说服力。无论革命、建设、改革，我们党一切奋斗的根本目的，都是为了让人民过上好日子。100多年来，我们党团结带领人民夺取新民主主义革命伟大胜利，建立新中国，实现民族独立、人民解放；完成社会主义革命、推进社会主义建设，改变了国家一穷二白的面貌；进行改革开放和社会主义现代化建设，实现人民生活从温饱不足到总体小康、奔向全面小康的历史性跨越；开创中国特色社会主义新时代，成功打赢人类历史上规模最大、力度最强的脱贫攻坚战，全面建成小康社会，在推动高质量发展中不断促进全体人民共同富裕，人民对美好生活的向往不断变为现实。

在半殖民地半封建社会的旧中国，民主是中国人民遥不可及的梦想。经过艰苦卓绝的斗争，中国人民彻底摆脱了被欺负、被压迫、被奴役的命运，成为国家、社会和自己命运的主人，当家作主的梦想变成现实。在党的领导下，人民当家作主的政治架构、经济基础、法律原则、制度框架确立并不断发展，围绕实现人民当家作主的国家治理体系不断完善，确保了党的主张、国家意志、人民意愿相统一，人民当家作主体现到国家政治生活和社会生活的方方面面。党的十八大以来，我们党提出全过程人民民主的重大理念，团结带领人民发展全过程人民民主。人民意志得到更好体现、人民权益得到更好保障、人民创造活力进一步激发，中国人民共同奋斗圆梦的力量前所未有地凝聚起来，中国的民主之路越走越宽广。

中国共产党成立，中国人民精神上由被动转为主动。今天，中国发展进步的奇迹，中国日益走近世界舞台中央，让中国人民的信心有了更为坚实的底气。透过我们党百年奋斗取得的重大成就，透过我们党始终为人民谋幸福、为民族谋复兴的行动，人民群众切实感受和体会到中国共产党领导和社会主义制度的显著优势，不断加深对中国特色社会主义道路、理论、制度、文化的理解，自信心和自豪感空前提升，凝聚力和向心力显著增强。自信自立自强的中国人民，焕发出前所未有的历史主动性和创造性，把积累的巨大能量转化为实现中华民族伟大复兴的磅礴力量，书写着新时代中国发展的伟大历史。

改善人民生活、增进人民福祉需要久久为功、持续发力。新的征程上，人民群众对美好生活的需要日益增长，对生活品质和质量提出了更高要求。我们要更加紧密地团结在以习近平同志为核心的党中央周围，坚持以人民为中心的发展思想，把实现好、维护好、发展好最广大人民根本利益作为一切工作的出发点和落脚点，与人民想在一起、干在一起，解决好人民群众急难愁盼问题，让中国人民的生活展现出更加美好、更加幸福的图景。

(《人民日报》2022年01月04日　第9版)

2

开辟了实现中华民族伟大复兴的正确道路
——深刻认识党的百年奋斗历史意义②

温 静

党的十九届六中全会通过的《中共中央关于党的百年奋斗重大成就和历史经验的决议》指出:"党的百年奋斗开辟了实现中华民族伟大复兴的正确道路。"我们党团结带领人民在革命、建设、改革各个历史时期接续奋斗,创造了彪炳史册的奇迹,为实现中华民族伟大复兴建立了不朽功勋。百年来,从衰败凋零到欣欣向荣,从文明难以赓续到巍然屹立于世界东方,中华民族彻底扭转近代以来的历史进程,中华民族伟大复兴迎来前所未有的光明前景。

中华民族是世界上古老而伟大的民族,在漫长的历史中创造了灿烂文明。中华文明是唯一绵延5000多年未曾中断的文明,为人类文明进步作出了不可磨灭的贡献。然而,近代以后,在西方列强的侵略和掠夺下,中国逐步成为半殖民地半封建社会,国家蒙辱、人民蒙难、文明蒙尘,中华民族遭受了前所未有的劫难。从那时起，实现中华民族伟大复兴就成为中国人民和中华民族最伟大的梦想。为拯救民族危亡，各种主义、学说、思潮纷纷登场，但都没能解决中华民族的前途命运问题。中国迫切需要新的思想引领救亡运动，迫切需要新的组织凝聚革命力量。中国共产党一经成立，就把为中国人民谋幸福、为中华民族谋复兴作为自己的初心使命，开启了为实现民族复兴而奋斗创造的伟大历程。

回顾党的历史，无论弱小还是强大，无论处于顺境还是逆境，我们党始终牢记初心使命，经过艰辛探索开辟了实现中华民族伟大复兴的正确道路，一步一步推进民族复兴伟业。我们党团结带领全国各族人民，以英勇顽强的奋斗创造了新民主主义革命的伟大成就，为实现中华民族伟大复兴创造了根本社会条件；创造了社会主义革命和建设的伟大成就，为实现中华民族伟大复兴奠定了根本政治前提和制度基础；创造了改革开放和社会主义现代化建设的伟大成就，为实现中华民族伟大复兴提供了充满新的活力的体制保证和快速发展的物质条件；创造了新时代中国特色社会主义的伟大成就，为实现中华民族伟大复兴提供了更为完善的制度保证、更为坚实的物质基础、更为主动的精神力量。

实现中华民族伟大复兴是一个接续奋斗的过程，中国共产党人一代接着一代干、一棒接着一棒跑，以强烈的历史责任感和使命感努力在每个阶段都跑出好成绩。特别是党的十八大以来，以习近平同志为核心的党中央统筹把握中华民族伟大复兴战略全局和世界百年未有之大变局，以伟大的历史主动精神、巨大的政治勇气、强烈的责任担当带领人民实现全面建成小康社会的第一个百年奋斗目标，党和国家事业取得历史性成就、发生历史性变革，中华民族迎来了从站起来、富起来到强起来的伟大飞跃，实现中华民族伟大复兴进入了不可逆转的历史进程。

从四分五裂、一盘散沙到高度统一、民族团结，从积贫积弱、一穷二白到全面小康、繁荣富强，从被动挨打、饱受欺凌到独立自主、坚定自信，今日之中国日益走近世界舞台中央，古老的中华民族焕发新机、朝气蓬勃。现在，我们党正团结带领人民意气风发地向着第二个百年奋斗目标奋进，党的百年奋斗重大成就和历史经验给予我们奋进新征程的强大信心和底气。我们要坚定不移地在中国特色社会主义道路这条创造人民美好生活、实现中华民族伟大复兴的康庄大道上奋勇前行，继续在人类的伟大时间历史中创造中华民族的伟大历史时间。

（《人民日报》2022年01月11日　第9版）

3

展示了马克思主义的强大生命力
——深刻认识党的百年奋斗历史意义③

沈永福

党的十九届六中全会通过的《中共中央关于党的百年奋斗重大成就和历史经验的决议》系统总结了党百年奋斗的历史意义,明确指出:"党的百年奋斗展示了马克思主义的强大生命力。"中国共产党始终把马克思主义作为立党立国的根本指导思想,作为党的灵魂和旗帜,不断推进马克思主义中国化时代化,取得了革命、建设、改革的伟大成就。"中国共产党为什么能,中国特色社会主义为什么好,归根到底是因为马克思主义行!"这是为我们党波澜壮阔的奋斗历程所充分印证的深刻道理。

马克思主义深刻揭示了自然界、人类社会、人类思维发展的普遍规律,描绘了未来社会的美好蓝图,是我们认识世界、改造世界的科学真理。在近代挽救民族危亡的斗争中,中国共产党的先驱们历史性地选择了马克思列宁主义。在中国人民和中华民族的伟大觉醒中，在马克思列宁主义同中国工人运动的紧密结合中，中国共产党应运而生。我们党成立以后，始终坚持马克思主义的立场、观点、方法，洞察时代大势、把握历史规律、掌握历史主动，把科学理论作为锐利思想武器，战胜一系列艰难险阻，推动党和人民事业取得一个又一个胜利。我们党带领人民进行的伟大实践充分检验了马克思主义的科学性和真理性。历史证明，什么时候高举马克思主义的旗帜，正确运用马克思主义，我们的事业就能胜利前进；什么时候偏离马克思主义，党的事业就会遭受挫折。

在人类思想史上，马克思主义第一次创立了人民实现自身解放的思想体系。马克思主义是在人民求解放的实践中形成、丰富和发展的。我们党从成立之日起，就始终坚持人民立场这一马克思主义政党的根本政治立场，矢志践行为中国人民谋幸福、为中华民族谋复兴的初心和使命。毛泽东同志说："我们共产党人好比种子，人民好比土地。我们到了一个地方，就要同那里的人民结合起来，在人民中间生根、开花。"邓小平同志说："我是中国人民的儿子"。习近平总书记说："我将无我，不负人民"。我们党为了人民，艰苦奋斗、牺牲奉献、开拓进取，人民对美好生活的向往在党带领人民进行的拼搏奋斗中不断实现。马克思主义的人民性和实践性在中国得到充分贯彻。

马克思主义不是一成不变的教条，而是不断发展的、开放的理论，这是马克思主义始终闪耀真理光芒、充满生机活力的奥秘所在。我们党把马克思主义基本原理同中国具体实际相结合、同中华优秀传统文化相结合，着眼于马克思主义理论的运用，着眼于对实际问题的理论思考，着眼于新的实践和新的发展，不断推进理论创新、进行理论创造，极大地丰富发展了马克思主义。我们党百年奋斗取得的重大成就，充分展现了党的创新理论的实践伟力，充分彰显了马克思主义的开放性和时代性。

坚持和发展马克思主义，从理论和实践都需要全世界的马克思主义者进行极为艰巨、极具挑战性的努力。在当代中国，坚持和发展习近平新时代中国特色社会主义思想，就是真正坚持和发展马克思主义。我们必须全面贯彻习近平新时代中国特色社会主义思想，以科学理论引领伟大实践，不断推进马克思主义中国化时代化，永葆马克思主义生机活力。

(《人民日报》2022年01月13日　第9版)

4

深刻影响了世界历史进程
——深刻认识党的百年奋斗历史意义④

张树华

中国共产党既为中国人民谋幸福、为中华民族谋复兴,也为人类谋进步、为世界谋大同。党的十九届六中全会通过的《中共中央关于党的百年奋斗重大成就和历史经验的决议》指出:"党的百年奋斗深刻影响了世界历史进程。"我们党团结带领中国人民取得的伟大成就,不仅深刻改变了中国人民和中华民族的前途和命运,也深刻改变了世界发展的趋势和格局。

中国共产党是具有世界眼光、天下情怀的马克思主义政党。党的性质和宗旨决定了党的大追求、大境界、大担当,决定了党和人民事业是人类进步事业的重要组成部分。一百年来,中国共产党始终在世界发展进步的潮流中推进中国革命、建设、改革事业,与世界发展形成良性互动,不断为人类进步事业作出重大贡献。为了维护世界和平,中国共产党始终高举正义的旗帜,支持和平、反对战争,支持民主、反对强权,支持多边主义、反对单边主义，坚定维护世界和平，坚定维护国际公平正义。为了促进共同发展，中国共产党始终坚持发展自己、兼济天下、造福世界，在致力于实现自身发展的同时，为促进共同发展贡献力量。中国的发展进步深刻改变了国际力量对比，有力推动世界和平与人类进步。当前，世界百年未有之大变局加速演进，国际体系和国际秩序深度调整。作为世界上最大发展中国家、世界第二大经济体，中国的发展进步必将继续影响世界发展趋势和格局，更好地促进世界和平与发展。

现代化是人类社会发展的潮流。一些西方资本主义国家率先实现了现代化，但现代化不等于西方化，实现现代化并非只能走西方的发展道路。中国共产党团结带领中国人民所进行的一切奋斗，就是为了把我国建设成为现代化强国，实现中华民族伟大复兴。在中国共产党的领导下，当代中国的伟大社会变革，不是简单延续我国历史文化的母版，不是简单套用马克思主义经典作家设想的模板，不是其他国家社会主义实践的再版，也不是国外现代化发展的翻版，而是扎根本国历史文化土壤、立足本国实际，发挥社会主义制度优越性，成功走出中国式现代化道路，创造了人类文明新形态。中国式现代化既有中国特色，也有各国现代化的共同特征。中国式现代化道路取得巨大成就、展现出勃勃生机，拓展了发展中国家走向现代化的途径，给世界上那些既希望加快发展又希望保持自身独立性的国家和民族提供了全新选择，也充分证明通往现代化的道路不是唯一的，各国完全可以独立自主走出自己的路。

党的十八大以来，面对世界严重的治理赤字、信任赤字、和平赤字、发展赤字，面对"世界怎么了、我们怎么办"的时代之问，习近平总书记站在时代潮头，统筹中华民族伟大复兴战略全局和世界百年未有之大变局，提出人类命运共同体的重大理念，为解决复杂严峻的全球性问题贡献了中国智慧和中国方案，引领人类文明进步正确方向。在人类命运共同体理念的指引下，我们党团结带领中国人民并努力携手世界一切进步力量，致力于建设持久和平、普遍安全、共同繁荣、开放包容、清洁美丽的世界，成为推动人类发展进步的重要力量。

大道之行，天下为公。中国共产党将始终站在历史正确的一边，站在人类进步的一边，与一切爱好和平的国家和人民一道，推动构建更加公正合理的国际秩序，让人类文明百花园更加多姿多彩，推动历史车轮向着光明的前途前进。

（《人民日报》2022年01月14日　第9版）

5

锻造了走在时代前列的中国共产党
——深刻认识党的百年奋斗历史意义⑤

秦 强

党的十九届六中全会通过的《中共中央关于党的百年奋斗重大成就和历史经验的决议》指出,"党的百年奋斗锻造了走在时代前列的中国共产党",将其作为党百年奋斗的重要历史意义之一。我们党自成立以来,坚持性质宗旨,坚持理想信念,坚守初心使命,勇于自我革命,在生死斗争和艰苦奋斗中经受住各种风险考验、付出巨大牺牲,锤炼出鲜明政治品格,形成了以伟大建党精神为源头的精神谱系,保持了党的先进性和纯洁性,党的执政能力和领导水平不断提高。我们党成立时只有50多名党员,今天已成为拥有9500多万名党员、领导着14亿多人口大国、具有重大全球影响力的世界第一大执政党。

百年磨砺,苦难辉煌。中国共产党诞生于国家衰败之际、民族危难之时。虽然建党之时只有50多名党员,但作为一个以马克思主义科学理论武装起来的先进政党,中国共产党是中国工人阶级的先锋队，同时是中国人民和中华民族的先锋队。我们党从成立之日起就把马克思主义镌刻在自己的旗帜上，把实现共产主义作为最高理想和最终目标，代表着社会前进的正确方向。无论处于何种境况、面对何种困难，我们党都始终高扬马克思主义伟大旗帜，把马克思主义基本原理同中国具体实际相结合、同中华优秀传统文化相结合，不断推进马克思主义中国化时代化，用马克思主义的立场、观点、方法观察时代、把握时代、引领时代。

为中国人民谋幸福、为中华民族谋复兴，是我们党的初心使命。中国人民要彻底摆脱被欺负、被压迫、被奴役的命运，中华民族要从沉沦的谷底奋起、走向复兴，需要克服无数艰难险阻，任务极其艰巨。为了践行初心、担当使命，无数共产党人甘愿抛头颅、洒热血，视死如归、顽强奋斗、忘我奉献，用鲜血和生命书写英雄史诗、用智慧和汗水实现奋斗目标。一代代共产党人赓续红色血脉、传承红色基因，以革命者大无畏的奋斗精神挺立起共产党人的精神脊梁。我们党能够战胜各种风险挑战，能够始终走在时代前列，离不开革命加拼命的强大精神。

马克思主义政党的先进性和纯洁性不会随着时间推移而自然保持下去，先进的政党是在自我革命中锻造出来的。回顾历史，我们党总是在推动社会革命的同时，勇于推动自我革命，坚持真理、修正错误，敢于正视问题、克服缺点，勇于刮骨疗毒、去腐生肌。正是因为我们党始终坚持这一点，才能在危难之际绝处逢生、失误之后拨乱反正，成为永远打不垮、压不倒的马克思主义政党。

领导中国这样一个社会主义大国走向现代化，既要政治过硬，更要本领高强。我们党始终高度重视提高执政能力和领导水平，通过加强思想淬炼、政治历练、实践锻炼、专业训练，切实增强党员干部的学习本领、政治领导本领、改革创新本领、科学发展本领、依法执政本领、群众工作本领、狠抓落实本领、驾驭风险本领，着力提高党员干部的政治能力、调查研究能力、科学决策能力、改革攻坚能力、应急处突能力、群众工作能力、抓落实能力。中国共产党所具有的无比坚强的领导力，是风雨来袭时中国人民最可靠的主心骨。

当今世界，要说哪个政党、哪个国家、哪个民族能够自信的话，那中国共产党、中华人民共和国、中华民族是最有理由自信的。作为具有重大全球影响力的世界第一大执政党，中国共产党带领中国人民必将在新时代新征程上赢得更加伟大的胜利和荣光。

(《人民日报》2022年01月18日 第9版)

6

以高水平安全保障高质量发展

袁 鹏

国家安全工作是党治国理政一项十分重要的工作，也是保障国泰民安一项十分重要的工作。实现全面建成社会主义现代化强国的目标，保证人民安居乐业，必须把国家安全贯穿到党和国家工作各方面全过程，同经济社会发展一起谋划、一起部署。习近平总书记强调："坚持统筹发展和安全，坚持发展和安全并重，实现高质量发展和高水平安全的良性互动"。新时代新征程，我国经济社会发展对良好内外部安全环境需求更大、对国家安全状态水平要求更高。当前，百年变局叠加世纪疫情，面对艰巨繁重的改革发展稳定任务，面对日趋复杂严峻的外部环境，保持国泰民安的社会环境更加需要统筹谋划、一体推进高质量发展和高水平安全，坚持底线思维、增强忧患意识，不断增强高水平安全保障。

高质量发展为高水平安全提供更加坚实的物质基础，也对高水平安全提出更迫切的要求。我们党团结带领中国人民经过不懈奋斗，实现了第一个百年奋斗目标，正在意气风发向着全面建成社会主义现代化强国的第二个百年奋斗目标迈进，中华民族伟大复兴展现出前所未有的光明前景。今天的中国，拥有更强的经济、科技、军事硬实力和政治、制度、文化软实力，我们维护安全的手段更丰富、"工具箱"更完备。中国为疫情下世界经济复苏提供强大动力，成为新型经济全球化的引领者，在维护世界和平与发展中发挥重要作用。同时也要看到，进入新时代，人民群众对安全的需求越来越多样化。在国际上，个别国家推行霸权主义和强权政治，对世界和平与发展的威胁上升。面对这些风险挑战，只有居安思危，打造高水平安全，才能为高质量发展保驾护航，推动党和国家事业行稳致远。

打造高水平安全，关键是掌握维护国家安全的战略主动权。坚持敢于斗争，是我们党百年奋斗的历史经验之一。在错综复杂的形势面前，要保持沉着冷静，综合运用我国发展所具备的各种条件和手段，敢于斗争、善于斗争，着力防范化解各种重大风险挑战。塑造是更高水平的维护。打造高水平安全，不仅要具备维护国家安全的能力，更要具备塑造国家安全的主动意识和强大能力。坚持总体国家安全观，持续推进国家安全体系和能力建设，完善集中统一、高效权威的国家安全领导体制，完善国家安全法治体系、战略体系、政策体系等，提高运用科学技术维护国家安全的能力。科学研判当前安全形势和任务的变化，加深对生物安全、生态安全等非传统安全的认识，提高对各种新型安全风险的防范化解能力。不仅要做到标本兼治，保持国内社会大局稳定，更要主动运筹、有力维护外部安全，为实现第二个百年奋斗目标塑造更为有利的内外部安全环境。

我们所说的高水平安全是以人民安全为宗旨的。我们党始终把为中国人民谋幸福、为中华民族谋复兴作为初心和使命，把保持社会平安稳定作为治国理政的重大任务。党的十八大以来，以习近平同志为核心的党中央高度重视人民安全，切实维护广大人民群众安全利益，使人民的安全感更有保障。维护人民安全需要汇聚人民力量。人民群众的参与对于维护安全、应对和预防风险十分关键。要始终把人民作为国家安全的基础性力量，加强安全宣传教育，推动国家安全教育与宣传制度化、常态化，构建中国特色国家安全理论，推动安全教育进企业、进农村、进社区、进学校、进家庭，引导各方面各领域深刻领会国家安全的重要性，真正树立起全面加强国家安全的战略共识和战略自觉，拓展人民群众参与安全治理的有效途径，动员全社会力量合力守护安全。

新形势下的发展要在安全保障下不断实现，安全水平也要在发展基础上不断提升。在实践中，要把握好发展和安全的辩证统一关系。发展和安全相互关联，要运用总体思维和系统观念分析处理问题，将发展和安全放在中华民族伟大复兴战略全局和世界百年未有之大变局中思考和把握，既营造有利于经济社会发展的安全环境，又在发展中更多考虑安全因素，不断增强二者相互促进的集成效应。对于发展和安全，不能厚此薄彼、顾此失彼，既不能机械地理解成"一般齐"，避免局部合理政策简单叠加；也要防止"两张皮"，避免把任务简单分解。注意区分不同时期、不同领域、不同地区的具体实际，补短板、强弱项，让发展和安全在动态中实现平衡。

统筹发展和安全，增强忧患意识，做到居安思危，是我们党治国理政的一个重大原则。我们在社会主义现代化进程中妥善处理改革发展稳定关系，创造经济快速发展和社会长期稳定两大奇迹，与我们党始终坚持和运用这一重大原则密不可分。前进道路上，我们还会遇到各种可以预见和难以预见的风险挑战，必须牢固树立总体国家安全观，加快构建新安全格局，实现高质量发展与高水平安全良性互动，续写两大奇迹新篇章。

（《人民日报》2022年01月05日　第9版）

7

用制度保障风清气正

张 磊

风气正、人心齐、干劲足。着力保持风清气正的政治环境，对我们做好2022年经济工作、迎接党的二十大胜利召开具有重要意义。习近平总书记指出："要通过清晰的制度导向，把干部干事创业的手脚从形式主义、官僚主义的桎梏、'套路'中解脱出来，形成求真务实、清正廉洁的新风正气。"做好2022年各项工作，必须自觉运用党的宝贵历史经验，坚持全面从严治党，扎紧制度的笼子，保持风清气正的政治环境，以实际行动把习近平总书记重要讲话精神和党中央决策部署落实到位。

经济发展有其自身内在规律，但始终离不开良好的外部环境。有了风清气正的政治环境，人心就顺、正气就足，就能实现政通人和、安定有序；有了健康向上的政治生态，广大党员干部就有了好的精神状态，就能团结带领人民群众振奋精神，撸起袖子加油干。实践充分表明，净化政治生态、保持风清气正政治环境既是全面从严治党的重要任务,也是保持良好发展势头的重要基础,更是确保改革发展目标顺利实现的重要保障。

"善除害者察其本,善理疾者绝其源。"清除一切侵蚀党的健康肌体的病毒,铲除影响风清气正政治环境的病灶和霉点,根本上要靠法规制度,因为制度带有根本性、全局性、稳定性和长期性。为保持风清气正政治环境扎紧制度笼子,首要的就是严明党的政治纪律。在党的纪律中,政治纪律是牵头、管总的,抓住政治纪律这个纲,才能带动党内其他纪律都严起来。习近平总书记指出:"在政治纪律方面放松警惕、降低要求是危险的。"坚决维护习近平总书记党中央的核心、全党的核心地位,坚决维护党中央权威和集中统一领导,是党的最高政治原则和根本政治规矩。党的十九届六中全会通过的《中共中央关于党的百年奋斗重大成就和历史经验的决议》指出:"坚决维护党的核心和党中央权威,充分发挥党的领导政治优势,把党的领导落实到党和国家事业各领域各方面各环节,就一定能够确保全党全军全国各族人民团结一致向前进。"时刻"绷紧政治纪律这根弦",要求广大党员干部严守政治纪律、政治规矩,自觉增强"四个意识"、坚定"四个自信"、做到"两个维护",在思想上政治上行动上始终同以习近平同志为核心的党中央保持高度一致。

保持风清气正的政治环境，要从各级领导干部做起。习近平总书记指出："党的干部是党和国家事业的中坚力量""没有广大党员、干部的积极性和执行力，再好的政策措施也会落空"。要发挥制度正向激励作用，建立正向激励体系，树立讲担当、重担当的鲜明导向，充分激发广大干部干事创业的积极性、主动性、创造性，努力形成良好政风。广大领导干部要带头以党章为根本遵循，把好用权"方向盘"，系好廉洁"安全带"，自觉为保持风清气正的政治环境履职尽责、作出贡献。广大领导干部还要强化责任担当，抓住建章立制，立"明规矩"、破"潜规则"，压缩破坏风清气正政治环境现象生存空间，通过体制机制改革和制度创新促进政治环境不断改善。

监督是权力正确运行的保证。以习近平同志为核心的党中央坚持打铁必须自身硬，以严明的纪律管党治党，构建起党和国家监督体系，取得了反腐败斗争压倒性胜利并全面巩固，为保持风清气正的政治环境提供了重要制度保障。确保2022年经济工作稳字当头、稳中求进，要高度重视政治环境建设，充分发挥党和国家监督体系的保障作用，聚焦政治监督，强化日常监督，重视专项监督，不断深化和完善监督执行机制，坚决落实各级党委和政府党风廉政建设责任制，严格执行责任追究、监督检查、倒查追究等相关制度，坚持有腐必反、有错必究、有责必问。高度重视"小权力""微腐败"的破坏性，决不能因其小而忽视、因其微而放任。对这些"小权力""微腐败"，要从机制上防微杜渐、从监督上较真碰硬，从源头上防起、从具体案件抓起，不断筑牢拒腐防变的防线，做到敢抓敢管、真抓真管。

(《人民日报》2022年01月06日　第9版)

8

实现"稳"与"进"良性互动

孙来斌

2021年是党和国家历史上具有里程碑意义的一年。以习近平同志为核心的党中央沉着应对百年变局和世纪疫情，团结带领全党全国各族人民勠力同心、艰苦奋斗，构建新发展格局迈出新步伐，高质量发展取得新成效，实现了"十四五"良好开局。同时，在世纪疫情冲击下，百年变局加速演进，外部环境更趋复杂严峻。从国内看，经济发展面临需求收缩、供给冲击、预期转弱三重压力。2021年底召开的中央经济工作会议强调："明年经济工作要稳字当头、稳中求进"。这体现了党中央对当前经济形势的科学研判、对经济工作的科学部署，为做好2022年经济工作提供了重要方法论指引。

习近平总书记指出："问题是事物矛盾的表现形式，我们强调增强问题意识、坚持问题导向，就是承认矛盾的普遍性、客观性，就是要善于把认识和化解矛盾作为打开工作局面的突破口。"中央经济工作会议深刻分析进入新发展阶段面临的新的重大理论和实践问题，包括正确认识和把握实现共同富裕的战略目标和实践途径、正确认识和把握资本的特性和行为规律、正确认识和把握初级产品供给保障、正确认识和把握防范化解重大风险、正确认识和把握碳达峰碳中和，提出"稳字当头、稳中求进"的重要要求，体现出强烈的问题意识、鲜明的问题导向，蕴含着深刻的哲理。

坚持稳中求进工作总基调，必须正确处理"稳"与"进"的辩证关系。发展是硬道理，稳定也是硬道理，抓发展、抓稳定两手都要硬。"稳"和"进"相互促进，经济社会平稳，才能为调整经济结构和深化改革开放创造稳定宏观环境；调整经济结构和深化改革开放取得实质性进展，才能为经济社会平稳运行创造良好预期。贯彻"稳字当头、稳中求进"的重要要求，必须完整、准确、全面贯彻新发展理念，更加自觉地认识和把握"稳"与"进"的辩证法，以稳求进，以进固稳，在更周全的"稳"与更高质量的"进"良性互动中推动高质量发展。

"稳"和"进"是辩证统一、互为条件的，关键是把握好两者之间的度。中央经济工作会议强调，调整政策和推动改革要把握好时度效，坚持先立后破、稳扎稳打。这一要求正体现了事物发展的规律。

坚持稳中求进，要在把握好度的前提下有所作为，恰到好处，把握好平衡。稳字当头、稳中求进是一种稳慎进取的方针，强调保持战略定力和耐心，坚定不移做好自己的事情，保持宏观大局稳定。中央经济工作会议提出，宏观政策要稳健有效，微观政策要持续激发市场主体活力，结构政策要着力畅通国民经济循环，科技政策要扎实落地，改革开放政策要激活发展动力，区域政策要增强发展的平衡性协调性，社会政策要兜住兜牢民生底线。这七个方面的政策导向，贯穿了稳字当头、稳中求进的要求，明确了做好2022年经济工作的政策着力点，是坚持稳中求进工作总基调的重要路径。

我们的事业越是向纵深发展，就越要不断增强辩证思维能力。把握"稳字当头、稳中求进"的方法论，要善于处理局部和全局、当前和长远、重点和非重点的关系，在权衡利弊中趋利避害、作出最为有利的战略抉择。经济社会发展是一个相互关联的复杂系统，把稳字当头、稳中求进的重要要求落到实处，需要抓住主要矛盾和矛盾的主要方面，既讲两点论，又讲重点论，综合考虑政治和经济、现实和历史、物质和文化、发展和民生、资源和生态、国内和国际等多方面因素，注重总体谋划。坚持系统观念，全面系统地分析和处理问题，增强各项政策的关联性和耦合性，避免孤立片面"单打一"，防止畸重畸轻、单兵突进、顾此失彼，努力实现更高质量、更有效率、更加公平、更可持续、更为安全的发展，以优异成绩迎接党的二十大胜利召开。

(《人民日报》2022年01月10日　第9版)

9

让我们一起向未来

徐 川

"让我们一起向未来!"习近平主席二〇二二年新年贺词中温暖有力的结语,是对全党全国各族人民在全面建设社会主义现代化国家新征程上勇毅前行的有力动员。未来充满着机遇与挑战,意味着无限可能。"让我们一起向未来"饱含着美好憧憬与铿锵力量,体现了历史主动精神,激励我们踔厉奋发、笃行不怠,不负历史、不负时代、不负人民。

历史长河奔流不息。过去的奋力奔跑,让我们拥有了"一起向未来"的底气和能力。2021年是党和国家历史上具有里程碑意义的一年,我们党团结带领人民写下了浓墨重彩的一笔。我们隆重庆祝中国共产党成立一百周年,实现第一个百年奋斗目标,开启向第二个百年奋斗目标进军新征程,沉着应对百年变局和世纪疫情,构建新发展格局迈出新步伐,高质量发展取得新成效,实现了"十四五"良好开局。中国声音在这一年回响,中国故事在这一年传扬,呈现在世界面前的是一个坚韧不拔、欣欣向荣的中国。历史可以映照现实，也可以远观未来。党的十九届六中全会通过了党的第三个历史决议，深刻揭示过去我们为什么能够成功，也有力昭示未来我们怎样才能继续成功。百年成就使人振奋，百年经验给人启迪，极大提升了我们"一起向未来"的历史自觉与历史自信。对历史的最好纪念，就是创造新的历史。"一起向未来"，就要一棒接着一棒跑下去，为中国跑出一个光明未来。

未来属于奋斗者。无数平凡英雄拼搏奋斗，汇聚成新时代中国昂扬奋进的洪流。无论是在祖国边防还是在防疫战场，无论是在科技战线还是在奥运赛场，无论是在"太空出差"的三人组还是在平凡岗位默默奉献的劳动者，每一个人都是美好未来的建设者、见证者。"江山就是人民，人民就是江山"，人民是我们党执政的最大底气，是我们共和国的坚实根基，是我们强党兴国的根本所在。千头万绪的事，说到底是千家万户的事，人民对美好生活的向往就是我们的奋斗目标。"民之所忧，我必念之；民之所盼，我必行之。"这是大党大国领袖的深厚为民情怀，也是中国共产党人不断兑现的庄严承诺。

以咬定青山不放松的执着奋力实现既定目标。美好蓝图不会自动变成现实。今天，我们比历史上任何时期都更接近、更有信心和能力实现中华民族伟大复兴的目标，但中华民族伟大复兴绝不是轻轻松松、敲锣打鼓就能实现的，也绝不是一马平川、朝夕之间就能到达的。在"一起向未来"的伟大征途上，广大党员、干部要牢记中国共产党是什么、要干什么这个根本问题，回答好"从哪里来、往哪里去"这个基本命题，把握历史发展大势，坚定理想信念，牢记初心使命，始终谦虚谨慎、不骄不躁、艰苦奋斗，保持战略定力和耐心，以行百里者半九十的清醒不懈推进中华民族伟大复兴。

面对"世界怎么了、我们怎么办"的时代之问，中国共产党致力于为中国人民谋幸福、为中华民族谋复兴，也致力于为人类谋进步、为世界谋大同。截至目前，中国累计向120多个国家和国际组织提供超过20亿剂新冠疫苗，充分彰显了危难之时的中国担当。在"一起向未来"的伟大征途上，世界各国只有风雨同舟、团结合作，才能书写构建人类命运共同体的新篇章。

（《人民日报》2022年01月20日　第9版）

10

凝聚起团结奋斗的磅礴力量

董晓辉

力量生于团结，幸福源自奋斗。习近平总书记在全国政协新年茶话会上的重要讲话中指出："团结奋斗，这是一百年来中国共产党人、中国人民、中华民族锤炼铸就的宝贵精神品质。"我们党团结带领中国人民经过不懈奋斗，实现了第一个百年奋斗目标，正在意气风发向着全面建成社会主义现代化强国的第二个百年奋斗目标迈进。我们要高扬理想信念的旗帜，凝聚起团结奋斗的磅礴力量，努力赢得更加伟大的胜利和荣光。

中国人民是具有伟大团结精神的人民。在中华文明历史长河中，中国人民始终团结一心、同舟共济，建立了统一的多民族国家，形成了守望相助的中华民族大家庭。中华优秀传统文化注重团结和睦。"众人拾柴火焰高"，这一警句体现了中国人民始终把团结作为重要精神力量。

马克思主义认为，无产阶级必须团结一切可以团结的进步力量，联合一切可以联合的进步势力，才能实现全人类的解放。马克思在总结第一国际的经验时指出："国际的一个基本原则——团结。如果我们能够在一切国家的一切工人中间牢牢地巩固这个富有生气的原则，我们就一定会达到我们所向往的伟大目标。"历史和现实都充分证明，马克思主义政党要完成历史使命，就必须坚持大团结大联合。

团结奋斗是我们党战胜困难、破浪前行、走向成功的重要经验。革命战争年代，我们党坚持紧紧依靠群众、广泛发动群众，与人民同甘共苦、团结奋斗，取得新民主主义革命胜利。社会主义革命和建设时期，党领导和实现了全国各族人民的大团结，把一切积极因素调动起来，为社会主义建设服务。改革开放和社会主义现代化建设新时期，党充分激发蕴藏在人民群众中的创造伟力，团结带领人民大胆地试、勇敢地改，干出了一片新天地。中国特色社会主义进入新时代，党的团结统一达到了新的高度，军政军民团结坚如磐石，各民族像石榴籽一样紧紧抱在一起，党心军心民心空前凝聚振奋。

团结奋斗需要坚持统一战线。我们党的百年奋斗历程告诉我们，建立最广泛的统一战线，是党克敌制胜的重要法宝，也是党执政兴国的重要法宝。中国特色社会主义进入新时代，以习近平同志为核心的党中央加强党对统战工作的集中统一领导，积极推动构建大统战工作格局，充分发挥统一战线的重要法宝作用，最大限度地凝聚人心、汇聚力量，党和国家事业取得历史性成就、发生历史性变革。

习近平总书记指出:"实践证明,只要全党团结成'一块坚硬的钢铁',就能够把全国各族人民团结起来,形成万众一心、无坚不摧的磅礴力量,战胜一切强大敌人、一切艰难险阻。"新的征程上,我们面临的风险考验只会越来越复杂,甚至会遇到难以想象的惊涛骇浪。广大党员、干部要深刻领悟"两个确立"的决定性意义,不断增强"四个意识"、坚定"四个自信"、做到"两个维护",始终在思想上政治上行动上同以习近平同志为核心的党中央保持高度一致,进而把全国各族人民团结起来。只要不断巩固和发展各民族大团结、全国人民大团结、全体中华儿女大团结,铸牢中华民族共同体意识,形成海内外全体中华儿女心往一处想、劲往一处使的生动局面,就一定能够凝聚起团结奋斗的磅礴力量,书写新的恢宏篇章,创造新的更大奇迹。

(《人民日报》2022年01月21日 第9版)

11

以历史主动精神赢得胜利

商爱玲

中国共产党成立后,团结带领中国人民书写了中华民族几千年历史上最恢宏的史诗。我们党能够取得如此重大的成就,离不开伟大的历史主动精神。党的十八大以来,以习近平同志为核心的党中央以伟大的历史主动精神、巨大的政治勇气、强烈的责任担当,推动党和国家事业取得历史性成就、发生历史性变革。新的征程上,我们要继续发扬历史主动精神。

历史发展有其规律,但人在其中不是完全消极被动的。只要把握住历史发展规律和大势,抓住历史变革时机,顺势而为,奋发有为,我们就能更好前进。我们党始终以马克思主义基本原理分析把握历史大势,正确处理中国和世界的关系,在历史前进的逻辑中前进,在时代发展的潮流中发展,团结带领人民不懈奋斗。新民主主义革命时期,我们党正确把握中国具体国情和世界形势,找到了农村包围城市、武装夺取政权的正确革命道路。新中国成立后,我们党团结带领人民发挥社会主义制度集中力量办大事的优势，建立起独立的比较完整的工业体系和国民经济体系。作出改革开放的重大决策，也是基于我们党对时代潮流的深刻洞察。我们党正是在把握历史规律、发扬历史主动精神中不断开创伟业的。

党的十八大以来，以习近平同志为核心的党中央统筹把握中华民族伟大复兴战略全局和世界百年未有之大变局，贯彻党的基本理论、基本路线、基本方略，统揽伟大斗争、伟大工程、伟大事业、伟大梦想，坚持稳中求进工作总基调，出台一系列重大方针政策，推出一系列重大举措，推进一系列重大工作，战胜一系列重大风险挑战，解决了许多长期想解决而没有解决的难题，办成了许多过去想办而没有办成的大事。我们能够如期打赢脱贫攻坚战、全面建成小康社会、实现第一个百年奋斗目标，能够克服各种不利因素影响、实现"十四五"良好开局，是我们党始终立足新的历史方位、顺应历史潮流、团结带领人民砥砺奋进的结果，彰显了我们党的伟大历史主动精神。

伟大的历史主动精神之所以伟大，是因为征途上的一个个艰难险阻不断砥砺其成色。中华民族伟大复兴绝不是轻轻松松、敲锣打鼓就能实现的。党的十八大以来这些年，我们党面临形势环境的复杂性和严峻性、肩负任务的繁重性和艰巨性世所罕见、史所罕见。从全面从严治党、根本扭转管党治党宽松软状况，到敢于啃硬骨头、敢于涉险滩，推动全面深化改革向纵深发展；从基于我国发展阶段、环境、条件变化主动构建新发展格局、推动高质量发展，到迎着逆风逆流在世界大变局中开创新局、在世界乱局中化危为机……我们党以巨大的政治勇气迎难而上、开拓进取，以坚决勇毅的姿态下好先手棋、打好主动仗，从而能够赢得优势、赢得主动、赢得未来。

伟大的历史主动精神彰显着我们党清醒的历史自觉、坚定的历史自信、强烈的责任担当。带领中国这样一个拥有14亿多人口的大国，朝着实现全面建成社会主义现代化强国的目标前进，需要我们党永葆历史主动精神。前进道路上，只要我们党始终把握历史规律，坚持打好主动仗、掌握主动权，准确识变、科学应变、主动求变，始终掌握党和国家事业发展的历史主动，就一定能赢得更大的胜利和荣光。

（《人民日报》2022年01月25日　第9版）

12 促进各国人民民心相通

李 丽

当今世界，各国相互联系、相互依存，跨文化交流日益密切，国际传播深刻影响着国家形象的塑造。讲故事是国际传播的最佳方式。讲好中国故事，一个重要方面是面向来华留学生讲好中国故事。习近平总书记在给北京大学的留学生们回信时指出："欢迎你们多到中国各地走走看看，更加深入地了解真实的中国，同时把你们的想法和体会介绍给更多的人，为促进各国人民民心相通发挥积极作用。"在给北京科技大学全体巴基斯坦留学生回信时指出："中国欢迎各国优秀青年来华学习深造，也希望大家多了解中国、多向世界讲讲你们所看到的中国"。来华留学生不仅是中国故事的倾听者，也是中国故事的讲述者。我们可以针对来华留学生的特点讲好中国故事，展示中国形象、传递中国声音、阐释中国精神、展现中国风貌，让广大来华留学生成为中国故事的传播者、中外文化交流的使者。

读懂今天的中国，必须读懂中国共产党。中国故事最精彩的主题，就是讲清楚中国共产党为什么能、马克思主义为什么行、中国特色社会主义为什么好。要主动宣介习近平新时代中国特色社会主义思想，主动讲好中国共产党治国理政的故事、中国人民奋斗圆梦的故事、中国坚持和平发展合作共赢的故事。中国共产党团结带领中国人民不懈奋斗，书写了中华民族几千年历史上最恢宏的史诗，不仅深刻改变了中国人民和中华民族的命运，也深刻影响了世界，为推动世界和平发展作出了巨大贡献。我们要善于以鲜活的事实、翔实的数据讲好中国共产党百年来的艰辛奋斗为中国人民和中华民族作出的历史性贡献、为人类发展进步作出的历史性贡献，让留学生们知道"发展中的中国""开放中的中国""为人类作贡献的中国"。把道理寓于故事之中，不仅让留学生看到中国共产党和中国取得的辉煌成就，还要从中国共产党的初心使命、人民情怀、天下情怀等之中探寻中国共产党和中国取得辉煌成就的"密码"。

对中华文化兴趣浓厚，是促使很多留学生来华学习的重要原因。中华文化源远流长，积淀着中华民族最深层的精神追求，代表着中华民族独特的精神标识，为中华民族生生不息、发展壮大提供了丰厚滋养。我们要充分挖掘中华民族深厚的历史文化，使之成为讲好中国故事的丰富资源。不仅从器物层面展现中华文化之美，还要从价值层面展现中华文化的魅力；不仅讲好中华文化的民族性、独特性，还要讲好中华文化的开放性、包容性。注重从文化传承发展的角度，讲好中华优秀传统文化的精髓，展现当代中国人的价值观念、精神风貌。善于以普通人的故事，以小见大地展现当代中国社会改革发展的生动图景，让留学生了解今日中国社会的真实情况。比如，近年来热映的《我和我的祖国》《我和我的家乡》《我和我的父辈》等影片，生动反映了中国人爱国奉献、积极向上、执着追梦的精神风貌，给不少留学生留下深刻印象。

在"讲"的方式方法上下足功夫，才能讲好中国故事。当年，周恩来总理用"中国的罗密欧和朱丽叶"向国际友人介绍梁山伯和祝英台的故事，让受众产生强烈情感共鸣。有些留学生来华时间短、中文水平不高，可以更侧重讲形象、讲事实、讲情感，用通俗易懂的话语、循循善诱的方法讲述。对于有一定中文基础、对中华文化有一定程度了解的留学生，可以通过情理交融的方式，把"陈情"与"说理"结合起来，不断增进他们对中国道路、对构建人类命运共同体理念等的理解和认同。同时，要准确把握不同留学生的文化背景，采用他们易于接受的方式讲好中国故事，使他们想听爱听，听有所思、听有所得，增强讲故事的亲和力和实效性。

(《人民日报》2022年01月26日 第9版)

13

以坚定历史自信走好新的赶考之路

王 广

习近平总书记在党的十九届六中全会第二次全体会议上指出:"这次全会《决议》充分显示了我们党高度的历史自信,向党内外、国内外展示了一个百年大党的清醒和成熟。"在2021年底召开的中央政治局专题民主生活会上,习近平总书记强调:"在新的赶考之路上,我们能否继续交出优异答卷,关键在于有没有坚定的历史自信。"这些重要论述深刻揭示了坚定历史自信的重要意义。新的赶考之路上,我们要坚定历史自信,勇毅前行,为实现第二个百年奋斗目标不懈奋斗。

历史自信建立在历史实践之上,积淀着一个政党、一个民族深厚的精神力量。中国共产党的历史自信,中国人民和中华民族的历史自信,来自我们党始终坚守初心使命,团结带领中国人民以百年奋斗铸就辉煌、书写奇迹的伟大历程。近代中国面临亡国灭种的危机,在各种政治力量为挽救民族危亡进行的斗争中,只有中国共产党带领中国人民找到了改变自身命运、从沉沦的谷底奋起的现实路径。从建党的开天辟地，到新中国成立的改天换地，到改革开放的翻天覆地，再到党的十八大以来党和国家事业取得历史性成就、发生历史性变革，我们党带领人民书写了中华民族几千年历史上最恢宏的史诗，也为人类和平进步事业作出了不可磨灭的贡献。百年奋斗路，洒满了无数共产党人牺牲奉献、拼搏奋斗的血汗，惊天动地、气壮山河。正是这样波澜壮阔的历史实践、震古烁今的重大成就，铸就了我们党坚定的历史自信。

历史认知是历史自信的重要基础，坚定的历史自信离不开科学的历史认知。只有以科学的态度深入把握中华民族的历史、中国共产党的历史、新中国的历史，了解我们的民族、我们的党、我们的国家从何处来、向何处去，经历了哪些艰难困苦、怎样抵达光明的未来，才能从内心深处坚定历史自信。党的十八大以来，在以习近平同志为核心的党中央坚强领导下，我们坚持唯物史观、正确党史观，准确把握党的历史发展的主题主线、主流本质，从成功中吸取经验，从失误中吸取教训，旗帜鲜明反对历史虚无主义，坚持正本清源、固本培元，取得了显著成效。党的十九届六中全会作出的党的第三个历史决议，是我们党站在新的历史起点上对党的历史作出的科学总结，必将对全党全社会广泛深入树立正确党史观、筑牢历史记忆、满怀信心向前进产生重大而深远的影响。

历史自信不仅体现为对以往成就的自信，还体现为牢牢掌握未来前途的自信。历史长河蜿蜒曲折，但其发展并非没有规律可循。把握住历史发展进程中固有的、本质的、稳定的联系,就能正确判断形势、科学预见未来。对历史进程的认识越全面,对历史规律的把握越深刻,党的历史智慧越丰富,对前途的掌握就越主动。我们党正是在科学总结历史经验教训、把握运用历史规律中不断创造历史伟业的。新时代,以习近平同志为核心的党中央统揽全局、高瞻远瞩,更加注重在对历史规律的深入探寻和把握中为现实和未来确立路标、锚定航向。习近平新时代中国特色社会主义思想使我们党对共产党执政规律、社会主义建设规律、人类社会发展规律的认识达到了新高度,有力提升了党和人民对坚定不移走中国特色社会主义道路的历史自信、对实现中华民族伟大复兴的历史自信。有以习近平同志为核心的党中央坚强领导,有习近平新时代中国特色社会主义思想科学指引,我们一定能够在新的赶考之路上以新的伟大成就铸就更加坚定的历史自信。

(《人民日报》2022年01月27日　第9版)

14

从延续民族文化血脉中开拓前进

梁 宇

习近平总书记指出:"只有坚持从历史走向未来,从延续民族文化血脉中开拓前进,我们才能做好今天的事业。"中华优秀传统文化是我们国家和民族的精神血脉,既需要薪火相传、代代守护,又需要与时俱进、推陈出新。在新时代新征程上,我们要坚持马克思主义在意识形态领域的指导地位,继承和弘扬中华优秀传统文化,为奋进新征程提供强大精神力量。

中国共产党既是中国先进文化的积极引领者和践行者,也是中华优秀传统文化的忠实传承者和弘扬者。早在新民主主义革命时期,毛泽东同志就指出:"学习我们的历史遗产,用马克思主义的方法给以批判的总结,是我们学习的另一任务。"党的十八大以来,以习近平同志为核心的党中央坚持辩证唯物主义和历史唯物主义,秉持客观、科学、礼敬的态度,扬弃继承、转化创新,努力使中华民族最基本的文化基因与当代文化相适应、与现代社会相协调。当前,世界范围内思想文化相互激荡，我国社会思想观念深刻变化。只有坚持培元固本和守正创新相统一，深入研究新的时代条件下出现的新情况新问题，在继承中华优秀传统文化的同时做好创造性转化和创新性发展，才能让民族文化血脉不断延续传承、焕发生机。

历史连续不断，文化一脉相承，善于继承才能善于创新。毛泽东同志指出："中国现时的新文化也是从古代的旧文化发展而来，因此，我们必须尊重自己的历史，决不能割断历史。"习近平总书记强调："中华优秀传统文化中很多思想理念和道德规范，不论过去还是现在，都有其永不褪色的价值。"天下兴亡、匹夫有责的担当意识，精忠报国、振兴中华的爱国情怀，崇德向善、见贤思齐的社会风尚……中华优秀传统文化中的精神价值，既是中国特色社会主义文化发展的重要源泉，也是中华民族生生不息、发展壮大的丰厚滋养。我们要深刻认识中华优秀传统文化是中华民族的突出优势，是我们在世界文化激荡中站稳脚跟的根基，不断坚定历史自信、坚定文化自信，深入挖掘、大力弘扬中华优秀传统文化中的价值内涵，不断增强中国人民立身处世的志气骨气底气。

延续民族文化血脉并不等于陈陈相因、泥古守旧，而是要与时俱进、推陈出新，让中华优秀传统文化焕发出勃勃生机。对于当代中国而言，能否实现中华优秀传统文化创造性转化、创新性发展，主要看能不能回应时代的需求和挑战，将中华优秀传统文化转化为实现国家富强、民族振兴、人民幸福的精神力量。习近平总书记指出，对待传统文化，要做到"学古不泥古、破法不悖法""以古人之规矩，开自己之生面"。随着时代进步和社会发展，人民群众精神文化需求不断提升。我们要做好创造性转化，按照时代特点和要求，对那些至今仍有借鉴价值的内涵和陈旧的表现形式加以改造，赋予其新的时代内涵和现代表达形式，激活其生命力。要推动创新性发展，按照时代的新进步新进展，对中华优秀传统文化的内涵加以补充、拓展、完善，增强其影响力和感召力。

文化来源于人民、属于人民，必须服务人民、惠及人民。新征程上，我们要坚持唯物史观、站稳人民立场，处理好继承与创新的辩证关系，不断彰显中华优秀传统文化的魅力，不断满足人民日益增长的精神文化需求，努力用中华民族创造的一切精神财富来以文化人、以文育人。

（《人民日报》2022年01月28日　第9版）

15

深刻认识和把握共享发展

李琳琳

习近平总书记指出:"共享理念实质就是坚持以人民为中心的发展思想,体现的是逐步实现共同富裕的要求。"共享发展是新发展理念的重要内容,集中体现了逐步实现共同富裕的要求。新的征程上逐步实现共同富裕,必须深入贯彻新发展理念,深刻认识和把握共享发展。

共享发展体现了以人民为中心的发展思想。共享发展与共同富裕的要求是高度契合的,是以人民为中心的发展思想的重要体现。实现共享发展的目的是让广大人民群众共享改革发展成果,形成发展的良性循环,最终实现共同富裕。党的十八大以来,以习近平同志为核心的党中央坚持以新发展理念统领我国经济社会发展全局,提出"始终坚持以人民为中心的发展思想,一件事情接着一件事情办,一年接着一年干,就一定能够不断推动全体人民共同富裕取得更为明显的实质性进展"。党的十九届五中全会对推进共享发展、实现共同富裕作出了具体部署:"坚持人民主体地位,坚持共同富裕方向,始终做到发展为了人民、发展依靠人民、发展成果由人民共享"。这充分彰显了以人民为中心的发展思想,为我们在"十四五"乃至更长时期推进共享发展、逐步实现全体人民共同富裕指明了方向。

共享发展体现了社会主义的本质要求。社会主义的本质是解放生产力,发展生产力,消灭剥削,消除两极分化,最终达到共同富裕。改革开放以来,我们党深刻总结新中国成立以来正反两方面经验,作出了把党和国家工作中心转移到经济建设上来、实行改革开放的历史性决策,着力解放和发展社会生产力,为实现共同富裕创造条件。共享发展理念以实现共同富裕为目标,充分体现了社会主义的本质要求。在推进共享发展过程中,必须准确把握其基本内涵,清醒认识到共享发展是一个从低级到高级、从不均衡到均衡的过程,即使达到很高的水平也会有差别,决不能搞整齐划一的平均主义。坚持循序渐进,对共同富裕的长期性、艰巨性、复杂性有充分估计,鼓励各地因地制宜探索有效路径,总结经验,逐步推开,在推动高质量发展中不断促进人的全面发展、全体人民共同富裕。

共享发展体现了对实现社会公平正义的追求。习近平总书记指出:"共享发展注重的是解决社会公平正义问题。"这一重要论述既包含着我们党对实现全体人民共同富裕的追求,又体现了我们党对维护社会公平正义的高度重视。共同富裕是马克思主义的一个基本目标,也是我国人民自古以来的理想追求。

共同富裕本身就蕴含着我们既要做大"蛋糕",又要分好"蛋糕",避免因分配不公出现两极分化,维护社会公平正义的要求。在推进共享发展过程中,我们要坚持社会主义基本经济制度,不断调整收入分配格局,完善以税收、社会保障、转移支付等为主要手段的再分配调节机制,解决好收入差距问题,使发展成果更多更公平惠及全体人民,更好维护社会公平正义。

(《人民日报》2022年02月08日 第7版)

16

正确把握社会主要矛盾和中心任务

阮　青

习近平总书记在省部级主要领导干部学习贯彻党的十九届六中全会精神专题研讨班开班式上的重要讲话中指出:"注重分析和总结党在百年奋斗历程中对我国社会主要矛盾和中心任务的研究和把握,是贯穿全会决议的一个重要内容,我们一定要深入学习、全面领会。"习近平总书记的重要论述,对于我们正确把握中国特色社会主义新时代的社会主要矛盾和中心任务,以重点突破带动经济社会发展水平整体跃升,朝着全面建成社会主义现代化强国的奋斗目标不断前进,具有十分重要的指导意义。

马克思主义哲学认为,任何事物都是由诸多矛盾构成的复杂有机体系,其中必有一种矛盾居于支配地位,起着主导性、决定性作用,规定或影响其他矛盾的存在和发展,这个矛盾就是主要矛盾。完成中心任务,是主体围绕解决主要矛盾所进行的一系列有计划、有目标的活动过程。善于准确认识和把握社会主要矛盾、科学确定和集中力量完成中心任务，是中国共产党人科学的思想方法、工作方法和领导方法。

在百年奋斗中，我们党始终注重准确认识和把握我国社会主要矛盾。在新民主主义革命时期，党深刻认识到，近代中国社会主要矛盾是帝国主义和中华民族的矛盾、封建主义和人民大众的矛盾。在社会主义革命和建设时期，随着对农业、手工业和资本主义工商业的社会主义改造基本完成，我国社会制度、经济结构和阶级关系都发生了深刻变化。党的八大根据我国社会主义改造基本完成后的形势，提出国内主要矛盾是人民对于经济文化迅速发展的需要同当前经济文化不能满足人民需要的状况之间的矛盾。在改革开放和社会主义现代化建设新时期，党明确我国社会的主要矛盾是人民日益增长的物质文化需要同落后的社会生产之间的矛盾。在中国特色社会主义新时代，党明确我国社会主要矛盾是人民日益增长的美好生活需要和不平衡不充分的发展之间的矛盾。正是由于党对我国社会主要矛盾的准确判定、深刻把握，同时紧紧围绕社会主要矛盾和中心任务，优先解决主要矛盾和矛盾的主要方面，以此带动其他矛盾的解决，推动了党和人民事业顺利发展。

当前，我国正处在实现中华民族伟大复兴的关键时期，世界百年未有之大变局加速演进，改革发展稳定任务艰巨繁重。成功推进党和国家事业，必须正确把握社会主要矛盾和中心任务，提出新的思路、新的战略、新的举措。面对复杂形势、复杂矛盾、繁重任务，没有主次，不加区别，眉毛胡子一把抓，是做不好工作的。面对我国社会主要矛盾已经转化为人民日益增长的美好生活需要和不平衡不充分的发展之间的矛盾这一关系全局的历史性变化，习近平总书记指出："为了人民而发展，发展才有意义；依靠人民而发展，发展才有动力。"在实现第二个百年奋斗目标新的赶考之路上，我们要统筹中华民族伟大复兴战略全局和世界百年未有之大变局，深刻认识我国社会主要矛盾变化带来的新特征新要求，深刻认识错综复杂的国际环境带来的新矛盾新挑战，在继续推动发展的基础上，紧紧围绕我国社会主要矛盾，着力解决好发展不平衡不充分问题，努力实现更高质量、更有效率、更加公平、更可持续、更为安全的发展，更好满足人民在经济、政治、文化、社会、生态等方面日益增长的需要，更好推动人的全面发展、社会全面进步。

（《人民日报》2022年02月09日　第7版）

17

增强过硬的担当本领

刘起军

党的十九届六中全会通过的《中共中央关于党的百年奋斗重大成就和历史经验的决议》提出:"教育引导广大党员、干部自觉做习近平新时代中国特色社会主义思想的坚定信仰者和忠实实践者,牢记空谈误国、实干兴邦的道理,树立不负人民的家国情怀、追求崇高的思想境界、增强过硬的担当本领。"这对在新时代培养选拔德才兼备、忠诚干净担当的高素质专业化干部提出了明确要求。

担当是履职之要,是党的干部的必备素质。领导干部不仅要有担当的宽肩膀,还得有成事的真本领,必须做到能力过硬,不断掌握新知识、熟悉新领域、开拓新视野,全面提高领导能力和执政水平。敢于担当,体现的是作风和勇气;善于担当,体现的是本领和能力。软肩膀挑不起硬担子,只有本领过硬,多几把刷子,才有敢于担当的底气。事不避难、义不逃责,不怕棘手问题,敢接"烫手山芋",在困难面前豁得出、关键时候顶得上，才能不负党和人民重托，履好职、尽好责。

早在1939年，毛泽东同志就指出，我们队伍里边有一种恐慌，不是经济恐慌，也不是政治恐慌，而是本领恐慌。习近平总书记强调，广大党员、干部要坚定理想信念、更新知识观念、掌握过硬本领，自觉站在党和国家大局上想问题、办事情。从建党的开天辟地，到新中国成立的改天换地，到改革开放的翻天覆地，再到党的十八大以来党和国家事业取得历史性成就、发生历史性变革，我们党始终秉持强烈的使命意识和忧患意识，始终秉持为中国人民谋幸福、为中华民族谋复兴的初心使命，要求党员、干部淬炼敢于担当的品质，坚持不懈锤炼战风斗雨、攻坚克难的本领，因而能够带领人民一次次攻坚克难，一步步勇毅前行。

增强过硬的担当本领，提高政治能力是第一位的要求。必须坚持不懈用习近平新时代中国特色社会主义思想武装头脑、指导实践、推动工作，深刻把握贯穿其中的马克思主义立场、观点、方法，筑牢信仰之基、补足精神之钙、把稳思想之舵，不断增强"四个意识"、坚定"四个自信"、做到"两个维护"，提高政治判断力、政治领悟力、政治执行力。党员、干部所处岗位不同，对专业能力的要求各异。增强过硬的担当本领，需要常葆精进之心，立足岗位职责开拓新视野、掌握新技能，学懂政策法规、学精业务知识、补齐能力短板，提升现代信息技术素养，使专业素养和工作能力跟上时代节拍，努力成为做好工作的行家里手。

实践出真知,实践长真才。坚持在干中学、学中干是领导干部成长成才的必由之路。刀在石上磨,人在事上练。党员、干部只有在实践中经风雨、见世面,长才干、壮筋骨,才能练就担当作为的硬脊梁、铁肩膀、真本事。我们要自觉到改革发展稳定第一线、到重大任务重大斗争最前沿、到艰苦复杂地方和关键吃劲岗位去磨练,自觉练好破解难题的内功、储备开拓创新的势能,在为党分忧、为国尽责、为民奉献中勇于担当、善于作为,在有效应对重大挑战、抵御重大风险、克服重大阻力、解决重大矛盾中冲锋在前、建功立业,交出党和人民满意的答卷。

(《人民日报》2022年02月11日 第7版)

18

在守正创新上实现新作为

田鹏颖

习近平总书记在省部级主要领导干部学习贯彻党的十九届六中全会精神专题研讨班开班式上发表重要讲话强调:"我们要准确把握时代大势,勇于站在人类发展前沿,聆听人民心声,回应现实需要,坚持解放思想、实事求是、守正创新"。习近平总书记的重要论述,从坚持和发展马克思主义的战略高度,强调了守正创新的重大意义。我们要深入学习领会习近平总书记的重要论述,更好把坚持马克思主义和发展马克思主义统一起来,续写马克思主义中国化时代化新篇章。

马克思主义为人类社会发展进步指明了方向,是我们认识世界、把握规律、追求真理、改造世界的强大思想武器,是我们立党立国、兴党强国的根本指导思想,是我们坚持守正创新要守住的"根本"。同时,马克思主义不是教条而是行动指南,必须随着实践发展而发展,必须中国化才能落地生根、本土化才能深入人心,这是一代代中国共产党人不断推进理论创新的原因所在。百年来，我们党坚持解放思想和实事求是相统一、培元固本和守正创新相统一，不断开辟马克思主义新境界，创立了毛泽东思想、邓小平理论，形成了"三个代表"重要思想、科学发展观，创立了习近平新时代中国特色社会主义思想，指导党和人民事业不断开创新局。当代中国正在经历人类历史上最为宏大而独特的实践创新，如何回答好中国之问、世界之问、人民之问、时代之问？如何不断推进马克思主义中国化时代化？根本在于把坚持马克思主义和发展马克思主义统一起来，继续推进马克思主义基本原理同中国具体实际相结合、同中华优秀传统文化相结合。我们要全面贯彻习近平新时代中国特色社会主义思想这一当代中国马克思主义、二十一世纪马克思主义，在习近平新时代中国特色社会主义思想科学指引下，勇于结合新的实践不断推进理论创新，善于用新的理论指导新的实践，让马克思主义在中国大地上展现出更强大、更有说服力的真理力量。

恩格斯指出："每一个时代的理论思维，包括我们这个时代的理论思维，都是一种历史的产物，它在不同的时代具有完全不同的形式"。当代中国，改革发展稳定任务之重、矛盾风险挑战之多、治国理政考验之大都前所未有，世界百年未有之大变局深刻变化前所未有，提出了大量亟待回答的理论和实践课题。马克思主义能不能在实践中发挥作用，关键在于能否用马克思主义之"矢"去射新时代中国之"的"，坚持用党的理论创新回答和解决现实问题。坚持守正创新，要求我们科学把握时代的"变"与"不变",坚持守正创新,做到"变"与"不变"的辩证统一,赋予马克思主义鲜明的实践特色、民族特色、时代特色。

当前,我们比历史上任何时期都更接近、更有信心和能力实现中华民族伟大复兴的目标。我们要坚持解放思想、实事求是、守正创新,深刻领会守正创新对于在中国特色社会主义新时代续写马克思主义中国化时代化新篇章的重大意义,在以习近平同志为核心的党中央坚强领导下,在守正创新上实现新作为、考出好成绩、写就新篇章。

(《人民日报》2022年02月15日 第7版)

19

善于从战略上看问题想问题

邓一非

战略问题是一个政党、一个国家的根本性问题。习近平总书记在省部级主要领导干部学习贯彻党的十九届六中全会精神专题研讨班开班式上的重要讲话中强调:"我们是一个大党,领导的是一个大国,进行的是伟大的事业,要善于进行战略思维,善于从战略上看问题、想问题。"善于从战略上看问题、想问题,既是领导干部履职尽责必须具备的能力素养,更是在新时代新征程上担当重任、奋发有为的重要要求。

在百年奋斗历程中,我们党一次次转危为机、化险为夷,取得一个又一个伟大胜利,正是在重大历史关头作出准确战略判断、战略抉择的结果,展现了科学战略谋划和战略指导的伟力。实践充分证明,战略上判断得准确、谋划得科学,是我们党一条十分重要的制胜之道。形势环境越是复杂、风险挑战越是严峻、使命任务越是艰巨,越需要领导干部从战略上看问题、想问题,运用战略思维观察大势、把准方向、谋划建设、推进工作,牢牢掌握事业发展的主动权。

战略是从全局、长远、大势上作出判断和决策。党的十八大以来,以习近平同志为核心的党中央提出一系列原创性的治国理政新理念新思想新战略,创立了习近平新时代中国特色社会主义思想,体现了高瞻远瞩的战略眼光、总揽全局的战略智慧,为新时代党和国家事业发展指明了前进方向、提供了根本遵循。善于从战略上看问题、想问题,必须坚持以习近平新时代中国特色社会主义思想为指导,深刻领会、坚决贯彻以习近平同志为核心的党中央作出的各项战略决策和部署。拓宽战略视野,统筹把握中华民族伟大复兴战略全局和世界百年未有之大变局,从国内国际两个大局、党和国家工作大局出发思考和研究问题,把谋事与谋势、谋当下与谋未来统一起来。悟透党中央的大政方针,完整、准确、全面贯彻新发展理念,不断提高构建新发展格局、推动高质量发展的能力,不断增强工作的原则性、系统性、预见性、创造性。时时处处向党中央看齐,确定工作思路、工作部署、政策措施自觉同党的理论和路线方针政策对标对表、及时校准偏差,切实把党中央决策部署落到实处,确保不偏向、不变通、不走样。

进行战略思维,内在支撑是战略定力和战略自信。领导干部要具备敏锐的洞察力、清醒的判断力和果敢的决断力。必须清醒认识到,中华民族伟大复兴绝不是轻轻松松、敲锣打鼓就能实现的,前进道路上仍然存在可以预料和难以预料的各种风险挑战。善于从战略上看问题、想问题,就要以"不畏浮云遮望眼"的战略清醒、"乱云飞渡仍从容"的战略定力,应对和驾驭愈进愈难、愈进愈险的复杂局面。时刻保持头脑清醒,不为任何风险所惧,不为任何干扰所惑,在道路、方向、立场等重大原则问题上旗帜鲜明、毫不动摇,决不在根本性问题上犯颠覆性错误。在大变局中稳住心神和阵脚,稳中求进、谋定后动,集中精力做好自己的事,为实现既定战略目标不懈奋斗。

战略和策略辩证统一、紧密联系。战略统揽驾驭全局,策略是在战略指导下为战略服务的。战略指导并决定策略,策略反映并服务战略,正确的战略需要正确的策略来落实。从战略上看问题、想问题,就要正确把握战略和策略的辩证统一关系,在实践中加强战略和策略的整体运筹。既坚持以战略统揽全局、统领策略,又紧紧围绕战略目标制定配套策略,使策略紧密对接战略、有力支撑战略;既着眼解决重大问题增强战略设计的科学性和长远指导性,又视时视情及时调整策略,确保策略的有效性;既着眼长远制定战略愿景、战略规划,又着眼解决改革发展稳定面临的各种矛盾问题,增强策略安排的针对性、务实性和可操作性,把战略的坚定性和策略的灵活性结合起来,在攻坚克难中推动事业发展迈上新台阶。

(《人民日报》2022年02月16日 第7版)

20

淬炼自我革命锐利思想武器

杨 明

勇于自我革命是我们党区别于其他政党的显著标志,自我革命精神是党永葆青春活力的强大支撑。百年来,党外靠发展人民民主、接受人民监督,内靠全面从严治党、推进自我革命,勇于坚持真理、修正错误,勇于刀刃向内、刮骨疗毒,保证了党长盛不衰、不断发展壮大。在十九届中央纪委六次全会上,习近平总书记强调:"必须坚持把思想建设作为党的基础性建设,淬炼自我革命锐利思想武器"。习近平总书记的重要论述,是对历史经验的科学总结,是我们在新时代继续推进党的思想建设、淬炼自我革命锐利思想武器的根本遵循。

注重思想建党是中国共产党的鲜明特色和光荣传统。习近平总书记指出:"回顾党的奋斗历程可以发现,中国共产党之所以能够历经艰难困苦而不断发展壮大,很重要的一个原因就是我们党始终重视思想建党、理论强党,使全党始终保持统一的思想、坚定的意志、协调的行动、强大的战斗力。"思想建设是党的基础性建设。只有不断加强思想建设，我们党才能始终保持先进性和纯洁性，确保党领导的伟大社会革命沿着正确方向前进。

淬炼自我革命锐利思想武器，坚定理想信念是关键。习近平总书记指出："理想信念就是共产党人精神上的'钙'，没有理想信念，理想信念不坚定，精神上就会'缺钙'，就会得'软骨病'。"在新的历史条件下，面对"四大考验"日益严峻复杂、"四种危险"更加尖锐凸显的内外形势，党员、干部必须从思想上正本清源、固本培元，筑牢信仰之基、补足精神之钙、把稳思想之舵，牢固树立正确的世界观人生观价值观，确保"总开关"不出问题，始终保持共产党人政治本色，坚持性质宗旨，坚定理想信念，坚守初心使命，挺起共产党人的精神脊梁。

淬炼自我革命锐利思想武器，强化理论武装是固本之道。中国共产党为什么能，中国特色社会主义为什么好，归根到底是因为马克思主义行。马克思主义之所以行，就在于党不断推进马克思主义中国化时代化并用以指导实践。在新时代新征程上继续推进党的自我革命，必须用马克思主义中国化最新成果统一思想、统一意志、统一行动。党员、干部要在学懂弄通做实习近平新时代中国特色社会主义思想上持续用力，从中汲取丰厚的滋养、体验真理的味道，进而启迪政治智慧、启发实践思考，自觉做习近平新时代中国特色社会主义思想的坚定信仰者和忠实实践者。

淬炼自我革命锐利思想武器，开展集中教育是有效方式。党的十八大以来，我们党相继开展党的群众路线教育实践活动、"三严三实"专题教育、"两学一做"学习教育、"不忘初心、牢记使命"主题教育和党史学习教育，党员队伍建设不断加强。党史学习教育是长期任务，我们要深入学习领会习近平总书记关于党史学习教育的重要论述，进一步学好党史、用好党史，把学习贯彻党的十九届六中全会精神引向深入。认真总结党史学习教育的成功经验，建立常态化、长效化制度机制，不断巩固拓展党史学习教育成果，教育引导广大党员、干部更加坚定自觉地牢记初心使命、开创发展新局。

（《人民日报》2022年02月17日　第7版）

21

坚守自我革命根本政治方向

曹 平

勇于自我革命，是我们党最鲜明的品格和最大优势，是如何跳出治乱兴衰的历史周期率这一"窑洞之问"的第二个答案。党的十八大以来，全面从严治党取得了历史性、开创性成就，产生了全方位、深层次影响，开辟了百年大党自我革命的新境界。习近平总书记在十九届中央纪委六次全会上的重要讲话中指出："必须坚持以党的政治建设为统领，坚守自我革命根本政治方向"。党的政治建设是党的根本性建设。新时代党的自我革命的伟大实践表明，把党的政治建设摆在党的建设的首位持之以恒地推进，才能确保我们党永葆马克思主义政党政治本色。

旗帜鲜明讲政治是马克思主义政党的根本要求。习近平总书记强调："全面从严治党首先要从政治上看"。政治上的先进性，是马克思主义政党区别于其他政党的一个显著特征。注重从政治上建设党，是我们党的优良传统和宝贵经验，贯穿于党的建设伟大实践之中。百年来，我们党遭遇各种风浪挑战、历经各种艰难险阻，而始终保持团结和集中统一，保持强大凝聚力、战斗力，这与我们党一以贯之从政治上加强自身建设密切相关。

党的政治建设决定党的建设的方向和效果。党的政治建设抓好了，对党的其他建设可以起到纲举目张的作用。党的十八大以来，我们党深刻认识到，党内存在的很多问题，原因都是党的政治建设没有抓紧抓好抓实。以习近平同志为核心的党中央以高度的历史自觉、巨大的政治勇气把党的政治建设摆在突出位置，以空前的力度、广度、深度推进党的政治建设。党的十九大报告把党的政治建设纳入党的建设总体布局，明确提出"以党的政治建设为统领""把党的政治建设摆在首位"。从旗帜鲜明加强党中央权威和集中统一领导、抓好党的政治建设首要任务，到通过《关于新形势下党内政治生活的若干准则》、营造风清气正的良好政治生态，从弘扬共产党人价值观、发展积极健康的党内政治文化，到提出提高政治判断力、政治领悟力、政治执行力，不断提高领导干部政治能力……党中央以一系列有力举措加强党的政治建设，党的政治建设取得重大成就，党的建设全面进步、水平不断提升，新时代管党治党的实践充分说明了党的政治建设发挥着统领作用。

我们党能够开辟自我革命新境界，关键在于抓住了党的政治建设这个根本性建设。作为一个走过百年、成就辉煌的政党，作为一个拥有9500多万名党员的世界第一大执政党，要依靠自我革命实现自我净化、自我完善、自我革新、自我提高，必须坚守自我革命根本政治方向，把党的政治建设作为永恒课题久久为功地抓下去。

加强党的政治建设，首要任务是坚决做到"两个维护"。只有做到"两个维护"，才能确保全党团结一致地朝着正确政治方向前行。我们要深刻领悟"两个确立"的决定性意义，自觉用习近平新时代中国特色社会主义思想武装头脑、指导实践、推动工作，在思想上政治上行动上同以习近平同志为核心的党中央保持高度一致，把"两个维护"体现在坚决贯彻党中央决策部署的行动上，体现在履职尽责、做好本职工作的实效上，体现在日常言行上。做到"两个维护"，既需要党员、干部在政治历练和实践锻炼中增强政治自觉、锤炼忠诚品格、练就过硬政治能力，也需要从外部不断强化政治监督，引导督促各地各部门完整、准确、全面贯彻新发展理念，在构建新发展格局、推动高质量发展上见到实际效果；引导督促党员、干部真正悟透党中央大政方针，时时处处向党中央看齐，扎扎实实贯彻党中央决策部署，不打折扣、不做表面文章，纠正自由主义、本位主义、保护主义，确保执行不偏向、不变通、不走样，不断取得新的更大的成绩。

(《人民日报》2022年02月18日 第7版)

22

大力弘扬全人类共同价值

董 青

全人类共同价值是习近平主席2015年在出席联合国成立70周年系列峰会期间首次提出的,日益得到国际社会广泛认同。全人类共同价值的提出,体现了中国共产党对人类进步事业的探索与贡献,具有重大理论和现实意义。

当今世界正经历百年未有之大变局,进入新的动荡变革期,人类面临前所未有的挑战。习近平主席指出:"我们应该大力弘扬和平、发展、公平、正义、民主、自由的全人类共同价值,共同为建设一个更加美好的世界提供正确理念指引。"我们党把握世界发展大势,顺应时代发展潮流,坚持守正创新,坚持把马克思主义基本原理同中国具体实际相结合、同中华优秀传统文化相结合,充分吸收和合理借鉴人类社会创造的一切优秀文明成果,创造性提出全人类共同价值,阐明了全人类共同的价值追求。我们要本着对人类前途命运高度负责的态度,做全人类共同价值的倡导者,以宽广胸怀理解不同文明对价值内涵的认识，尊重不同国家人民对价值实现路径的探索，把全人类共同价值具体地、现实地体现到实现本国人民利益的实践中去。在全球性挑战此起彼伏的今天，任何国家都难以独善其身，世界各国需要团结合作。全人类共同价值反映不同国家、不同民族、不同文明发展的最大公约数，为推动人类进步事业增添了新的精神动力。

把全人类的意志和力量凝聚起来应对共同挑战、开创美好未来，需要共同价值的引领，推动各国在彼此尊重中共同发展、在求同存异中合作共赢。和平与发展是我们的共同事业，公平正义是我们的共同理想，民主自由是我们的共同追求。和平、发展、公平、正义、民主、自由这几大价值贯通个人、国家、世界多个层面，蕴含着中华文化讲求协和万邦、天下大同的优秀传统，体现着新时代中国对人类文明发展和前途命运的深入思考，寄托着各国人民对美好生活的共同企盼。全人类共同价值超越意识形态、社会制度和发展水平差异，契合时代发展潮流，为构建人类命运共同体提供价值基础。

全人类共同价值是人类社会实践的产物，也是人类交流交往的结果，汇聚了人类文明进步的精神力量。世界是丰富多彩的，多样性是人类文明的魅力所在，更是世界发展的活力和动力之源。非黑即白不是地球真实的颜色，对立对抗更不符合人类文明发展潮流。中国坚守和弘扬全人类共同价值，是为了以文明交流超越文明隔阂，以文明互鉴超越文明冲突，以文明共存超越文明优越，建设持久和平、普遍安全、共同繁荣、开放包容、清洁美丽的美好世界，体现了平等、互鉴、对话、包容的文明观。中国呼吁弘扬全人类共同价值，从不把自己的价值理念强加给他国，而是尊重各国人民自主选择发展道路的权利，坚持以真诚对话消弭隔阂与误解，以兼容并蓄实现共同进步，携手绘就人类历史的宏伟画卷。全人类共同价值得到国际社会广泛理解和支持，其影响正在持续扩大。

针对国际社会共同关切，我们要突出重点、完善策略，加大力度、拓展广度，凝聚起不同国家人民的共同追求和最大共识，更好发挥全人类共同价值的导向和引领作用，努力画出世界最大同心圆。深入宣传中国率先垂范、积极践行全人类共同价值的行动和成效，深入宣传中国主张、中国智慧、中国方案造福世界的成功实践。

道阻且长，行则将至；行而不辍，未来可期。只要我们坚定不移站在历史正确的一边，站在人类进步的一边，高举和平、发展、合作、共赢的旗帜，坚守和弘扬全人类共同价值，就一定能够广泛团结世界上一切进步力量，共同推动历史车轮向着光明的前途前进。

（《人民日报》2022年02月22日　第7版）

23

书写新的奋斗历史

周　阳

百年来,中国共产党团结带领中国人民,以"为有牺牲多壮志,敢教日月换新天"的大无畏气概,书写了中华民族几千年历史上最恢宏的史诗。习近平总书记指出:"对百年奋斗历史最好的致敬,是书写新的奋斗历史。"在全面建设社会主义现代化国家新征程上,中国共产党人心中装着百姓、手中握有真理、脚踏人间正道,有充分的信心和力量团结带领人民书写新的奋斗历史。

习近平总书记指出:"世界上最大的幸福莫过于为人民幸福而奋斗。"为中国人民谋幸福,是中国共产党人的初心。我们党来自于人民,党的根基和血脉在人民,为人民而生,因人民而兴,始终同人民在一起,为人民利益而奋斗,是我们党立党兴党强党的根本出发点和落脚点。我们党的百年历史,就是一部党与人民心连心、同呼吸、共命运的历史。新的赶考之路上,我们党将永远保持同人民群众的血肉联系,站稳人民立场，坚持人民主体地位，尊重人民首创精神，践行以人民为中心的发展思想，维护社会公平正义，着力解决发展不平衡不充分问题和人民群众急难愁盼问题，不断实现好、维护好、发展好最广大人民根本利益，团结带领全国各族人民不断为美好生活而奋斗。

当代中国正在经历人类历史上最为宏大而独特的实践创新，改革发展稳定任务之重、矛盾风险挑战之多、治国理政考验之大都前所未有，世界百年未有之大变局深刻变化前所未有，提出了大量亟待回答的理论和实践课题。习近平新时代中国特色社会主义思想，科学回答了新时代坚持和发展什么样的中国特色社会主义、怎样坚持和发展中国特色社会主义，建设什么样的社会主义现代化强国、怎样建设社会主义现代化强国，建设什么样的长期执政的马克思主义政党、怎样建设长期执政的马克思主义政党等重大时代课题，是当代中国马克思主义、二十一世纪马克思主义，是中华文化和中国精神的时代精华，实现了马克思主义中国化新的飞跃。新的赶考之路上，我们要坚持用习近平新时代中国特色社会主义思想武装头脑、指导实践、推动工作，心往一处想，劲往一处使，凝聚团结奋斗的磅礴力量，推动党和国家事业不断从胜利走向新的胜利。

道路决定命运。习近平总书记指出："中国特色社会主义是实现中华民族伟大复兴的唯一正确道路。"当代中国取得的伟大成就充分证明，中国特色社会主义道路符合中国实际、反映中国人民意愿、适应时代发展要求，是一条通往民族复兴梦想的康庄大道、人间正道，不仅走得对、走得通，而且一定能够走得稳、走得好。脚踏人间正道，我们具有无比广阔的舞台，具有无比深厚的历史底蕴，具有无比强大的前进定力。我们要保持志不改、道不变的坚定，始终保持头脑清醒，坚持战略定力，不为任何风险所惧，不为任何干扰所惑，以咬定青山不放松的执着奋力实现既定目标，以行百里者半九十的清醒不懈推进中华民族伟大复兴。

(《人民日报》2022年02月23日　第9版)

24

常怀远虑　居安思危

肖伟光

党的十九届六中全会通过的《中共中央关于党的百年奋斗重大成就和历史经验的决议》提出:"全党必须铭记生于忧患、死于安乐,常怀远虑、居安思危,继续推进新时代党的建设新的伟大工程"。常怀远虑、居安思危,是历史昭示的生存发展智慧,也是我们党在百年奋斗中总结出的重要经验。

常怀远虑、居安思危是中华民族世代相传的一种精神。《诗经》里讲"迨天之未阴雨,彻彼桑土,绸缪牖户",说的是一种小鸟,在未下雨前就衔树根加固巢穴。"祸兮福之所倚,福兮祸之所伏""生于忧患,死于安乐""忧劳可以兴国,逸豫可以亡身""先天下之忧而忧,后天下之乐而乐",都彰显了中华民族常怀远虑、居安思危的忧患意识。

诞生于国家危亡、民族危难之际的中国共产党,是一个有远大理想的马克思主义政党。我们党既继承中华民族优良传统,又掌握马克思主义科学理论,在实践中锻造出极强的战略眼光和深远的忧患意识。我们党在成立之初就毅然带领中国人民以武装的革命反对武装的反革命，在与强大敌人艰苦卓绝的斗争中不断发展壮大。在新民主主义革命取得胜利前夕，毛泽东同志告诫全党："因为胜利，党内的骄傲情绪，以功臣自居的情绪，停顿起来不求进步的情绪，贪图享乐不愿再过艰苦生活的情绪，可能生长。"2021年10月，习近平总书记主持召开中共中央政治局会议。会议强调，全党必须铭记生于忧患、死于安乐，常怀远虑、居安思危。

习近平总书记指出："我们共产党人的忧患意识，就是忧党、忧国、忧民意识，这是一种责任，更是一种担当。"作为马克思主义政党，我们党始终以人民的忧患为忧患、以国家的忧患为忧患、以民族的忧患为忧患，是风雨来袭时中国人民最可靠的主心骨。党的十八大以来，我们党清醒认识到国内外环境发生新的重大变化，面临的风险挑战明显增多，把增强忧患意识、做到居安思危作为治国理政必须坚持的重大原则，把保证国家安全作为巩固执政地位、坚持和发展中国特色社会主义的头等大事，把防范化解重大风险摆在更加突出位置，从最坏处着眼，做最充分的准备，朝好的方向努力，争取最好的结果，掌握了应对风险挑战的战略主动，推动党和国家事业取得历史性成就、发生历史性变革。

历史充分证明，忧患意识任何时候都不可或缺，而且形势越好、发展越顺利，越要克服懈怠情绪、增强忧患意识。今天，我们比历史上任何时期都更接近、更有信心和能力实现中华民族伟大复兴的目标，但中华民族伟大复兴绝不是轻轻松松、敲锣打鼓就能实现的，也绝不是一马平川、朝夕之间就能到达的。踏上实现第二个百年奋斗目标新征程，我们既要增强忧患意识，又要保持战略定力，勇敢面对"四大考验"，坚决战胜"四种危险"，继续推进新时代党的建设新的伟大工程，以伟大自我革命引领伟大社会革命，以伟大社会革命促进伟大自我革命，确保党在新时代坚持和发展中国特色社会主义的历史进程中始终成为坚强领导核心。

(《人民日报》2022年02月24日　第9版)

25

"双奥之城"讲述多彩中国故事

徐和建

北京2022年冬奥会成功举办,北京成为全球首个"双奥之城"。习近平总书记指出:"成功举办北京冬奥会、冬残奥会,不仅可以增强我们实现中华民族伟大复兴的信心,而且有利于展示我们国家和民族致力于推动构建人类命运共同体,阳光、富强、开放的良好形象,增进各国人民对中国的了解和认识。"北京冬奥会出现许多动人场景,"双奥之城"讲述了丰富多彩的中国故事。

习近平总书记强调:"要加快构建中国话语和中国叙事体系,用中国理论阐释中国实践,用中国实践升华中国理论,打造融通中外的新概念、新范畴、新表述,更加充分、更加鲜明地展现中国故事及其背后的思想力量和精神力量。"中国秉持绿色、共享、开放、廉洁的办奥理念,全力克服新冠肺炎疫情影响,组织井然有序、赛事精彩纷呈,树立了奥运新标杆。北京冬奥会为全世界运动员搭建了一个展现自我、超越自我、实现梦想的舞台,向全世界人民展示了体育的凝聚力,书写了和平、友谊、进步的新篇章,奏响了"一起向未来"的交响曲。"双奥之城"讲好了各国奥运健儿激情拼搏的故事,讲好了中国筹办北京冬奥会、冬残奥会的故事,讲好了中国人民热情好客的故事。

北京冬奥会有亮点、有特色,有气势、有声势,传播热点纷呈。北京冬奥会开幕式、闭幕式演绎"中国式浪漫",人民大会堂呈献精华版新春"庙会",贯穿始终的"中国风"惊艳世界。北京冬奥会吉祥物"冰墩墩"将大熊猫形象与冰晶外壳结合,具有鲜明中国气派,富有浓厚时代气息。冬奥会开幕后,"冰墩墩"逐渐成为"顶流",成为中国形象国际传播的成功案例。这样的形象、案例对于塑造可信、可爱、可敬的中国形象具有重要价值。

"双奥之城"的故事通过主渠道得到更好传播。媒体是国际传播的主渠道、主阵地,社交媒体是国际传播的新赛道。我们运用好主渠道、新赛道,做强顶级发布、权威发布、定制推送、合作交流,更好传播中国声音、展示中国形象。北京冬奥会主媒体中心注册中外媒体记者达9000多人。每一场新闻发布,每一次采访报道,每一次美食品尝,无处不在的科技体验,都是感受"双奥之城"魅力的好机会。2022北京新闻中心对外开放时间长、策划组织活动多,是讲好"双奥之城"故事的重要阵地。

北京冬奥会、冬残奥会成为弘扬卓越、友谊、尊重的奥林匹克价值观,推动构建人类命运共同体的重要舞台。奥林匹克格言新增加的内容"更团结",北京冬奥会、冬残奥会主题口号"一起向未来",都是顺应历史潮流、反映世界人民心声的时代呼唤。北京冬奥会比赛展开之时恰逢中国传统节日春节,我们营造传统佳节喜庆气氛,将其中浓郁的文化气息传递给客人。北京冬奥会的成功举办不仅弘扬了奥林匹克精神,也讲述了人类文明交流互鉴的生动故事。

(《人民日报》2022年02月25日 第9版)

26

着力提高理论素养

喻立平

努力提高理论素养,是领导干部提高政治能力的内在要求。习近平总书记指出:"理论修养是干部综合素质的核心,理论上的成熟是政治上成熟的基础,政治上的坚定源于理论上的清醒。"踏上新征程,我们要深刻认识提高理论素养的极端重要性,在工作中努力克服理论素养不够这一最根本的本领不足。

一个民族要走在时代前列,就一刻不能没有理论思维,一刻不能没有正确思想指引。中国共产党为什么能,中国特色社会主义为什么好,归根到底是因为马克思主义行。马克思主义之所以行,就在于党不断推进马克思主义中国化时代化并用以指导实践。全面建设社会主义现代化国家,推进中华民族伟大复兴宏伟事业,更加需要科学理论的指引,更加需要广大党员、干部不断提高理论素养。习近平总书记强调:"全党同志特别是各级领导干部,都要有本领不够的危机感,都要努力增强本领，都要一刻不停地增强本领。"党和国家事业越发展，对党员、干部的能力要求就越高。前进道路上，我们面临的各种斗争不是短期的而是长期的。必须不断加强理论武装，勤学苦练、增强本领，做到既政治过硬又本领高强，才能担负起党和人民赋予的重任。

理论素养强不强，不仅是党员干部自己的事情，也是关乎党和国家事业发展的大事情。从一定意义上说，掌握马克思主义理论的深度，决定着政治敏感的程度、思维视野的广度、思想境界的高度，进而影响干事创业的成效。只有不断提高理论素养，善于运用马克思主义这个"望远镜"和"显微镜"，善于用马克思主义的立场、观点、方法观察时代、把握时代、引领时代，用习近平新时代中国特色社会主义思想武装头脑、指导实践、推动工作，不断锤炼全面辩证分析复杂社会矛盾的洞察力、预见力、鉴别力，增强从历史与现实、理论与实践、国际与国内的比较中把握方向、规律、大势的智慧，才能不断提高政治判断力、政治领悟力、政治执行力，经受住各种考验，向人民、向历史交出优异答卷。

习近平总书记强调："中国共产党人的理想信念建立在对马克思主义的深刻理解之上，建立在对历史规律的深刻把握之上。"坚定理想信念，离不开不断提高理论素养。只有深入学习领会马克思主义理论，才能始终做到理想信念坚定，经受住各种考验。炼就"金刚不坏之身"，必须用科学理论武装头脑，深入学习马克思主义基本理论，特别是深入学习习近平新时代中国特色社会主义思想，做马克思主义的坚定信仰者、忠实实践者。深刻认识"两个确立"的决定性意义，用习近平新时代中国特色社会主义思想武装头脑、指导实践、推动工作，坚决做到"两个维护"，以理论上的清醒确保政治上的坚定，用理论建设带动能力建设，不断提升政治能力、战略眼光、专业水平，奋力走好新的赶考之路。

(《人民日报》2022年03月01日 第9版)

27

打好自我革命攻坚战和持久战

高正礼

习近平总书记在十九届中央纪委六次全会上的重要讲话中强调:"必须坚持以雷霆之势反腐惩恶,打好自我革命攻坚战、持久战"。这充分彰显了以习近平同志为核心的党中央对党的自身建设规律的科学认识和坚持不懈推进反腐败斗争的政治定力。从遏制腐败势头蔓延,到反腐败斗争压倒性态势形成,再到反腐败斗争取得压倒性胜利并全面巩固,这场攻坚战力度空前、成效显著。

腐败具有顽固性和反复性,只有利剑高悬、震慑常在,才能永葆党的肌体健康。党的十八大以来反腐败斗争的实践充分说明,反腐败是攻坚战,更是持久战。严字当头、长管长严,是取得巨大成效的关键。习近平总书记强调:"只要存在腐败问题产生的土壤和条件,腐败现象就不会根除,我们的反腐败斗争也就不可能停歇。"必须清醒认识到,腐败和反腐败较量还在激烈进行,并呈现出一些新的阶段性特征,反腐败任重道远。我们决不能滋生已经严到位、严到底的情绪，而要以永远吹冲锋号的执着、永远在路上的韧劲，打好攻坚战、持久战，不断实现不敢腐、不能腐、不想腐一体推进的战略目标。

保持有腐必反、有贪必肃的高压态势，方能巩固不敢腐的震慑效应。党的十八大以来，我们党"打虎""拍蝇""猎狐"，发现一起、查处一起，真正把反腐利剑举了起来、用了起来。已经形成的强大震慑还要继续强化。坚持无禁区、全覆盖、零容忍，坚持重遏制、强高压、长震慑，盯紧关键少数，整治群众身边腐败问题，提高国际追逃追赃能力，清除一切腐败分子，坚决纠治一切损害党和国家利益、群众利益的腐败和不正之风。

铲除不良作风和腐败现象滋生蔓延的土壤，要靠法律制度。完善不能腐的制度保障，用科学有效的制度体系监督制约权力，把权力关进制度的笼子，才能筑起遏制腐败滋生蔓延的堤坝。以习近平同志为核心的党中央领导完善党和国家监督体系，构建巡视巡察上下联动格局，构建以党内监督为主导、各类监督贯通协调的机制，加强对权力运行的制约和监督，构建起一套行之有效的权力监督制度。要继续完善权力监督制度和执纪执法体系，使各项监督更加规范、更加有力、更加有效。探索深化党内监督和其他各类监督贯通协调的有效路径，更充分发挥监督体系效能，确保人民赋予的权力始终用来为人民谋幸福。

思想上清醒是用权上清醒的前提。党员、干部只有筑牢思想防线，修好共产党人的"心学"，才能在各种诱惑面前不为所动，炼就"金刚不坏之身"。党的十八大以来，我们党把思想建设作为党的基础性建设，注重补足精神之钙、淬炼思想武器，营造良好政治生态、政治文化，筑牢不想腐的思想根基。打好反腐败攻坚战、持久战，要继续注重从思想上固本培元，教育引导广大党员、干部提高党性觉悟，强化自我修炼、自我约束、自我塑造，推动新时代廉洁文化建设取得实效，培厚良好政治生态的土壤。教育引导广大党员、干部增强政治敏锐性和政治鉴别力，以政治坚定确保行动坚定，牢牢筑起拒腐防变的思想防线、行动底线。

（《人民日报》2022年03月02日　第9版）

28

丰富自我革命有效途径

何 畏

习近平总书记在十九届中央纪委六次全会上的重要讲话中强调:"必须坚决落实中央八项规定精神、以严明纪律整饬作风,丰富自我革命有效途径"。党的十八大以来,以习近平同志为核心的党中央以前所未有的勇气和定力推进全面从严治党,从一开始就把作风建设抓在手上,驰而不息、步步深入,推动党风政风和社会风气为之一新。在不断探索中,我们党对管党治党的规律性认识更加深入,推动自我革命的途径、手段更加丰富。

我们党来自人民、植根人民、服务人民,全面从严治党必须从人民群众反映强烈的作风问题抓起。作风问题绝不是小事,反映的是党的形象和素质,体现的是党性,关系人心向背,关系党的生死存亡。党的十八大以来,以习近平同志为核心的党中央从制定和落实中央八项规定破题,从看似平常的办文办会、出访调查、发文报道等小切口入手,坚持以上率下、严格执纪。通过开展党的群众路线教育实践活动、"三严三实"专题教育、"两学一做"学习教育、"不忘初心、牢记使命"主题教育、党史学习教育等,把贯彻执行中央八项规定精神、解决作风问题融入其中,着力提高作风建设实效,刹住了一些过去被认为不可能刹住的歪风,纠治了一些多年未除的顽瘤痼疾,党的形象和威信进一步树立,党心民心进一步凝聚。

从小切口入手解决大问题,体现了我们党强烈的责任担当、高超的政治智慧。我们党总结党的建设的经验和规律,不断丰富自我革命的有效途径。找到作风建设这个突破口,并进一步聚焦群众反映强烈的共性问题,抓住了重点和要害,找准了靶心、点中了穴位,从而取得了实实在在的成效。坚持领导带头、以上率下,抓住"关键少数",就能以点带面、发挥示范效应。抓住"常""长"二字,久久为功、善作善成,就能在坚持中成常态、生长效。

习近平总书记指出:"只要真管真严、敢管敢严,党风建设就没有什么解决不了的问题。"很多作风问题非一日之弊,只有坚持严的主基调,把纪律挺在前面,以严明纪律整饬作风,才能见到实效,才能不断巩固作风建设已经取得的成果。《党政机关厉行节约反对浪费条例》《党政机关国内公务接待管理规定》《中央和国家机关会议费管理办法》《中共中央政治局贯彻落实中央八项规定的实施细则》等一系列制度规定,为党员干部制定行为准则、划定行为边界。坚持严肃执纪问责,强化组织管理和群众监督,严肃查处和曝光典型案件。中央纪委国家监委定期公布全国查处违反中央八项规定精神问题的月报数据，推动形成了高压态势，形成了严的标准和严的氛围。

全面从严治党永远在路上，作风建设没有休止符。2021年底，中央政治局召开专题民主生活会，审议了《关于2021年中央政治局贯彻执行中央八项规定情况的报告》和《关于2021年整治形式主义为基层减负工作情况的报告》，彰显了党中央坚持不懈抓作风建设的决心。作风建设已经取得显著成效，但也要看到，"四风"顽疾仍存在抬头隐患，形式主义、官僚主义具有顽固性和反复性。我们要以钉钉子精神贯彻中央八项规定及其实施细则精神，持续整治"四风"，落实好为基层减负各项规定。完善长效机制，进一步丰富自我革命有效途径，把党锻造得更加坚强有力、纯洁清正、朝气蓬勃，为实现第二个百年奋斗目标提供强大政治保证。

（《人民日报》2022年03月03日　第9版）

29

不断开辟马克思主义中国化新境界

宋凌云

习近平总书记在省部级主要领导干部学习贯彻党的十九届六中全会精神专题研讨班开班式上强调:"坚持解放思想、实事求是、守正创新,更好把坚持马克思主义和发展马克思主义统一起来"。坚持解放思想、实事求是、守正创新,是我们党推进马克思主义中国化时代化的重要经验,也是马克思主义中国化时代化不断取得成功、彰显实践伟力的重要原因。

马克思主义是我们党的灵魂和旗帜。在近代挽救民族危亡的斗争中,中国共产党的先驱们正因为选择了马克思主义,才找到中华民族走出漫漫长夜的正确道路,我们党才能团结带领人民实现民族独立、人民解放。无论什么时候,我们都要坚定对马克思主义的信仰,坚持运用辩证唯物主义和历史唯物主义的世界观、方法论,坚持运用马克思主义的立场、观点、方法。同时要立足新的实践,不断推进实践基础上的理论创新,解决新的时代课题。在百年奋斗历程中,中国共产党始终坚持以马克思主义为指导，把马克思主义基本原理同中国具体实际相结合、同中华优秀传统文化相结合，不断推进理论创新、进行理论创造，用中国化的马克思主义指导革命、建设、改革，不断开辟马克思主义中国化新境界，团结带领人民接续奋斗，取得一个又一个胜利，让马克思主义放射出更加灿烂的真理光芒。

任何科学的理论"都是自己时代的精神上的精华"。中国特色社会主义进入新时代，提出了大量亟待回答的重大理论和实践课题。以习近平同志为主要代表的中国共产党人坚持马克思列宁主义、毛泽东思想、邓小平理论、"三个代表"重要思想、科学发展观，准确把握时代大势，勇于站在人类发展前沿，聆听人民心声，回应现实需要，继续推进马克思主义基本原理同中国具体实际相结合、同中华优秀传统文化相结合，创立了习近平新时代中国特色社会主义思想，书写了坚持和发展马克思主义的新篇章，实现了马克思主义中国化新的飞跃。

习近平新时代中国特色社会主义思想坚持以马克思主义观察时代、把握时代、引领时代，坚持运用辩证唯物主义和历史唯物主义的世界观、方法论，贯穿着马克思主义的立场、观点、方法。习近平总书记指出："中国特色社会主义是社会主义而不是其他什么主义，科学社会主义基本原则不能丢，丢了就不是社会主义。"习近平新时代中国特色社会主义思想坚持科学社会主义基本原则，集中体现了马克思主义鲜明的理论品格和精神实质，是当代中国马克思主义、二十一世纪马克思主义。

马克思主义能不能在实践中发挥作用,关键在于能否把马克思主义基本原理同中国实际和时代特征结合起来。习近平新时代中国特色社会主义思想坚持用马克思主义之"矢"去射新时代中国之"的",对马克思主义哲学、政治经济学、科学社会主义作出了许多重大原理性创新。比如,在马克思主义哲学方面,提出新时代我国社会主要矛盾发生变化的思想,是对马克思主义社会矛盾学说的新发展;在马克思主义政治经济学方面,提出新发展理念,是对马克思主义生产力理论的新发展;在科学社会主义方面,提出坚持和加强党的全面领导、推进党的自我革命的思想,是对马克思主义建党学说的新发展;等等。习近平新时代中国特色社会主义思想以全新视野深化了对共产党执政规律、社会主义建设规律、人类社会发展规律的认识,实现了马克思主义中国化新的飞跃。

实践永不止步,理论创新永无止境。新的赶考之路上,我们必须坚持不懈用习近平新时代中国特色社会主义思想武装头脑、指导实践、推动工作,在回答中国之问、世界之问、人民之问、时代之问中不断开辟马克思主义中国化新境界。

(《人民日报》2022年03月14日 第6版)

30

团结奋斗开创美好未来

杨 丹

力量生于团结,幸福源自奋斗。习近平总书记强调:"团结奋斗是中国共产党和中国人民最显著的精神标识"。百年来,中国共产党团结带领全国各族人民英勇拼搏、砥砺奋进,书写了中华民族几千年历史上最恢宏的史诗,创造了人类发展史上震古烁今的奇迹。团结奋斗是历史给予我们的宝贵启示,更是面向未来续写奇迹的必然要求。

团结奋斗的民族才有前途,团结奋斗的政党才能立于不败之地。伟大奋斗精神、伟大团结精神是伟大中华民族精神的重要内核,支撑中华文明绵延几千年、创造无数辉煌,支撑中华民族大家庭历经无数磨难而始终守望相助、同心同行。为挽救近代之后遭遇的深重民族危机、实现中华民族伟大复兴的梦想,中国共产党团结带领中国人民进行了不屈不挠的斗争,迸发出团结奋斗的强大精神力量。实现民族独立、人民解放,摆脱积贫积弱、创造经济社会发展奇迹,迎来民族复兴光明前景，靠的是党"唤起工农千百万，同心干"的团结奋斗，靠的是全体人民"撸起袖子加油干"的团结奋斗。

我们党能够从近代各种政治力量的较量中脱颖而出，深刻地、历史性地推动中华民族的发展进程，与我们党能够团结奋斗、善于团结奋斗紧密相关。作为马克思主义政党，我们党除了广大人民群众的利益，没有任何自己的私利，把为人民幸福而奋斗作为自己的职责使命，始终与广大人民想在一起、干在一起，聚合蕴藏在人民之中的磅礴之力。我们党从革命时期就建立起广泛的统一战线，坚持大团结大联合，最大限度凝聚起团结奋斗的力量。我们党将保证自身的团结统一视为生命，通过一以贯之的政治建设、思想建设，使全体党员始终能够团结成"一块坚硬的钢铁"，步调一致向前进。一次次绝境重生、一次次柳暗花明，团结奋斗给予我们党历经千锤百炼、始终立于不败之地的强大能量。

百年奋斗历史告诉我们，围绕明确奋斗目标形成的团结才是最牢固的团结，依靠紧密团结进行的奋斗才是最有力的奋斗。全面建成社会主义现代化强国，实现中华民族伟大复兴，是中华民族的最高利益和根本利益，把中国人民和中华民族紧紧凝聚在一起。新中国成立后，我们党科学把握不同时期历史方位，既着眼长远作出战略安排，又围绕战略目标作出具体规划，绘制经济社会发展蓝图。一代代中国人向着明确目标一棒接着一棒跑，民族复兴的前景在团结奋斗中越发光明。其间尽管遭遇过来自国内、国际的各种风险挑战，来自政治、经济、文化、社会等领域和自然界的各种风险挑战，但没有任何困难和力量能够阻挡中国共产党团结带领中国人民向着民族复兴目标奋进的步伐。党的十八大以来，在以习近平同志为核心的党中央坚强领导下，我们党加强集中统一领导，党的团结统一达到了新的高度；巩固发展最广泛的爱国统一战线，发展全过程人民民主，最大限度凝聚起共同奋斗的力量。党和国家事业在极其复杂严峻的形势环境下取得历史性成就、发生历史性变革，中华民族伟大复兴进入不可逆转的历史进程，再次彰显了团结奋斗的磅礴力量。

辉煌历史由团结奋斗书写，美好未来靠团结奋斗开创。我们要把个人奋斗汇入实现民族复兴的洪流，在为民族复兴作出更大贡献中体现个人价值、成就精彩人生。只要14亿多中国人民始终手拉着手一起向未来，只要9500多万中国共产党人始终与人民心连着心一起向未来，我们就一定能在新的征程上克服一切艰难险阻、继续创造令人刮目相看的奇迹。

（《人民日报》2022年03月15日 第9版）

31

把好事实事做到群众心坎上

王影迪

为政之本，在于为民。习近平总书记在2022年春季学期中央党校（国家行政学院）中青年干部培训班开班式上强调："共产党人必须牢记，为民造福是最大政绩。""哪里有人民需要，哪里就能做出好事实事，哪里就能创造业绩。"党的根基在人民、血脉在人民、力量在人民，人民是党执政兴国的最大底气。广大党员干部要树立和践行正确政绩观，想群众之所想、急群众之所急、解群众之所困，把好事实事做到群众心坎上，不断增强人民群众的获得感、幸福感、安全感。

"知屋漏者在宇下，知政失者在草野。"察民情、访民意是为群众做好事实事的第一步。习近平总书记指出："当县委书记一定要跑遍所有的村，当市委书记一定要跑遍所有的乡镇，当省委书记一定要跑遍所有的县市区。"要把调查研究作为基本功，深入基层、深入群众、深入实际。调查研究得越深，对民情就了解得越细，制定的政策措施就越具体越实在。

党的十八大以来，习近平总书记50多次调研扶贫工作，走遍14个集中连片特困地区，了解脱贫攻坚的实际情况，不断完善扶贫思路和扶贫举措。党员干部要经常下基层，扑下身子、沉下心来，倾听群众所想所急所盼，了解和掌握真实情况，从群众切身利益出发谋划工作，特别是要下大气力解决好人民群众不满意的问题，多做雪中送炭的事情。

为群众做好事实事，就要勇于担当、善于作为，真抓实干、埋头苦干。"为官避事平生耻。"干事担事，是党员干部的职责所在，也是价值所在。业绩都是干出来的，真干才能真出业绩、出真业绩。谋划工作要从人民群众的根本利益和长远利益出发，多做功在当代、利在长远的事情。对当务之急，要立说立行、紧抓快办，不能慢慢吞吞、拖拖拉拉。对长期任务，要保持战略定力和耐心，以功成不必在我的精神境界、功成必定有我的历史担当，坚持一张蓝图绘到底，滴水穿石，久久为功。山西右玉县曾风沙成患、山川贫瘠。新中国成立之初，第一任县委书记带领全县人民开始治沙造林。70多年来，县委领导一届接着一届率领全县干部群众坚持不懈干，把"不毛之地"变成"塞上绿洲"，彰显了勇于担当、埋头苦干的优良作风。

为群众做好事实事，落脚点在成效。有没有成效、成效大小，要看群众实际感受，由群众来评判。焦裕禄同志虽然在兰考工作只有一年多，但在群众心中铸就了一座永恒的丰碑。福建东山县委书记谷文昌一心一意为老百姓办事，当地老百姓逢年过节"先祭谷公,后拜祖宗"。共产党就是为人民服务的,就是为老百姓办事的,让老百姓生活更幸福就是共产党的事业。党员干部要悟透以人民为中心的发展思想,树立和践行正确政绩观,以人民群众满意不满意、赞成不赞成、高兴不高兴作为衡量工作成效的最高标准,不断实现人民对美好生活的向往,创造无愧于党、无愧于人民、无愧于时代的业绩。

(《人民日报》2022年03月16日 第9版)

32

团结合作创造人类更美好未来

刘兴华

国际奥委会于去年将奥林匹克格言更新为"更快、更高、更强——更团结",这是奥林匹克格言100多年来的首次更新。习近平主席指出:"奥林匹克运动倡导的'更团结'正是当今时代最需要的。世界各国与其在190多条小船上,不如同在一条大船上,共同拥有更美好未来"。在百年变局与世纪疫情交织叠加、世界进入新的动荡变革期的背景下,中国为世界奉献一届简约、安全、精彩的奥运盛会,给予新冠肺炎疫情困扰下的世界新的信心和力量。事实再次昭示人们,面对各种紧迫的全球性挑战,加强团结合作,人类才会有更加美好的明天。

奥林匹克运动及其精神是人类共同的文明遗产,奥林匹克格言中新增加的"更团结",内涵深刻、意义重大。它阐明了国际奥林匹克运动促进全球交流合作和团结互助的目标,展示了奥林匹克运动超越国籍、种族、文化的团结精神,反映了各国人民团结应对挑战的共同心愿与强烈呼声。"一起向未来"

的北京冬奥会口号，正是对奥林匹克新格言的呼应，彰显了中国积极参与全球体育交流的愿望，践行真正的多边主义、推动全球合作的决心，与世界各国一道携手迈向光明未来的追求。

习近平主席强调："我们应该弘扬奥林匹克运动精神，团结应对国际社会共同挑战。"当前，疫情、气候变暖、恐怖主义等全球性挑战严重威胁人类生存、安全和发展利益。这些威胁和挑战，任何国家都无法单独应对。唯有在真正的多边主义基础上加强团结合作，才是解决问题之道。联合国等全球治理机制为解决全球问题而生，由各国依协议而建，构筑了多边主义的制度框架。各国要维护以联合国为核心的国际体系，维护以国际法为基础的国际秩序，在彼此尊重中共同发展，在求同存异中合作共赢。坚定信心、同舟共济，增进共识、增强协同，以更加包容的全球治理、更加有效的多边机制、更加积极的区域合作，共同应对层出不穷的全人类共同难题。

在不稳定性不确定性上升的世界中，中国始终致力于携手世界上一切进步力量，朝着构建人类命运共同体的方向不断迈进，以实际行动诠释了引领世界各国团结走向未来的大格局大担当。面对疫情对全球发展带来的严重冲击，中国发起新中国成立以来援助时间最集中、涉及范围最广的紧急人道主义行动，向120多个国家和国际组织供应超过21亿剂新冠疫苗，为全球抗疫合作注入强大正能量。中国坚持以人民为中心的发展思想，提出全球发展倡议，呼吁把促进发展、保障民生置于全球宏观政策的突出位置，落实联合国2030年可持续发展议程，促进现有发展合作机制协同增效,促进全球均衡发展,推动实现更加强劲、绿色、健康的全球发展。中国愿意携手各方既为战胜疫情聚力,又为重振全球发展事业贡献力量,共同建设后疫情时代的美好世界。

当今世界,机遇和挑战并存、希望与危机同在。各国惟有更团结,才能战胜挑战、把握机遇、更好发展。各国共同为构建人类命运共同体而努力,人类就一定能走向更光明的未来。

(《人民日报》2022年03月18日　第9版)

33

在自己选择的道路上昂首阔步走下去

肖贵清

无论干革命、搞建设、抓改革,道路问题都是最根本的问题。习近平总书记指出:"中国特色社会主义是党和人民历经千辛万苦、付出巨大代价取得的根本成就,是实现中华民族伟大复兴的正确道路。"在百年奋斗中,党团结带领人民艰辛探索,从我国国情出发,坚持走自己的路,找到了一条实现中华民族伟大复兴的正确道路,领导古老的东方大国创造出人类历史上前所未有的发展奇迹。

新民主主义革命时期,我们党把马克思列宁主义基本原理同中国革命具体实际结合起来,探索出农村包围城市、武装夺取政权的正确革命道路。经过艰苦斗争,推翻帝国主义、封建主义、官僚资本主义三座大山,建立了人民当家作主的中华人民共和国。新中国成立后,党团结带领人民探索出符合中国国情的社会主义革命道路和社会主义建设道路,实现了一穷二白、人口众多的东方大国大步迈进社会主义社会的伟大飞跃,完成了中华民族有史以来最为广泛而深刻的社会变革。改革开放新时期，党团结带领人民开辟中国特色社会主义道路，使中国大踏步赶上时代。党的十八大以来，中国特色社会主义进入新时代。党团结带领人民自信自强、守正创新，统揽伟大斗争、伟大工程、伟大事业、伟大梦想，党和国家事业取得历史性成就、发生历史性变革，中华民族迎来了从站起来、富起来到强起来的伟大飞跃，实现中华民族伟大复兴进入了不可逆转的历史进程。

各国国情不同，每个国家的发展道路都是独特的，都是由这个国家的人民决定的，都是在这个国家历史传承、文化传统、经济社会发展的基础上长期发展、渐进改进、内生性演化的结果。中国特色社会主义是被实践证明符合中国国情的正确道路，是创造人民美好生活、实现中华民族伟大复兴的必由之路。在中国特色社会主义伟大旗帜引领下，当代中国创造了世所罕见的经济快速发展奇迹和社会长期稳定奇迹，马克思主义在中国大地焕发出蓬勃生机。

找到一条好的道路不容易，走好这条道路更不容易。新时代，我们要继续扎根中国大地，总结中国经验，不断增强中国特色社会主义道路自信、理论自信、制度自信、文化自信，确保中国特色社会主义事业根深叶茂、繁荣兴旺。要有志不改、道不变的坚定，坚持把科学社会主义基本原则同本国具体实际、历史文化传统、时代要求紧密结合起来，在实践中不断深化对共产党执政规律、社会主义建设规律、人类社会发展规律的认识，既不走封闭僵化的老路，也不走改旗易帜的邪路，坚定不移走中国特色社会主义道路。

船到中流浪更急，人到半山路更陡。新征程上，面对复杂严峻的国际形势和艰巨繁重的国内改革发展稳定任务，不可避免会遇到各种艰难险阻。但是，只要道路方向正确，经过不懈努力，我们就能到达胜利的彼岸。必须贯彻党的基本理论、基本路线、基本方略，统筹推进"五位一体"总体布局、协调推进"四个全面"战略布局，全面深化改革开放，立足新发展阶段，完整、准确、全面贯彻新发展理念，构建新发展格局，推动高质量发展，推进科技自立自强，保障人民当家作主，坚持依法治国，坚持社会主义核心价值体系，坚持在发展中保障和改善民生，坚持人与自然和谐共生，协同推进人民富裕、国家强盛、中国美丽。矢志不移坚持中国共产党的领导，坚定不移沿着中国特色社会主义道路昂首阔步走下去，把中国发展进步的命运牢牢掌握在自己手中，向着实现中华民族伟大复兴的目标奋勇前进。

(《人民日报》2022年03月22日 第9版)

34

重视战略策略问题

郑丽平

战略问题是一个政党、一个国家的根本性问题。习近平总书记在省部级主要领导干部学习贯彻党的十九届六中全会精神专题研讨班开班式上发表重要讲话强调:"注重分析和总结党在百年奋斗历程中对战略策略的研究和把握,是贯穿全会决议的一个重要内容,我们一定要深入学习、全面领会。"新的征程上,我们必须高度重视战略策略问题,把谋事和谋势、谋当下和谋未来统一起来,切实增强工作的系统性、预见性、创造性。

战略策略问题对于党和国家事业发展至关重要。回望党的百年奋斗历程,战略上判断得准确,战略上谋划得科学,战略上赢得主动,党和国家事业就大有希望。大革命失败后,党果断调整战略部署,从进攻大城市转为向农村进军,开辟了农村包围城市、武装夺取政权的正确革命道路。1953年,党提出了过渡时期的总路线,找出在中国进行社会主义革命和建设的正确道路。党的十一届三中全会以后,党作出把党和国家工作中心转移到经济建设上来、实行改革开放的历史性决策,制定了到21世纪中叶分三步走、基本实现社会主义现代化的发展战略。党的十八大以来,以习近平同志为核心的党中央统筹推进"五位一体"总体布局,协调推进"四个全面"战略布局,党和国家事业取得历史性成就、发生历史性变革。历史一次次证明,我们党总是能够在重大历史关头从战略上认识、分析、判断面临的重大历史课题,制定正确的战略策略,这是党战胜无数风险挑战、不断从胜利走向胜利的有力保证。

我们是一个大党,领导的是一个大国,进行的是伟大的事业,要善于进行战略思维,善于从战略上看问题、想问题。重视战略策略问题,要培养战略思维、保持战略定力,其中很重要的一点就是善于把握事物发展的总体趋势和方向,从全局、长远、大势上作出判断和决策。党的十八大以来,面对国内外环境的深刻复杂变化,习近平总书记站在时代前沿和战略全局的高度,对关系新时代党和国家事业发展的一系列重大理论和实践问题进行深邃思考和科学判断,提出了一系列原创性的治国理政新理念新思想新战略。新时代的伟大实践表明,正是在科学认识和把握战略策略问题的基础上,我们党出台一系列重大方针政策,推出一系列重大举措,推进一系列重大工作,战胜一系列重大风险挑战,解决了许多长期想解决而没有解决的难题,办成了许多过去想办而没有办成的大事。

习近平总书记强调:"正确的战略需要正确的策略来落实。

策略是在战略指导下为战略服务的。"深刻把握战略和策略的辩证统一关系，要求我们既要胸怀大局，也要见微知著；既要准确判断和把握形势，也要制定切合实际的目标任务、政策策略；既要在解决突出问题中实现战略突破，也要在把握战略全局中推进各项工作。深刻把握战略和策略的辩证统一关系，关键是把战略的坚定性和策略的灵活性结合起来。一方面，保持"乱云飞渡仍从容"的战略定力。对于道路、方向、立场等重大原则问题，必须旗帜鲜明、态度明确。既不走封闭僵化的老路，也不走改旗易帜的邪路，坚定不移走中国特色社会主义道路。另一方面，善于把握策略的灵活性，选择正确的工作策略和方法，坚持稳中求进，在迅速变化的时代赢得主动、赢得优势、赢得未来。当前和今后一个时期，我国发展仍然处于重要战略机遇期，机遇和挑战之大都前所未有。我们要坚持问题导向，既在战略上布好局，又在关键处落好子，把工作着力点放在解决最突出的矛盾和问题上，不断推出促进改革发展稳定的实招硬招，努力实现高质量发展。

(《人民日报》2022年03月23日 第9版)

35

以不负人民的实际行动彰显家国情怀

江 畅

习近平总书记在2022年春季学期中央党校（国家行政学院）中青年干部培训班开班式上发表重要讲话，强调年轻干部是党和国家事业发展的希望，必须筑牢理想信念根基，守住拒腐防变防线，树立和践行正确政绩观，练就过硬本领，发扬担当和斗争精神，贯彻党的群众路线，锤炼对党忠诚的政治品格，树立不负人民的家国情怀，追求高尚纯粹的思想境界，为党和人民事业拼搏奉献，在新时代新征程上留下无悔的奋斗足迹。党员干部特别是年轻干部，无论是立身处世还是从政干事，都要解决好"我是谁、为了谁、依靠谁"的问题，树立不负人民的家国情怀，追求崇高的思想境界、增强过硬的担当本领。

中国人自古就认识到，天下之本在国，国之本在家，每个人的成长和生活都与家国紧密相连。中华民族绵延不绝的悠久历史、灿烂文明，孕育滋养了中华儿女绵长深厚、历久弥新的家国情怀。在家尽孝、为国尽忠是中华民族的传统美德。中华优秀传统文化中"欲治其国者,先齐其家"的价值追求,"先天下之忧而忧,后天下之乐而乐"的理念,"天下兴亡,匹夫有责"的爱国情怀,"苟利国家生死以,岂因祸福避趋之"的牺牲奉献精神,充分展现了个人命运与家国命运的紧密相连。没有国家繁荣发展,就没有家庭幸福美满。同样,没有千千万万家庭幸福美满,也没有国家繁荣发展。正是这种家国休戚与共的责任心、使命感,支撑中华民族生生不息,助力中华文明薪火相传。家国情怀早已深深融入中华儿女的精神血脉之中,成为中华文明世代相传的文化基因,汇聚成中华民族历经磨难而不衰、饱尝艰辛而不屈的不竭力量源泉。

江山就是人民,人民就是江山,我们党打江山、守江山,守的是人民的心,为的是让人民过上好日子。为中国人民谋幸福,为中华民族谋复兴,是中国共产党人的初心和使命,是中国共产党人家国情怀的集中体现。从石库门到天安门,从兴业路到复兴路,我们党所付出的一切努力、进行的一切斗争、作出的一切牺牲,都是为了人民幸福和民族复兴。百年来,从建党的开天辟地,到新中国成立的改天换地,到改革开放的翻天覆地,再到党的十八大以来党和国家事业取得历史性成就、发生历史性变革,这些成就的取得,靠的就是始终坚持以人民为中心,始终与群众有福同享、有难同当,有盐同咸、无盐同淡。在百年奋斗历程中,一代又一代共产党人在思想上尊重群众、感情上贴近群众、工作上凝聚群众、行动上服务群众,始终保持同人民群众的血肉联系，始终保持对人民群众的赤子之心。"自己有一条被子，也要剪下半条给老百姓"的女红军，"哪里最苦最累，他就出现在哪里"的张思德，"心中装着全体人民、唯独没有他自己"的焦裕禄，"帮老百姓干活、保障群众利益，怎么干都不过分"的廖俊波，在脱贫攻坚第一线"谱写了新时代的青春之歌"的黄文秀……中国共产党人用实际行动践行初心使命，生动诠释了家国情怀。

中国共产党是为人民奋斗的政党，始终把人民放在第一位，坚持尊重社会发展规律和尊重人民历史主体地位的一致性，坚持为崇高理想奋斗和为最广大人民谋利益的一致性，坚持完成党的各项工作和实现人民利益的一致性，不断为人民造福。对于新时代中国共产党人来说，树立不负人民的家国情怀，就要把人生理想融入党和人民事业之中，把为人民幸福而奋斗作为自己的最大幸福和不懈追求。党员干部特别是年轻干部要不忘初心使命，心怀"国之大者"，用心解决群众急难愁盼问题，把好事实事做到群众心坎上，以不负人民的实际行动彰显家国情怀。

（《人民日报》2022年03月24日 第9版）

36

加快科技成果向现实生产力转化

李翰斌

党的十九届六中全会强调,把科技自立自强作为国家发展的战略支撑。推进科技自立自强,当务之急是加快科技体制改革步伐,推动有效市场和有为政府更好结合,推动科技和经济社会发展深度融合,打通从科技强到产业强、经济强、国家强的通道,以改革释放创新活力。

科学技术是第一生产力。科技创新绝不仅仅是实验室里的研究,而需要转化为推动经济社会发展的现实动力。中国古代四大发明之所以为人类发展作出了巨大贡献,不仅在于"从0到1"的创新,而且在于其在经济社会中的实际应用。自明末清初开始,近代科学技术在中国的发展处于相对停滞状态,其中一个重要原因就是科学技术同社会发展分离了。当时虽然有些人对西学感兴趣,也学了一些,但大多是坐而论道、禁中清谈。学得再多,束之高阁,只是一种猎奇、一种雅兴,不可能对现实社会产生作用。再看当代中国,科技重大专项有力支撑移动通信、新能源、高端装备等战略性产业发展，人工智能技术深度赋能制造、物流、交通等产业的智能化升级，5G、大数据、区块链等技术融合应用推动数字经济蓬勃发展……越来越多的科技成果服务于现实生产生活，不断壮大发展新动能。历史和现实反复证明，只有实现了科技成果向现实生产力的转化，才能真正释放创新驱动发展的原动力。

加快科技成果向现实生产力转化，需要靠改革破除科技领域体制机制障碍。科技成果转化是一个复杂的系统工程，面临着从实验室到产业化、从想法到市场的挑战。科技成果只有同国家需要、人民要求、市场需求相适应，完成从科学研究到实验开发再到推广应用的三级跳，才能真正转化为现实生产力、实现创新驱动发展。多年来，一些部门和领域存在着科技成果向现实生产力转化不力、不顺、不畅的痼疾，科研成果封闭自我循环的问题比较严重，创新和转化的各个环节衔接不够紧密。就像接力赛一样，第一棒跑完了，下一棒没有人接，或者接了不知道往哪儿跑。这个问题解决不好，科研和经济是"两张皮"，科技创新效率就很难有大的提高。要通过深化科技体制改革，清除有形无形的"栅栏"、院内院外的"围墙"，让一切创新源泉充分涌流。

加快科技成果向现实生产力转化，关键是处理好政府和市场的关系，进一步打通科技和经济社会发展之间的通道。要推动有效市场和有为政府更好结合，充分发挥市场在资源配置中的决定性作用，更好发挥政府作用，通过市场需求引导创新资源有效配置，形成推进科技创新的强大合力。进一步突出企业的技术创新主体地位，推动人财物等各种创新要素向企业集聚，使企业真正成为技术创新决策、研发投入、科研组织、成果转化的主体。在2021年国家重点研发计划立项的860余项中，企业牵头或参与的有680余项，占比79%。下一步，可以通过"揭榜挂帅"等方式，让更多企业参与基础研究、技术创新、成果转化、产业化等科技创新活动，让企业在重大科技规划中发挥出题者作用，在重点产品科研攻关中发挥产学研各方的组织协调者作用，在科技成果转化中发挥技术承接应用者作用。

(《人民日报》2022年03月25日 第9版)

37

党是领导我们事业的核心力量

郭庆松

中国共产党是领导我们事业的核心力量。党政军民学、东西南北中,党是领导一切的。办好中国的事情,关键在党;推动党和国家事业发展,关键在党的坚强领导。党的十九届六中全会通过的《中共中央关于党的百年奋斗重大成就和历史经验的决议》(以下简称《决议》)在党的十九大报告"八个明确"基础上提出了"十个明确",并将党的领导列在首位,展现了习近平新时代中国特色社会主义思想蕴含的原创性贡献,凸显了党在中国特色社会主义伟大事业中的领导核心作用。

《决议》明确了习近平新时代中国特色社会主义思想回答的重大时代课题:"新时代坚持和发展什么样的中国特色社会主义、怎样坚持和发展中国特色社会主义,建设什么样的社会主义现代化强国、怎样建设社会主义现代化强国,建设什么样的长期执政的马克思主义政党、怎样建设长期执政的马克思主义政党等重大时代课题",阐明了科学社会主义、现代化国家建设、马克思主义政党在中国特色社会主义进入新时代这一新的历史方位下呈现什么样的崭新面貌以及如何建设和发展的问题。对重大时代课题的回答，关涉新时代党和国家事业发展的一系列重大理论和实践问题，其中坚持党的领导是贯穿始终并具有统领作用的。

"鞋子合不合脚，自己穿了才知道。"一个国家坚持什么样的主义、走什么样的道路、由什么样的政治力量来领导，关键要看这个主义、这条道路、这个领导力量能不能解决这个国家面临的历史性课题、时代性问题。中华民族近代以来180多年的历史、中国共产党诞生以来100多年的历史、中华人民共和国成立以来70多年的历史、改革开放以来40多年的历史、中国特色社会主义进入新时代以来10年的历史，无可争辩地证明：中国人民和中华民族之所以能够扭转近代以后的历史命运、取得今天的伟大成就，最根本的是有中国共产党的坚强领导。历史和人民选择了中国共产党，中国共产党也没有辜负历史和人民的正确选择。正是在中国共产党的坚强领导下，中国人民成功走出中国式现代化道路，创造了人类文明新形态，书写了中华民族几千年历史上最恢宏的史诗，绘就了人类发展史上的壮美画卷，中华民族迎来了从站起来、富起来到强起来的伟大飞跃，中华民族伟大复兴展现出前所未有的光明前景。回望党的百年奋斗历程可以发现，什么时候我们坚持和加强党的领导，党和国家事业就健康发展；什么时候弱化和偏离党的领导，党和国家事业就遭遇挫折。这是中国革命、建设、改革最可宝贵的经验。事实证明，中国共产党是风雨来袭时中国人民最可靠的主心骨，是中国特色社会主义事业的坚强领导核心；党的领导是党和国家的根本所在、命脉所在，是全国各族人民的利益所系、命运所系。

当前，全面建成小康社会目标如期实现，党和国家事业取得历史性成就、发生历史性变革，这是我们始终坚持党的全面领导的结果。习近平总书记指出："党的领导必须是全面的、系统的、整体的，必须体现到经济建设、政治建设、文化建设、社会建设、生态文明建设和国防军队、祖国统一、外交工作、党的建设等各方面。哪个领域、哪个方面、哪个环节缺失了弱化了，都会削弱党的力量，损害党和国家事业。"党的十八大以来，坚持党的领导不仅在理论上达到了新高度，而且在实践中取得了显著成效。我们坚持和完善党的领导制度体系，把坚持党的领导贯彻和体现到改革发展稳定、内政外交国防、治党治国治军各个领域各个方面，确保党始终总揽全局、协调各方。在以习近平同志为核心的党中央坚强领导下，在习近平新时代中国特色社会主义思想科学指引下，党中央权威和集中统一领导得到有力保证，党的领导制度体系不断完善，党的领导方式更加科学，全党思想上更加统一、政治上更加团结、行动上更加一致，党的政治领导力、思想引领力、群众组织力、社会号召力显著增强，党的执政能力和领导水平不断提高。在党的坚强领导下，我们解决了许多长期想解决而没有解决的难题，办成了许多过去想办而没有办成的大事，党和国家事业焕发出新的生机活力。

　　对历史的最好纪念，就是创造新的历史。党的历史是总结昨天的记录，更是把握今天、创造明天的基石。党的领导创造了党和国家事业昨天和今天的辉煌，也必将团结带领人民创造更加美好的明天。当前，我们已经踏上了全面建设社会主义现代化国家的新征程，中华民族伟大复兴曙光在前、前途光明。但是，中华民族伟大复兴绝不是轻轻松松、敲锣打鼓就能实现的，我们既面临着难得机遇，也面临着严峻挑战。在这个关键当口，我们必须坚持党的全面领导不动摇，深刻领悟"两个确立"的决定性意义，增强"四个意识"、坚定"四个自信"、做到"两个维护"，充分发挥党的领导政治优势，把党的领导落实到党和国家事业各领域各方面各环节，确保全党全军全国各族人民团结一致向前进。

（《人民日报》2022年03月29日　第9版）

38

更好肩负起新时代的职责和使命

马福运

培养选拔优秀年轻干部是一件大事，关乎党的命运、国家的命运、民族的命运、人民的福祉，是百年大计。2019年以来，习近平总书记连续6次在中央党校（国家行政学院）中青年干部培训班开班式上发表重要讲话，对年轻干部提出殷切期望，为广大年轻干部健康成长指明努力方向，为加强新时代干部队伍建设提供行动指南。党员干部特别是年轻干部应积极投身新时代中国特色社会主义伟大实践，持之以恒加强思想淬炼、政治历练、实践锻炼、专业训练，在牢记初心使命、勇于担当作为、善于攻坚克难中不断提高解决实际问题能力，不断提升政治境界、思想境界、道德境界，更好肩负起新时代的职责和使命。

习近平总书记强调："年轻干部要胜任领导工作，需要掌握的本领是很多的。最根本的本领是理论素养。"马克思主义立场、观点、方法是做好工作的看家本领，是指导我们认识世界、改造世界的强大思想武器。从一定意义上说,掌握马克思主义理论的深度,决定着政治敏感的程度、思维视野的广度、思想境界的高度,进而影响干事创业的成效。党员干部特别是年轻干部一定要加强理论学习、夯实理论功底,自觉用习近平新时代中国特色社会主义思想观察新形势、研究新情况、解决新问题,按照客观规律推进各项工作。坚持理论和实践相结合,在学习中增长知识、锤炼品格,在工作中增长才干、练就本领,做到干中学、学中干,学以致用、用以促学、学用相长,使思想、能力、行动跟上党中央要求、跟上时代前进步伐、跟上事业发展需要,更好肩负起新时代的职责和使命。

干事担事,是干部的职责所在,也是价值所在。习近平总书记指出:"能否敢于负责、勇于担当,最能看出一个干部的党性和作风。"年轻干部只有练就担当作为的铁肩膀、真本事,苦干实干、不懈奋斗,才能创造无愧于党、无愧于人民、无愧于时代的业绩。在担当作为中建功立业,必须深刻领悟"两个确立"的决定性意义,增强"四个意识"、坚定"四个自信"、做到"两个维护",站在全局和战略的高度想问题、办事情,弄清楚党和国家关心什么、强调什么,人民需要什么、期待什么,踔厉奋发、笃行不怠,在机遇面前主动出击,在困难面前迎难而上,在风险面前积极应对。只有强化担当作为的自觉,将担当精神内化于心、外化于行,以永不懈怠的精神状态和一往无前的奋斗姿态,做好知重负责的勤务员、攻坚克难的攀登者、谋事成事的实干家，才能在新时代新征程上留下许党报国、青春无悔的奋斗足迹。

习近平总书记强调："只有全党继续发扬担当和斗争精神，才能实现中华民族伟大复兴的宏伟目标。"敢于斗争是我们党的鲜明品格。百年来，在应对各种困难挑战中，我们党锤炼了不畏强敌、不惧风险、敢于斗争、勇于胜利的风骨和品质。我们党依靠斗争走到今天，也必然要依靠斗争赢得未来。年轻干部一定要挺起脊梁、冲锋在前，奔着矛盾问题和风险挑战进行斗争，讲求策略方法和斗争艺术，培养和保持顽强的斗争精神、坚韧的斗争意志、高超的斗争本领，做敢于斗争、善于斗争的战士，更好肩负起新时代的职责和使命。

(《人民日报》2022年03月30日 第9版)

39

担当和斗争是一种责任

何海根

能否敢于负责、勇于担当，最能看出一个干部的党性和作风。习近平总书记在2022年春季学期中央党校（国家行政学院）中青年干部培训班开班式上的重要讲话中强调："担当和斗争是一种责任，敢于负责才叫真担当、真斗争。"有权就有责。党和人民赋予领导干部权力，领导干部就必须对党和人民的事业负责。干事担事，是领导干部的职责所在，也是价值所在。领导干部必须扛起自己的责任，磨砺和练就敢于负责的铁肩膀和真本领，以担当和斗争创造无愧于党和人民的业绩。

回顾我们党的奋斗史，党团结带领人民所取得的彪炳史册的伟大成就，没有一件是轻而易举就能实现的，都付出了艰苦的努力。正是一代代中国共产党人以身许党许国、报党报国，把担当和斗争作为一种责任，真担当、真斗争，我们党才团结带领人民取得一个又一个胜利，使中国摆脱近代以后的深重危机，以欣欣向荣的气象重新屹立于世界东方。一切成就，都是中国共产党人义不容辞承担自身历史责任、主动担当作为、进行伟大斗争取得的。奋进新征程、建功新时代，领导干部必须把担当和斗争作为一种责任，敢于负责、勇于担当。

把担当和斗争作为一种责任，就要在机遇面前主动出击、开拓进取。习近平总书记指出："只要把握住历史发展规律和大势，抓住历史变革时机，顺势而为，奋发有为，我们就能够更好前进。"历史从不等待犹豫者、懈怠者，只会眷顾奋进者、搏击者。宝贵机遇稍纵即逝，观望、徘徊只会错失良机，唯有增强工作的科学性、预见性、主动性，把机遇牢牢抓在手中，及时转化为推动经济社会发展的良策、改善人民生活的良方，才能避免错失机遇的遗憾。当前，我国进入新发展阶段，贯彻新发展理念、构建新发展格局、推动高质量发展带来一系列新的机遇。要以新眼光新思路新办法发现机遇、用好机遇，争取实现更大突破。

困难是检验领导干部有没有担当和斗争精神、是不是敢于负责的试金石。干事创业，不可能一直顺风顺水，总会碰到这样那样的困难。改革发展稳定的问题、老百姓急难愁盼的问题，有不少难啃的硬骨头。推诿和逃避，不仅不能解决问题，反而会让问题越来越多、越来越复杂。"燃灯者"邹碧华，在司法改革中勇当奋楫者，诠释对党和人民的无限忠诚；时代楷模潘东升，面对重大案件、突发危机从不退缩，一句"党员干部就应该冲锋陷阵"，生动展现共产党人的担当和斗争精神。领导干部要以为官一任就要造福一方的责任感直面工作中的困难，敢于啃硬骨头，发扬钉钉子精神，一步步解决难题。凡是有利于党和人民的事，就要事不避难、义不逃责，大胆地干、坚决地干，在攻坚克难中打开工作新局面。

在风险面前积极应对，不畏缩、不躲闪，也是把担当和斗争作为一种责任的直接体现。在经济社会发展中，有不少风险需要防范化解，还要应对来自自然界的风险。面对一系列风险，过太平日子、不想斗争是不切实际的，得"软骨病"、患"恐惧症"是无济于事的。果断出手，该斗争时就斗争，才能化险为夷、求得发展。领导干部要科学研判前进道路上的风险，加强斗争历练、增强斗争本领，面对风险临阵不乱，及时采取有效措施开展斗争，负起该负的责任，不断在新征程上创造新业绩。

（《人民日报》2022年04月01日 第9版）

40

为推进伟大自我革命提供制度保障

周叶中

勇于自我革命是我们党最鲜明的品格，是我们党区别于其他政党的显著标志。纵观世界政党发展史，没有哪一个政党像我们党这样始终坚持自我革命。习近平总书记指出："一百年来，党外靠发展人民民主、接受人民监督，内靠全面从严治党、推进自我革命，勇于坚持真理、修正错误，勇于刀刃向内、刮骨疗毒，保证了党长盛不衰、不断发展壮大。"我们党除了国家、民族、人民的利益，没有任何自己的特殊利益，所以能够不谋私利，敢于直面问题、勇于自我革命。正是通过自我革命，我们党才能不变质、不变色、不变味，始终保持马克思主义政党的先进性和纯洁性，团结带领人民取得革命、建设、改革的一个又一个胜利。

我们党在百年奋斗中不断推进伟大自我革命，积累了很多宝贵经验。及时把这些宝贵经验以党内法规、法律规范等形式固定下来，提升管党治党、治国理政的制度化水平，是推进伟大自我革命的必然要求。踏上全面建设社会主义现代化国家新征程，我们不可避免会遭遇各种各样的考验。越是面对风险考验，越不能忘记党的初心使命，越需要推进伟大自我革命。制度带有根本性、全局性、稳定性、长期性。无论是坚守自我革命根本政治方向、淬炼自我革命锐利思想武器、丰富自我革命有效途径，还是打好自我革命攻坚战、持久战，锻造敢于善于斗争、勇于自我革命的干部队伍，都需要建章立制，都离不开制度保障。习近平总书记强调："必须坚持构建自我净化、自我完善、自我革新、自我提高的制度规范体系，为推进伟大自我革命提供制度保障。"这为我们围绕推进伟大自我革命构建系统完备、科学规范、运行有效的制度规范体系指明了前进方向、提供了根本遵循。

坚持党要管党、全面从严治党，党内法规制度建设是重要抓手。习近平总书记强调："加强党内法规制度建设是全面从严治党的长远之策、根本之策。"党的十八大以来，习近平总书记对党内法规制度建设高度重视，围绕制度治党、依规治党作出一系列重要论述，科学回答了党内法规制度建设"是什么""为什么""怎么干"等一系列重大问题。一大批标志性、关键性、引领性党内法规陆续制定或修订，形成比较完善的党内法规体系。党的十八大以来，党内法规制定力度之大、出台数量之多、制度权威之高、执行力度之强、治理效能之好都前所未有，从制度层面夯实了推进伟大自我革命的"四梁八柱"，使伟大自我革命不断走向深入。新时代，要把全面从严治党这场伟大自我革命进行到底，需要进一步固根基、扬优势、补短板、强弱项，完善推进伟大自我革命的各项制度安排，确保党始终成为走在时代前列、人民衷心拥护、勇于自我革命、经得起各种风浪考验、朝气蓬勃的马克思主义执政党。

为推进伟大自我革命提供制度保障，必须深刻领悟"两个确立"的决定性意义，增强"四个意识"、坚定"四个自信"、做到"两个维护"，从党的百年奋斗史中汲取智慧和力量，紧紧围绕"建设什么样的长期执政的马克思主义政党、怎样建设长期执政的马克思主义政党"这一重大时代课题，增强依规治党的自觉性和坚定性，把牢政治方向，提高政治站位，扛起政治责任，不断推进党内法规制度建设。充分发挥党内法规制度在推进新时代党的建设新的伟大工程、落实全面从严治党方面的重大作用，确保党在坚持和发展中国特色社会主义的历史进程中始终成为坚强领导核心，为全面建设社会主义现代化国家、实现中华民族伟大复兴的中国梦提供坚强政治保证。

(《人民日报》2022年04月06日　第9版)

41

担当和斗争是一种格局

孙 英

习近平总书记在2022年春季学期中央党校（国家行政学院）中青年干部培训班开班式上指出："担当和斗争是一种格局，坚持局部服从全局、自觉为大局担当更为可贵。"新时代新征程上，广大党员干部要以坚定的理想信念砥砺对党的赤诚忠心，坚持局部服从全局、自觉为大局担当，勇于担苦、担难、担重、担险，不断锤炼斗争精神和斗争本领，努力创造无愧于党、无愧于人民、无愧于时代的业绩。

习近平总书记指出："干事担事，是干部的职责所在，也是价值所在。党把干部放在各个岗位上是要大家担当干事，而不是做官享福。改革发展稳定工作那么多，要做好工作都要担当作为。"敢担当、善作为是一种格局，是衡量好干部的重要标尺，也是为群众办实事的必然要求。干部干部，干字当头。"喊破嗓子，不如干出样子"。我们的事业，从来就没有等出来的成功，只有干出来的精彩。敢于向问题叫板，才能让群众叫好。杨善洲本来可以安享晚年，朋友知道他下决心去山里种树，纷纷劝他："你这不是自找苦吃吗？"他说："我的职位没有了，但我是共产党员的职责没有变。"认准是对群众有利的事，就坚持不懈地干，这就是共产党人的担当和格局。党员干部只有胸怀天下、志存高远，不忘初心、牢记使命，把人生理想融入党和人民事业之中，把为人民幸福而奋斗作为自己最大的幸福，才能拥有高尚、充实的人生。

担当和斗争密切相关。在谈到干部如何担当时，习近平总书记指出："党的干部必须坚持原则、认真负责，面对大是大非敢于亮剑，面对矛盾敢于迎难而上，面对危机敢于挺身而出，面对失误敢于承担责任，面对歪风邪气敢于坚决斗争。"敢于斗争是勇于担当的必然要求。党和国家事业的一切成就，都是通过不断斗争取得的。百年来，我们党从小到大、从弱到强，每一步前进和发展都经历了无比艰辛的斗争。共产党人的斗争不是为了一己私利，而是源于初心、来自使命，是为了人民、国家、民族，为了理想信念。共产党人的斗争是一种格局和境界，是在应对重大挑战、抵御重大风险、克服重大阻力、解决重大矛盾中扛得了重活、打得了硬仗。

习近平总书记强调："只有全党继续发扬担当和斗争精神，才能实现中华民族伟大复兴的宏伟目标。"新时代新征程上，统筹推进"五位一体"总体布局，协调推进"四个全面"战略布局，做好稳增长、促改革、调结构、惠民生、防风险、保稳定等工作，都需要担当和斗争。担当和斗争是需要勇气的，这种勇气体现党员干部的格局。格局是党员干部行动的动力，是思想和胸襟所达到的境界。格局中蕴含着"我是谁、为了谁、依靠谁"这个根本问题的答案，蕴含着对党忠诚、为党分忧、为党尽职、为民造福的承诺，蕴含着对"我将无我，不负人民"崇高精神境界的不懈追求。党员干部要用知重负重、攻坚克难的实际行动，在新时代新征程上留下无悔的奋斗足迹。

党员干部要心怀"国之大者"，站在全局和战略的高度想问题、办事情，站在全局和战略的高度担当和斗争。有些事情，从局部来看是可行的，而从全局来看是不可行的，就应当以局部服从全局；反之也一样，从局部来看是不可行的，而从全局来看是可行的，也应当以局部服从全局。这就要求多打大算盘、算大账，少打小算盘、算小账，坚持局部服从全局、自觉为大局担当。一切工作都要以贯彻落实党中央决策部署为前提，不能为了局部利益损害全局利益、为了暂时利益损害根本利益和长远利益，而要善于把工作融入党和国家事业大局，做到既为一域争光、更为全局添彩。

（《人民日报》2022年04月07日 第9版）

42

人民当家作主的生动实践和必由之路

桑玉成

2019年11月，习近平总书记在上海市长宁区虹桥街道古北市民中心考察时强调："我们走的是一条中国特色社会主义政治发展道路，人民民主是一种全过程的民主，所有的重大立法决策都是依照程序、经过民主酝酿，通过科学决策、民主决策产生的。"习近平总书记的重要论述，深刻阐明我国社会主义民主的特质和优势，深刻总结我们党为实现和保障人民当家作主不懈奋斗的宝贵经验，丰富和发展了马克思主义关于人民民主的思想，是对人类政治文明发展规律认识的深化，为新时代发展社会主义民主政治、建设社会主义政治文明指明了前进方向、提供了根本遵循。

民主是全人类的共同价值，是中国共产党和中国人民始终不渝坚持的重要理念，实现和发展人民民主贯穿党百年奋斗的全过程。我们党自成立之日起，就高举"争民主、争人权"的旗帜，以实现人民当家作主和中华民族伟大复兴为己任，团结带领中国人民进行艰苦卓绝的斗争和艰辛探索。新中国成立后，我们党着力建设中国人民行使当家作主权利的政治制度，实现了中国从几千年封建专制政治向人民民主的伟大飞跃。在改革开放历史新时期，我们党强调人民民主是社会主义的生命，成功开辟和坚持了中国特色社会主义政治发展道路，为实现最广泛的人民民主确立了正确方向。党的十八大以来，我们党坚持党的领导、人民当家作主、依法治国有机统一，健全人民当家作主制度体系，发展社会主义民主政治，为党和国家事业取得历史性成就、发生历史性变革提供了重要政治保障。

社会主要矛盾转化标注新时代的特征，也呼唤新变革。从解决温饱到全面小康，人民群众不仅对物质文化生活提出更高要求，而且对民主、法治、公平、正义、安全、环境等方面的要求也日益增长。随着实践发展，我们党对人民民主的把握更加深刻、对社会主义民主优势的认识更加全面，推动发展人民民主的实践更加丰富。

习近平总书记指出："我国全过程人民民主实现了过程民主和成果民主、程序民主和实质民主、直接民主和间接民主、人民民主和国家意志相统一，是全链条、全方位、全覆盖的民主，是最广泛、最真实、最管用的社会主义民主。"全过程人民民主集中体现我国社会主义民主的本质特征和显著优势，是中国共产党带领中国人民对民主理论和实践作出的积极探索和重大贡献，是人民当家作主的生动实践和必由之路。

习近平总书记强调："人民当家作主必须具体地、现实地体现到中国共产党执政和国家治理上来,具体地、现实地体现到中国共产党和国家机关各个方面、各个层级的工作上来,具体地、现实地体现到人民对自身利益的实现和发展上来。"民主的本意是人民当家作主,民主不是装饰品,不是用来做摆设的,而是要用来解决人民需要解决的问题的。哪种民主好、哪种民主不好,人民感受最直接,最有发言权。在一些西方国家,人民只有在投票时被唤醒、投票后就进入休眠期,只有竞选时聆听天花乱坠的口号、竞选后就毫无发言权,只有拉票时受宠、选举后就被冷落,所谓的"民主"呈现种种乱象,这样的民主不是真正的民主。

我国的全过程人民民主,把民主的要求贯彻体现在国家政治生活、社会生活的全过程、各领域、各方面,形成完整的制度链条,包括选举民主、协商民主、社会民主、基层民主、公民民主等民主政治的全部要素,涵盖了民主选举、民主协商、民主决策、民主管理、民主监督等民主过程的一切领域,不仅有完整的制度程序,而且有完整的参与实践,把民主价值理念转化为科学有效的制度安排和民主实践,把民主的本质优越性和实践有效性统一起来,保证了人民当家作主。

民众能够真实有效广泛参与的民主,才是真正的民主。全过程人民民主以多样、畅通、有序的民主渠道,有效保证全体人民依法通过各种途径和形式管理国家事务、管理经济和文化事业、管理社会事务。例如,我们推动完善党委领导、政府负责、民主协商、社会协同、公众参与、法治保障、科技支撑的社会治理体系，因地制宜创新形式，通过村（居）民议事会、民主恳谈会、民主听证会等形式组织人民群众有序参与到具体治理实践中。实践证明，全过程人民民主是真正的民主，是民主含量高、民主成色足、深受中国人民欢迎的民主，能够充分激发人民群众的积极性、主动性、创造性，让占世界人口近1/5的14亿多中国人民更全面地行使民主权利，更有效地实现和维护切身利益，真正成为国家、社会和自己命运的主人。

(《人民日报》2022年04月08日 第9版)

43

在防范化解风险上勇于担责全力尽责

袁绍光

中国共产党是生于忧患、成长于忧患、壮大于忧患的政党。增强忧患意识是我们党治党治国必须始终坚持的一个重大原则。党的十九届六中全会通过的《中共中央关于党的百年奋斗重大成就和历史经验的决议》强调:"全党必须铭记生于忧患、死于安乐,常怀远虑、居安思危。"新时代新征程上,我们要时刻以强烈忧患意识警醒自己,始终居安思危,在有效应对各种风险挑战中推动党和国家事业不断向前发展。

"备豫不虞,为国常道"。中华民族的发展历程告诉我们:生于忧患,死于安乐。回顾党的百年奋斗历程,正是一代代中国共产党人深刻汲取历史上治国理政的经验教训,心存忧患、居安思危,才成功带领中国人民应对各种风险挑战,取得一个又一个胜利。党的十八大以来,面对复杂多变的外部环境和艰巨繁重的国内改革发展稳定任务,以习近平同志为核心的党中央积极主动、未雨绸缪,见微知著、防微杜渐,下好先手棋,打好主动仗，成功应对重大挑战、抵御重大风险、克服重大阻力、解决重大矛盾，推动党和国家事业取得历史性成就、发生历史性变革。习近平总书记指出："越是前景光明，越是要增强忧患意识，做到居安思危，全面认识和有力应对一些重大风险挑战。"中华民族伟大复兴绝不是轻轻松松、敲锣打鼓就能实现的，越是接近目标，面临的任务越繁重，需要破解的难题越艰巨，越需要我们充分认识增强忧患意识的重要性和紧迫性，从最坏处着眼，做最充分的准备，朝好的方向努力，争取最好的结果。

增强忧患意识，要求我们努力掌握历史主动。当前，世界百年变局和世纪疫情交织，我们面临的国内外环境发生了深刻变化，面对的矛盾和问题发生了深刻变化，发展阶段和发展任务发生了深刻变化，工作对象和工作条件发生了深刻变化，对我们党长期执政能力和领导水平的要求也发生了深刻变化。我们要从党的百年奋斗历程中汲取智慧和力量，把握历史发展规律和大势，抓住历史变革时机，顺势而为，奋发有为，打好防范和抵御风险的有准备之战，打好化险为夷、转危为机的战略主动战，努力掌握党和国家事业发展的历史主动。

增强忧患意识，要求我们树立前瞻思维。"凡事预则立，不预则废"。树立前瞻思维，就是要高瞻远瞩、统揽全局，正确认识和把握事物发展的趋势和方向，增强工作的预见性和主动性。我们要科学认识和把握国内外大势，加强战略性、系统性、前瞻性研究谋划，做好较长时间应对外部环境变化的思想准备和工作准备。在工作中善于做到超前谋划，既把关注点放在完成工作本身上，又注重事物的长远发展，有防范风险的先手，有应对和化解风险挑战的高招。

增强忧患意识，要求我们发扬担当和斗争精神。前进道路上，我们必然会遇到各种可以预见和难以预见的风险挑战。居安思危，增强忧患意识，必须发扬担当和斗争精神。不担当、不斗争，就不可能在危机中育先机、于变局中开新局。百年来，我们党发扬担当和斗争精神，团结带领人民书写了中华民族几千年历史上最恢宏的史诗。新的赶考之路上，继续进行具有许多新的历史特点的伟大斗争，要求党员干部在机遇面前主动出击，不犹豫、不观望；在困难面前迎难而上，不推诿、不逃避；在风险面前积极应对，不畏缩、不躲闪。时刻保持如履薄冰的谨慎、见叶知秋的敏锐，在防范化解风险上勇于担责、全力尽责，以能担当能斗争、真担当真斗争的实际行动创造新的业绩。

(《人民日报》2022年04月11日　第9版)

44

运用系统观念推动各领域工作

韩庆祥

习近平总书记指出:"系统观念是具有基础性的思想和工作方法""必须从系统观念出发加以谋划和解决,全面协调推动各领域工作和社会主义现代化建设"。党的十八大以来,以习近平同志为核心的党中央坚持系统观念,立足中华民族伟大复兴战略全局和世界百年未有之大变局,统筹推进"五位一体"总体布局、协调推进"四个全面"战略布局,推动党和国家事业取得历史性成就、发生历史性变革。党的十九届五中全会将"坚持系统观念"作为"十四五"时期经济社会发展必须遵循的原则之一,为我国经济社会发展提供了基础性的方法论指引。

唯物辩证法认为,事物是普遍联系的,事物及事物各要素相互影响、相互制约,每一事物都是世界普遍联系中的一环。由相互联系、相互作用的若干要素组成的具有稳定结构和特定功能的有机整体,就是系统。对系统的认识反映在头脑中,就形成系统观念。系统观念是一种重要的认识论、方法论，具有丰富内涵。系统观念是一种整体观念，强调系统的各组成要素只有相互配合，才能有效运转，实现整体效应最大化。系统观念是一种结构观念，强调要发挥好系统的功能，就要调整好它的结构，调整好构成系统的各个要素之间的关系、顺序、比例。系统观念是一种战略观念，要求把事物置于宽广的大环境中来把握，正确看待眼前和长远的关系、把握好局部和全局的关系。系统观念是一种辩证观念，强调用发展的眼光审视系统，避免孤立、静止、片面地看问题。

系统观念是具有基础性的思想和工作方法。坚持系统观念是坚持唯物辩证法的必然要求，是破解难题、推动事业发展的现实需要。从新中国成立初期确立"四个现代化"奋斗目标到改革开放后提出"小康社会"战略构想，从确立"两个一百年"奋斗目标到党的十八大以来统筹推进"五位一体"总体布局、协调推进"四个全面"战略布局，再到党的十九大对开启全面建设社会主义现代化国家新征程的战略谋划，都是我们党坚持马克思主义唯物辩证法、坚持和运用系统观念作出的战略部署。

党的十八大以来，以习近平同志为核心的党中央运用系统观念和系统方法，明确发展方向，作出战略擘画，为新时代党和国家事业发展提供了根本遵循。习近平新时代中国特色社会主义思想，自觉运用系统观念和系统方法全面统筹、协调推进社会主义现代化建设各领域工作，提出一系列原创性治国理政新理念新思想新战略，形成了一个系统完整、科学严密的理论体系。比如，在全面深化改革方面，面对错综复杂的形势和艰巨繁重的任务，习近平总书记指出："全面深化改革是一项复杂的系统工程，需要加强顶层设计和整体谋划，加强各项改革关联性、系统性、可行性研究"，并强调"做到全局和局部相配套、治本和治标相结合、渐进和突破相衔接，实现整体推进和重点突破相统一"。在理论素养、思维方式方面，习近平总书记强调："要把系统掌握马克思主义基本理论作为看家本领""提高战略思维、历史思维、辩证思维、创新思维、法治思维、底线思维能力，善于从纷繁复杂的矛盾中把握规律，不断积累经验、增长才干"。战略思维、历史思维、辩证思维、创新思维、法治思维、底线思维等，都以系统观念为基础。发挥科学思维的指引作用，不断提升运用系统观念和系统方法的能力，就能够有力有效化解中国特色社会主义建设中的各种风险挑战。

统筹推进"五位一体"总体布局、协调推进"四个全面"战略布局是以习近平同志为核心的党中央坚持系统观念、运用系统方法的集中体现。统筹推进"五位一体"总体布局、协调推进"四个全面"战略布局，都是复杂的系统工程，涉及党和国家工作全局，既涉及生产力又涉及生产关系，既涉及经济基础又涉及上层建筑，涉及经济社会发展各领域以及许多重大理论问题和实际问题，需要把各方面联系起来分析、统筹起来谋划，坚持整体推进。比如，"四个全面"的每一个"全面"都是一个有机统一的系统，同时"四个全面"彼此之间相辅相成、相互促进、相得益彰。全面建设社会主义现代化国家是我们的奋斗目标，实现这一目标，需要全面深化改革、全面依法治国。全面从严治党是根本保障，是全面深化改革、全面依法治国得以实施的大前提。我们要坚持系统观念，统筹兼顾、综合施策，既以目标为着眼点，又以问题为着力点，加强前瞻性思考、全局性谋划、战略性布局、整体性推进，统筹推进"五位一体"总体布局、协调推进"四个全面"战略布局，更好推动党和国家事业发展。

（《人民日报》2022年04月12日　第9版）

45

学习理论要有三种境界

张 浩

习近平总书记指出:"著名学者王国维论述治学有三种境界:一是'昨夜西风凋碧树,独上高楼,望尽天涯路';二是'衣带渐宽终不悔,为伊消得人憔悴';三是'众里寻他千百度,蓦然回首,那人却在灯火阑珊处'。领导干部学习理论也要有这三种境界。"学习理论的这三种境界是层层递进的,为我们学习和掌握马克思主义理论提供了重要的认识论和方法论。

马克思主义立场观点方法是做好工作的看家本领,是指导我们认识世界、改造世界的强大思想武器。深入学习马克思主义理论,掌握蕴含其中的立场观点方法,必须有"望尽天涯路"那样志存高远的追求,耐得住"昨夜西风凋碧树"的清冷和"独上高楼"的寂寞,静下心来通读苦读。毛泽东同志指出:"如果我们党有一百个至二百个系统地而不是零碎地、实际地而不是空洞地学会了马克思列宁主义的同志,就会大大地提高我们党的战斗力量。"马克思主义理论博大精深，不是一朝一夕就能学好的，掌握蕴含其中的立场观点方法、道理学理哲理，做到知其言更知其义、知其然更知其所以然，必须具有坚韧不拔的学习毅力，把学习作为一种追求、一种爱好、一种健康的生活方式，做到自觉学习、主动学习、终身学习。

马克思讲过："在科学上没有平坦的大道，只有不畏劳苦沿着陡峭山路攀登的人，才有希望达到光辉的顶点。"学习马克思主义理论没有捷径可走，必须下真功夫、苦功夫、细功夫，即使"衣带渐宽"也"终不悔"。现实中，常有人以工作忙为由忽视理论学习。针对这样的理论学习懒惰病，毛泽东同志一针见血指出病因并开出"药方"："'没有功夫'，这已成为不要学习的理论、躲懒的根据了""在每天工作、吃饭、休息中间，挤出两小时来学习，把工作向两方面挤一挤，一个往上一个往下，一定可以挤出两小时来学习的"。习近平总书记指出："中国共产党人依靠学习走到今天，也必然要依靠学习走向未来。"我们的干部要上进，我们的党要上进，我们的国家要上进，我们的民族要上进，就必须大兴学习之风，坚持学习、学习、再学习，坚持实践、实践、再实践。在日常工作和生活中，领导干部总要面对和处理繁杂的事务性工作，不免会产生"时间都去哪儿了"的困惑。实际上，用于理论学习的时间，许多时候都是从工作和生活中挤出来的，高效利用挤出的宝贵时间下真功夫、苦功夫、细功夫，勤奋努力、刻苦钻研学习理论，就能在一点一滴、日积月累中显著提升理论素养。

"学而不思则罔,思而不学则殆。"理论学习贵在独立思考、学用结合,重在学有所悟、用有所得,在学习和实践中"众里寻他千百度",最终"蓦然回首",在"灯火阑珊处"领悟真谛。只有坚持学习与思考相统一,带着问题学习,养成边学习边思考的习惯,在学习中联系实际,对现实中的问题进行深入思考,才能真正将理论学深悟透。学习的目的全在于运用。领导干部要坚持学用结合、知行合一,通过科学理论的指导来洞察客观事物发展规律,在学习过程中增强运用能力,在运用过程中提高学习水平,把学习理论同研究解决人民群众最关心最直接最现实的利益问题、本地区本部门改革发展稳定的重大问题、党的建设突出问题等结合起来,在学思践悟、真信笃行中提高思想理论水平、解决实际问题,不断推动党和人民事业向前发展。

(《人民日报》2022年04月13日　第9版)

46

全面深化改革总目标的科学内涵

郑新立

习近平总书记指出:"全面深化改革,全面者,就是要统筹推进各领域改革,就需要有管总的目标,也要回答推进各领域改革最终是为了什么、要取得什么样的整体结果这个问题。"习近平新时代中国特色社会主义思想明确全面深化改革总目标是完善和发展中国特色社会主义制度、推进国家治理体系和治理能力现代化,这充分体现了我们党对改革认识的深化和系统化,表明我们党对中国特色社会主义规律的认识达到了新高度。全面深化改革总目标的确立,使改革实现了由局部探索、破冰突围到系统集成、全面深化的转变,对于在改革发展新阶段推动制度更加成熟更加定型、为实现中华民族伟大复兴提供更为完善的制度保证具有重大意义。全面深化改革总目标具有丰富的科学内涵,是方向性、统领性、有效性的有机统一。

总目标的方向性,体现在科学回答了推进国家治理体系和治理能力现代化要往什么方向走这一根本问题。方向决定道路,道路决定命运。改革开放是一场深刻革命,必须坚持正确方向、沿着正确道路推进才能取得成功。习近平总书记深刻指出:"我国改革开放之所以能取得巨大成功,关键是我们把党的基本路线作为党和国家的生命线,始终坚持把以经济建设为中心同四项基本原则、改革开放这两个基本点统一于中国特色社会主义伟大实践,既不走封闭僵化的老路,也不走改旗易帜的邪路。"在全面深化改革总目标中,完善和发展中国特色社会主义制度,规定了全面深化改革的根本方向是中国特色社会主义道路;推进国家治理体系和治理能力现代化,体现了在根本方向指引下完善和发展中国特色社会主义制度的鲜明指向。全面深化改革总目标深刻表明,推进改革的目的是要不断推进我国社会主义制度自我完善和发展,赋予社会主义新的生机活力。不论怎么改革、怎么开放,我们都要始终坚持党的领导、坚持走中国特色社会主义道路。

总目标的统领性,体现为在总目标统领下,明确了经济体制、政治体制、文化体制、社会体制、生态文明体制和党的建设制度深化改革的分目标,把各方面改革开放有机衔接起来,增强了改革的系统性、整体性、协同性。习近平总书记深刻指出:"从形成更加成熟更加定型的制度看,我国社会主义实践的前半程已经走过了,前半程我们的主要历史任务是建立社会主义基本制度,并在这个基础上进行改革,现在已经有了很好的基础。后半程,我们的主要历史任务是完善和发展中国特色社会主义制度,为党和国家事业发展、为人民幸福安康、为社会和谐稳定、为国家长治久安提供一整套更完备、更稳定、更管用的制度体系。"这项工程极为宏大，必须是全面的系统的改革和改进，是各领域改革和改进的联动和集成。全面深化改革总目标的确立，使我们能够对千头万绪的改革工作统筹部署、整体推进，合理布局全面深化改革的战略重点、优先顺序、主攻方向、工作机制、推进方式和时间表、路线图，取得改革理论和政策一系列新的重大突破，在国家治理体系和治理能力现代化上形成总体效应、取得总体效果。

总目标的有效性，体现在同步推进国家治理体系现代化和国家治理能力现代化，实现目标与措施、制度效能与执行能力的统一，确保制度优势更好转化为治理效能，确保党提出的各个阶段发展目标和奋斗任务如期完成。习近平总书记深刻指出："国家治理体系和治理能力是一个国家的制度和制度执行能力的集中体现，两者相辅相成，单靠哪一个治理国家都不行。"治理国家，制度是起根本性、全局性、长远性作用的。然而，没有有效的治理能力，再好的制度也难以发挥作用。全面深化改革总目标把国家治理体系和治理能力现代化结合在一起提出来，体现了我们党对现代化建设规律认识的深化，对于全面建设社会主义现代化国家具有重大意义。党的十八大以来，正是因为我们以坚持和完善中国特色社会主义制度、推进国家治理体系和治理能力现代化为主轴，既把制度建设摆到更加突出的位置，推动各方面制度更加成熟更加定型，又把治理能力建设摆到更加突出的位置，不断提高我们党科学执政、民主执政、依法执政水平,提高把方向、谋大局、定政策、促改革的能力,使改革呈现全面发力、多点突破、蹄疾步稳、纵深推进的良好局面,在许多领域实现历史性变革、系统性重塑、整体性重构,使得中国特色社会主义制度的显著优势进一步彰显。

(《人民日报》2022年04月14日 第9版)

47

依靠斗争赢得未来

卢 毅

习近平总书记指出:"敢于斗争、敢于胜利,是中国共产党不可战胜的强大精神力量。"党的十九届六中全会通过的《中共中央关于党的百年奋斗重大成就和历史经验的决议》把"坚持敢于斗争"概括为党百年奋斗的十条历史经验之一。新时代新征程上,只有坚持敢于斗争,发扬斗争精神,增强斗争本领,才能战胜前进道路上一切可以预见和难以预见的风险挑战,依靠斗争赢得未来。

中国共产党的百年奋斗史是一部伟大斗争史。党在内忧外患中诞生,在磨难挫折中成长,在攻坚克难中壮大,始终在斗争中求得生存、获得发展、赢得胜利。我们党团结带领中国人民创造新民主主义革命的伟大成就,靠的是浴血奋战、百折不挠的伟大斗争;创造社会主义革命和建设的伟大成就,靠的是自力更生、发愤图强的伟大斗争;创造改革开放和社会主义现代化建设的伟大成就,靠的是解放思想、锐意进取的伟大斗争；创造新时代中国特色社会主义的伟大成就，靠的是自信自强、守正创新的伟大斗争。历史告诉我们，党和人民取得的一切成就，不是天上掉下来的，不是别人恩赐的，而是通过不断斗争取得的。为了实现民族独立、人民解放和国家富强、人民幸福，无论敌人如何强大、道路如何艰险、挑战如何严峻，我们党总是决不畏惧、决不退缩，不怕牺牲、百折不挠。在应对各种困难挑战中，我们党锤炼了不畏强敌、不惧风险、敢于斗争、勇于胜利的风骨和品质。这是我们党最鲜明的特质和特点，熔铸于中国共产党人的精神谱系中。

坚持敢于斗争作为党百年奋斗的历史经验之一，具有十分重要的现实意义。新时代，为了实现中华民族伟大复兴，我们党统揽伟大斗争、伟大工程、伟大事业、伟大梦想。新时代，我们所进行的伟大斗争具有许多新的历史特点。习近平总书记强调："当前，世界百年未有之大变局加速演进，中华民族伟大复兴进入关键时期，我们面临的风险挑战明显增多，总想过太平日子、不想斗争是不切实际的。"做好改革发展稳定各方面工作，需要我们发扬斗争精神、提高斗争本领。面对前进道路上的风险挑战乃至惊涛骇浪，面对进一步发展绕不开的坎，我们必须丢掉幻想、敢于斗争，有效应对重大挑战、抵御重大风险、克服重大阻力、解决重大矛盾，从而赢得优势、赢得主动、赢得未来。

我们党依靠斗争走到今天，也必然要依靠斗争赢得未来。习近平总书记强调："以史为鉴、开创未来，必须进行具有许多新的历史特点的伟大斗争。"不怕牺牲、英勇斗争是激励我们奋勇前进的强大精神动力,是大力弘扬伟大建党精神的必然要求。不怕牺牲、英勇斗争,就是要敢于战胜各种艰难险阻和风险挑战,随时准备为党和人民牺牲一切。现在,我们已经实现了第一个百年奋斗目标,正朝着第二个百年奋斗目标胜利进军。前进道路上的风险考验只会越来越复杂,需要我们凝聚起风雨无阻向前进、越是艰险越向前的奋进动力,决不能丢掉不畏强敌、不惧风险、敢于斗争、勇于胜利的风骨和品质。新征程上,广大党员干部必须充分认识伟大斗争的长期性、复杂性、艰巨性,增强忧患意识、始终居安思危,赓续党的红色血脉,弘扬党的优良传统,在斗争中经风雨、见世面、壮筋骨、长才干。

(《人民日报》2022年04月15日　第9版)

48

在高质量发展中保障和改善民生

邵景均

治国有常,而利民为本。2022年全国两会期间,习近平总书记在看望参加全国政协会议的农业界、社会福利和社会保障界委员时强调"民生无小事,枝叶总关情",彰显了我们党对改善民生福祉的高度重视。民生是人民幸福之基、社会和谐之本,让人民生活幸福是"国之大者"。我们要始终把人民安居乐业、安危冷暖放在心上,注重民生、保障民生、改善民生,努力让人民群众的获得感成色更足、幸福感更可持续、安全感更有保障。

增进民生福祉是发展的根本目的。习近平总书记指出:"人民对美好生活的向往,就是我们的奋斗目标。"我们党来自人民、植根人民、服务人民,全心全意为人民服务是党的根本宗旨,保障和改善民生是党的初心使命的具体体现。国家富强、民族振兴,最终要体现在千千万万个家庭都幸福美满上,体现在亿万人民生活不断改善上。坚持以人民为中心的发展思想,就要坚持发展为了人民、发展依靠人民、发展成果由人民共享,顺应民心、尊重民意、关注民情、致力民生,在高质量发展中保障和改善民生,不断实现人民对美好生活的向往。

保障和改善民生要把握工作重点,坚持既尽力而为又量力而行。当前,民生建设的总体水平与人民群众的期待和需求相比还有差距,民生领域还存在短板。一方面,要采取针对性更强、覆盖面更广、作用更直接、效果更明显的举措,实实在在帮群众解难题、为群众增福祉、让群众享公平。另一方面,民生改善有一个过程,保障和改善民生不能脱离当前我国国情提出过高目标。要在守住民生底线的基础上,根据经济发展和财力状况逐步提高人民生活水平。把人民最关心最直接最现实的利益问题作为工作重点,从人民群众普遍关注、反映强烈、反复出现的问题抓起,把就业、教育、医疗、社保、住房、养老、食品安全、生态环境、社会治安等问题一个一个解决好,让群众看到变化、得到实惠。

习近平总书记强调:"一分部署,九分落实。"保障和改善民生关键是落实到行动上。必须立足实际,出实策、办实事、求实效。要创新方法。民生问题牵涉千家万户、亿万群众,具有复杂性和多样性,决不能只用一个思路、一种方法去解决,而应该坚持具体问题具体分析,从实际出发寻找"过河的桥与船",科学研判、精准施策,打通解决问题的"最后一米"。要改进作风。力戒形式主义、官僚主义,树立正确政绩观,真抓实干、埋头苦干,多做雪中送炭、急人之困的工作,少做"造盆景""装门面"的虚功。要落实责任。把保障和改善民生的各项任务落实到岗、分解到人、具体到事，确保每项工作有计划安排、有责任分工、有时限要求，把各项工作落到实处。

悠悠万事，民生为大。改革开放以来，我国经济取得巨大发展成就，人民生活水平大幅提高，但我们深知，满足人民对美好生活的向往还要进行长期艰苦的努力。我们要深入践行以人民为中心的发展思想，以求真务实的态度、迎难而上的担当、常抓不懈的执着，促进保障和改善民生的各项举措落地生根、开花结果，推动人的全面发展、全体人民共同富裕取得更为明显的实质性进展，让发展成果更多更公平惠及全体人民。

(《人民日报》2022年04月18日　第9版)

49

抓住抓好总抓手

莫纪宏　王　喜

法治是治国理政的基本方式。习近平总书记指出:"全面推进依法治国涉及很多方面,在实际工作中必须有一个总揽全局、牵引各方的总抓手,这个总抓手就是建设中国特色社会主义法治体系。依法治国各项工作都要围绕这个总抓手来谋划、来推进。"建设中国特色社会主义法治体系,要加快形成完备的法律规范体系、高效的法治实施体系、严密的法治监督体系、有力的法治保障体系,形成完善的党内法规体系,这就突出了全面推进依法治国的工作重点和主要任务,使建设社会主义法治国家的目标成为可实施的工程。

建设中国特色社会主义法治体系,反映了我国社会主义法治建设日益深化、不断开创全面推进依法治国新局面的时代要求。经过长期努力,由法律、行政法规、地方性法规等多个层次法律规范构成的中国特色社会主义法律体系已经形成,国家和社会生活各方面实现有法可依。同时,法治建设任务依然繁重。还应看到，法律的生命在于实施，确保法律实施也是重要工作。要让人们践行法治、遵守法律规范，把法治内化于心、外化于行，形成推动法治进步的强大力量。因此，在党和国家事业发展全局中更加全面广泛地谋划和推进依法治国，实现各方面治理制度化、规范化、程序化，要求全面推进科学立法、严格执法、公正司法、全民守法。正是顺应中国特色社会主义法治实践发展的现实需要，我们党提出建设中国特色社会主义法治体系，坚持依法治国、依法执政、依法行政共同推进，坚持法治国家、法治政府、法治社会一体建设，全面深化法治领域改革。

我们党运用马克思主义立场观点方法，正确认识、科学分析、有效解决我国社会主义法治建设面临的实际问题。面对复杂形势、复杂矛盾、繁重任务，没有主次，不加区别，眉毛胡子一把抓，是做不好工作的。在实际工作中，既要对各种矛盾和各项任务了然于胸，又要紧紧围绕主要矛盾和中心任务，优先解决主要矛盾和矛盾的主要方面，以此带动其他矛盾的解决。坚持系统观念，统筹各方面工作，强化前瞻性思考、全局性谋划、战略性布局、整体性推进。全面推进依法治国，需要正确处理政治和法治、改革和法治、依法治国和以德治国、依法治国和依规治党等一系列重大关系，加强顶层设计、把握工作重点，增强法律制定、法治实施、法治监督、法治保障、依规治党等各方面工作的系统性、整体性、协同性。中国特色社会主义法治体系贯穿法治国家、法治政府、法治社会建设各个领域，涵盖立法、执法、司法、守法各个环节，涉及法律规范、法治实施、法治监督、法治保障、党内法规各个方面。抓住建设中国特色社会主义法治体系这个总抓手，才能做到总揽全局、牵引各方，在整体推进中实现重点突破。

全面推进依法治国，要抓住建设中国特色社会主义法治体系这个总抓手，继续全面深化法治领域改革，加强重点领域、新兴领域、涉外领域立法，建立健全国家治理急需、满足人民日益增长的美好生活需要必备的法律制度，不断完善以宪法为核心的中国特色社会主义法律体系。加快健全科学立法、严格执法、公正司法、全民守法等方面的体制机制，健全法律面前人人平等保障机制，确保宪法法律全面有效实施。改革和完善不符合法治规律、不利于依法治国的体制机制，为全面推进依法治国提供完备的制度保障。加强对权力运行的制约和监督，坚持以党内监督为主导，健全人大监督、民主监督、行政监督、司法监督、群众监督、舆论监督制度，发挥审计监督、统计监督职能作用，推动各类监督有机贯通、相互协调。完善党内法规制定体制机制，做好党内法规制定工作，推动形成比较完善的党内法规制度体系。将法律制定、实施、监督、保障全过程有机统一起来，推动中国特色社会主义法治体系建设取得新的更大成就。

(《人民日报》2022年04月20日 第9版)

50

筑牢高质量发展的制度基石

洪银兴

公有制为主体、多种所有制经济共同发展,按劳分配为主体、多种分配方式并存,社会主义市场经济体制等社会主义基本经济制度,把社会主义制度和市场经济有机结合起来,既有利于解放和发展社会生产力、改善人民生活,又有利于维护社会公平正义、实现共同富裕,是高质量发展的制度基石。

坚持公有制为主体、多种所有制经济共同发展,激发各类市场主体活力。习近平总书记指出:"坚持和完善公有制为主体、多种所有制经济共同发展的基本经济制度,关系巩固和发展中国特色社会主义制度的重要支柱。"生产资料所有制是生产关系的核心,决定着社会的基本性质和发展方向。公有制经济和非公有制经济都是社会主义市场经济的重要组成部分,都是我国经济社会发展的重要基础,都是推动实现高质量发展的重要力量。公有制为主体、多种所有制经济共同发展的所有制结构,既有利于发挥公有制经济在保障人民共同利益、增进民生福祉、巩固完善社会主义制度中的主体作用,在关系国家安全、国民经济命脉和国计民生的重要行业和关键领域的主体作用,又有利于发挥非公有制经济在稳定增长、促进创新、增加就业、改善民生等方面的重要作用,从而推动各种所有制取长补短、相互促进、共同发展,形成推动高质量发展的强大合力。筑牢高质量发展的制度基石,就要毫不动摇巩固和发展公有制经济,毫不动摇鼓励、支持、引导非公有制经济发展,支持国有资本和国有企业做强做优做大,建立中国特色现代企业制度,增强国有经济竞争力、创新力、控制力、影响力、抗风险能力;构建亲清政商关系,促进非公有制经济健康发展和非公有制经济人士健康成长。

坚持按劳分配为主体、多种分配方式并存,促进效率和公平有机统一。习近平总书记指出:"从我国实际出发,我们确立了按劳分配为主体、多种分配方式并存的分配制度。实践证明,这一制度安排有利于调动各方面积极性,有利于实现效率和公平有机统一。"马克思主义政治经济学认为,分配决定于生产,又反作用于生产,"而最能促进生产的是能使一切社会成员尽可能全面地发展、保持和施展自己能力的那种分配方式"。公有制为主体,决定了分配方式必然以按劳分配为主体。按劳分配是社会主义的基本分配原则,要求以劳动的数量和质量为依据分配个人收入,多劳多得。多种所有制经济共同发展决定了多种分配方式并存,而完善和实行按要素分配的体制机制正是多种分配方式并存的体现,是生产要素所有权在经济上的实现，要求劳动、资本、土地、知识、技术、管理、数据等生产要素由市场评价贡献、按贡献决定报酬。按劳分配为主体、多种分配方式并存的分配制度，坚持多劳多得、增加劳动者特别是一线劳动者劳动报酬，提高劳动报酬在初次分配中的比重，有利于调动广大劳动者推动高质量发展的积极性、主动性、创造性，提升人力资本，促进人的全面发展和全体人民共同富裕；同时，允许和鼓励其他生产要素参与分配，强调生产要素由市场评价贡献、按贡献决定报酬，有利于让一切创造社会财富的源泉充分涌流，充分利用各种资源要素推动高质量发展。筑牢高质量发展的制度基石，就要构建初次分配、再分配、三次分配协调配套的基础性制度安排，加大税收、社保、转移支付等调节力度并提高精准性，促进全体人民共享改革发展成果，实现有质量有效益的发展。

坚持和完善社会主义市场经济体制，破解政府和市场关系这道经济学上的世界性难题。习近平总书记指出："在社会主义条件下发展市场经济，是我们党的一个伟大创举。我国经济发展获得巨大成功的一个关键因素，就是我们既发挥了市场经济的长处，又发挥了社会主义制度的优越性。"社会主义市场经济体制，既使市场在资源配置中起决定性作用，充分发挥市场机制信息灵敏、激励有效、调节灵活、平等开放的优势，增强经济发展的活力和效率，使各种资源要素得到高效配置，让企业和个人有更强动力和更大空间去发展经济、创造财富；又更好发挥政府作用，坚持党的领导，发挥党总揽全局、协调各方的领导核心作用，发挥政府在保持宏观经济稳定、加强和优化公共服务、保障公平竞争、加强市场监管、维护市场秩序、推动可持续发展、促进共同富裕、弥补市场失灵等方面的作用，体现社会主义集中力量办大事的制度优势。筑牢高质量发展的制度基石，要坚持辩证法、两点论，继续在社会主义基本制度与市场经济的结合上下功夫，加快建设高效规范、公平竞争、充分开放的全国统一大市场，建立全国统一的市场制度规则，促进商品、要素、资源在更大范围内畅通流动；加快转变政府职能，提高政府监管效能，推动有效市场和有为政府更好结合，形成推动高质量发展的强大合力。

（《人民日报》2022年04月21日　第9版）

51

大力弘扬北京冬奥精神

周美雷　张文君

习近平总书记在北京冬奥会、冬残奥会总结表彰大会上指出:"北京冬奥会、冬残奥会广大参与者珍惜伟大时代赋予的机遇,在冬奥申办、筹办、举办的过程中,共同创造了胸怀大局、自信开放、迎难而上、追求卓越、共创未来的北京冬奥精神。"北京冬奥精神是中华民族宝贵的精神财富,为我们奋进新征程、建功新时代注入新的强大动力。

胸怀大局,就是心系祖国、志存高远,把筹办举办北京冬奥会、冬残奥会作为"国之大者",以为国争光为己任,以为国建功为光荣,勇于承担使命责任,为了祖国和人民团结一心、奋力拼搏。冰雪赛场上,我国体育健儿不畏强手、顽强拼搏、为国争光,生动诠释了胸怀大局的北京冬奥精神。新征程上,党员干部要自觉为大局担当,以更加坚定的自信、更加坚决的勇气,为党分忧、为国尽责、为民奉献,勇于担责、担难、担重、担险,以实际行动诠释对党的忠诚。

自信开放，就是雍容大度、开放包容，坚持中国特色社会主义道路自信、理论自信、制度自信、文化自信，以创造性转化、创新性发展传递深厚文化底蕴，以大道至简彰显悠久文明理念，以热情好客展现中国人民的真诚友善，以文明交流促进世界各国人民相互理解和友谊。饱含圆融和合等中国理念的开闭幕式精彩纷呈，二十四节气、黄河之水、中国结、迎客松、折柳寄情等场面令人印象深刻，生动诠释了自信开放的北京冬奥精神。新时代，中国人民志气、骨气、底气空前增强。我们要进一步焕发前所未有的历史主动精神、历史创造精神，信心百倍书写新时代中国发展的伟大历史。

迎难而上，就是苦干实干、坚韧不拔，保持知重负重、直面挑战的昂扬斗志，百折不挠克服困难、战胜风险，为了胜利勇往直前。北京冬奥会、冬残奥会筹办举办是在异常困难的情况下推进的，全部参与者坚持"一刻也不能停，一步也不能错，一天也误不起"，付出了艰苦卓绝的努力。新时代新征程，我们要保持"越是艰险越向前"的英雄气概，永葆"踏平坎坷成大道，斗罢艰险又出发"的顽强意志，敢于斗争、善于斗争，战胜各种风险挑战。

追求卓越，就是执着专注、一丝不苟，坚持最高标准、最严要求，精心规划设计，精心雕琢打磨，精心磨合演练，不断突破和创造奇迹。广大冬奥建设者发扬工匠精神打造场馆设施，广大办赛人员严谨专业完成赛事组织工作，广大运动员摘金夺银、打破纪录……他们身上都体现了追求卓越的精神。我们要弘扬这种追求卓越的精神，干一行爱一行，钻一行精一行，踔厉奋发、笃行不怠，在自己的岗位上拼搏奋斗、贡献力量。

共创未来，就是协同联动、紧密携手，坚持"一起向未来"和"更团结"相互呼应，面朝中国发展未来，面向人类发展未来，向世界发出携手构建人类命运共同体的热情呼唤。奥林匹克大家庭成员不远万里来华共襄盛举，团结友好的"朋友圈""伙伴群"越扩越大。实践充分证明，小船经不起风浪，巨舰才能顶住惊涛骇浪，世界各国与其在190多条小船上，不如同在一条大船上，共同拥有更美好未来。前进道路上，我们要顺应时代潮流，弘扬和平、发展、公平、正义、民主、自由的全人类共同价值，促进不同文明交流互鉴，为推动构建人类命运共同体作出新的更大贡献。

(《人民日报》2022年04月22日 第9版)

52

大力发扬担当和斗争精神

刘　学

习近平总书记指出:"担当和斗争是一种责任,敢于负责才叫真担当、真斗争。党员干部特别是领导干部要发扬历史主动精神,在机遇面前主动出击,不犹豫、不观望;在困难面前迎难而上,不推诿、不逃避;在风险面前积极应对,不畏缩、不躲闪。"我们党自成立之日起就把为中国人民谋幸福、为中华民族谋复兴作为初心使命,以强烈的使命感和责任感团结带领人民进行伟大斗争,书写了中华民族几千年历史上最恢宏的史诗。当前,我们比历史上任何时期都更接近、更有信心和能力实现中华民族伟大复兴的目标,同时必须准备付出更为艰巨、更为艰苦的努力。新征程上,广大党员干部要敢于负责,真担当、真斗争,在机遇面前主动出击,在困难面前迎难而上,在风险面前积极应对,充分彰显我们党不畏强敌、不惧风险、敢于斗争、勇于胜利的风骨和品质。

习近平总书记强调:"综合判断,我国发展仍然处于可以大有作为的重要战略机遇期。我们最大的机遇就是自身不断发展壮大。"历史发展有其规律，只要把握住历史发展规律和大势，抓住历史变革时机，顺势而为，奋发有为，就能够更好前进。今天，实现中华民族伟大复兴进入了不可逆转的历史进程，我们面临难得机遇，具备坚实基础，拥有无比信心。同时也要看到，机遇稍纵即逝，等待和迟疑只会错失机遇窗口，留下无穷遗憾。在这个可以大有作为的重要战略机遇期，党员干部在机遇面前必须主动出击，不犹豫、不观望，增强锚定既定奋斗目标、意气风发走向未来的勇气和力量，在担当和斗争中抓住机遇，推动各项事业向前发展。

当前，我国发展具有诸多战略性的有利条件，但国际形势继续发生深刻复杂变化，国内改革发展稳定任务艰巨繁重。在这样的情况下，遇到困难不可避免。习近平总书记指出："我们要既正视困难又坚定信心，发扬历史主动精神，迎难而上，敢于斗争，砥砺前行，奋发有为"。在巨大困难、强大对手面前，唯有主动迎战、坚决斗争才有生路出路，才能赢得尊严、求得发展。面对困难和挑战、阻力和变数，我们既不能遮掩回避、视而不见，也不能惊慌失措、乱了阵脚。困难是压力，同时也是推进事业发展的动力，关键就看我们能否迎难而上。我们要把党宝贵的历史经验作为正确判断形势、科学预见未来、把握历史主动的重要思想武器，从中汲取真担当、真斗争的智慧，勇于迎难而上、破难而进。

习近平总书记强调："新的征程上，我们面临的风险考验只会越来越复杂,甚至会遇到难以想象的惊涛骇浪。我们面临的各种斗争不是短期的而是长期的,将伴随实现第二个百年奋斗目标全过程。"当前,百年变局和世纪疫情相互交织,经济全球化遭遇逆流,大国博弈日趋激烈,世界进入新的动荡变革期,我们面临的风险不容忽视。正因为有风险,才更加需要担当、需要斗争。历史发展是连续性和阶段性的统一,一个时期有一个时期的历史使命和任务,一代人有一代人的历史担当和责任。新征程上,我们要肩负起我们这一代人的历史担当和责任。凡是危害中国共产党领导和我国社会主义制度的各种风险挑战,凡是危害我国主权、安全、发展利益的各种风险挑战,凡是危害我国核心利益和重大原则的各种风险挑战,凡是危害我国人民根本利益的各种风险挑战,凡是危害我国实现第二个百年奋斗目标、实现中华民族伟大复兴的各种风险挑战,只要来了,我们就不畏缩、不躲闪,毫不动摇、毫不退缩去斗争,直至取得最后胜利。

(《人民日报》2022年04月25日 第9版)

53

铸牢党对军队绝对领导这个强军之魂

杨 超

党对军队的绝对领导,是人民军队的建军之本、强军之魂。习近平新时代中国特色社会主义思想"明确党在新时代的强军目标是建设一支听党指挥、能打胜仗、作风优良的人民军队,把人民军队建设成为世界一流军队",其中听党指挥是灵魂、能打胜仗是核心、作风优良是保证。95年来,我军之所以能够始终保持强大凝聚力、向心力、战斗力,取得一个又一个辉煌胜利,最根本的就是靠党的坚强领导。站在新的历史起点上,人民军队必须牢牢坚持党对军队的绝对领导,始终在党的旗帜下强固建军之本、永铸强军之魂,不断书写强军兴军新的历史篇章。

坚定历史自信。坚持党指挥枪、建设自己的人民军队,是党在血与火的斗争中得出的颠扑不破的真理。回望过去的奋斗路、眺望前方的奋进路,党对人民军队的绝对领导是永远不变的军魂,是深深融入我军血脉的基因。奋进新征程、建功新时代，要以高度的历史自觉和坚定的历史自信铸牢强军之魂。坚持把党史军史作为必修课、常修课，自觉以史为镜、以史明志，把党对军队绝对领导的光辉历程、宝贵经验、伟大成就学深悟透，充分认清党指挥枪的极端重要性、历史必然性和科学真理性，真正感悟"军魂"二字的厚重含义，进一步坚定听党话、跟党走的自觉自信。扎实推进党史学习教育常态化长效化，广泛开展"学传统、爱传统、讲传统"活动，坚持以史鉴今育人，用红色基因坚定信念、铸牢军魂，把红色基因注入广大官兵血脉，引导广大官兵自觉践行、永续传承，把革命先辈用鲜血和生命铸就的优良传统一代代传下去，确保我军血脉永续、根基永固、优势永存。

筑牢思想根基。坚持党对军队绝对领导只有在广大官兵思想中深深扎根，融入灵魂，听党指挥才能变成自觉行动。要坚持不懈用习近平新时代中国特色社会主义思想凝心聚魂，深入抓好习近平强军思想武装，坚持读原著、学原文、悟原理，把忠诚建立在对科学理论的深刻认同之上，引导广大官兵自觉做习近平新时代中国特色社会主义思想的坚定信仰者、忠实实践者，牢固立起国防和军队建设的根本指导，持续推动党在新时代的强军目标在部队落地生根。增强思想工作和理论工作的说理性战斗性，引导官兵淬炼思想、锤炼信仰，廓清思想迷雾、增强政治定力，筑牢听党指挥的思想根基，着力提高坚持党对人民军队绝对领导的政治自觉和实际能力，真正做到"炼就金刚身，不怕百毒侵"。

强化政治锻造。熔铸强军之魂，蕴含着铁心向党、看齐追随的政治要求。要把讲政治、对党绝对忠诚贯穿于军队建设各领域全过程。善于从政治上看问题，坚守正确政治方向、站稳政治立场、坚定政治信仰、提升政治觉悟，始终以党的方向为方向、以党的意志为意志，不断提高政治判断力、政治领悟力、政治执行力。强化政治锻造，最紧要的是看齐追随。要紧密联系习近平主席领航新时代治党治国治军的原创性思想、变革性实践、突破性进展、标志性成果，引导广大官兵坚决把全面深入贯彻军委主席负责制作为最高政治任务来落实、作为最高政治要求来遵循、作为最高政治纪律来严守，经常、主动、坚决地向党中央、中央军委和习近平主席看齐，始终沿着习近平主席擘画的强军方向奋勇前行。营造良好政治生态，持续深化政治整训，严肃党内政治生活，严明党的政治纪律和政治规矩，驰而不息正风肃纪反腐，确保绝对忠诚、绝对纯洁、绝对可靠，确保枪杆子永远听党指挥。

抓好组织强固。党的力量来自组织，组织强则军队强。要贯彻军委管总、战区主战、军种主建总原则，明确各级各类型党组织职能定位，推动军队党组织层级合理、体系强固、运转高效，确保党的领导"如身使臂，如臂使指"。把好选人用人导向，严格落实党管干部原则，注重从政治上考察和使用干部，切实把符合军队好干部标准的人选拔到各级领导岗位上，把各方面优秀人才集聚到党、国家和军队的事业中，确保枪杆子永远掌握在忠于党的可靠的人手中。基层是部队全部工作和战斗力的基础，加强新时代我军基层建设是强军兴军的根基所在、力量所在。要继承和发扬"支部建在连上"优良传统，强化基层党组织政治功能和组织力凝聚力，充分发挥基层党组织战斗堡垒作用和广大党员先锋模范作用，推动基层建设全面发展、全面过硬，确保党指挥枪在基层落地生根。

贯通制度落实。制度问题更带有根本性、全局性、稳定性、长期性。坚持党对军队绝对领导，是通过一整套完备的制度体系来实现和保证的。党在长期的革命斗争和军队建设实践中，逐步形成完善了一整套确保党对军队绝对领导的根本原则和制度。这套严密的制度体系，层层契合、上下贯通、经编纬织，规定和保证了坚持党的领导的唯一性、彻底性和无条件性，为坚持党对军队绝对领导提供了制度保证。新时代铸牢强军之魂，最重要的是坚持和完善党对人民军队的绝对领导制度，使之贯彻落实到军队建设各领域全过程，永葆人民军队的性质、宗旨、本色。始终不渝坚持党对军队绝对领导的根本原则和制度，坚定维护根本原则和制度的严肃性和权威性，坚持守住方向、守住立场、守住根脉。全面深入贯彻军委主席负责制，严格落实军委主席负责制的体制机制；健全党领导军队的制度体系，全面规范我军党的工作和政治工作；严格落实党委统一的集体领导下的首长分工负责制，做到一切工作都置于党委统一领导之下，一切重要问题都由党委研究决定。

(《人民日报》2022年04月26日　第9版)

54

在青春的赛道上奋力奔跑

闫 帅

青春因奋斗而精彩,奋斗是青春最亮丽的底色。习近平总书记在中国人民大学考察时,希望全国广大青年牢记党的教诲,立志民族复兴,不负韶华,不负时代,不负人民,在青春的赛道上奋力奔跑,争取跑出当代青年的最好成绩!广大青年要始终以实现中华民族伟大复兴为己任,激扬奋斗之志、砥砺奋斗之行,让人生在实现中国梦的奋进中收获无限精彩。

马克思说:"一个时代的精神是青年代表的精神,一个时代的性格是青春代表的性格。"五四运动以来的100多年,中国青年满怀对祖国和人民的赤子之心,积极投身党领导的革命、建设、改革伟大事业,把最美好的青春奉献给祖国和人民,谱写了壮丽的青春之歌,展现出最美的奋斗姿态。为了拯救民族危亡,广大青年冲锋陷阵、浴血奋战;为了改变国家贫穷落后面貌,广大青年奔赴祖国四面八方建功立业;为了让中华民族赶上时代、引领时代,广大青年开拓进取,勇做改革弄潮儿。

青春激荡的奋斗热情,转化为实现中华民族伟大复兴的强劲能量。党和国家取得的一切成就,都凝结着一代代怀抱崇高理想、充满奋斗精神的青年人的热情和奉献。

当代青年与新时代同向同行、共同前进,生逢盛世、重任在肩。在新时代的广阔天地里,当代青年用中国梦激扬青春梦,把个人理想追求融入国家和民族的事业中。为了打赢脱贫攻坚战,一大批青年干部扎根脱贫攻坚一线,同贫困群众想在一起、过在一起、干在一起,将最美的年华奉献给了脱贫事业。他们之中的优秀代表黄文秀,将生命定格在脱贫攻坚征程上,她说:"要用自己的力量为他人、为国家、为民族、为社会做出贡献"。面对来势汹汹的新冠肺炎疫情,一大批90后、00后医务人员英勇逆行,与病魔顽强抗争,守护人民生命安全,让人深受感动。在北京冬奥会的场馆里,我国冰雪健儿敢打敢拼、超越自我,广大志愿者以饱满热情提供暖心服务,向世界展现蓬勃向上的中国青年形象。单板滑雪运动员苏翊鸣说:"能够出生在这样一个伟大的国家和时代,感到十分幸运""努力为中国冰雪运动添彩,为祖国贡献青春和力量"。新时代的青年,不怕苦、不畏难,用肩膀扛起责任,展现青春风采。他们用奋斗证明了新时代的中国青年是好样的,是堪当大任的。

经过不懈努力,我们全面建成小康社会,实现了第一个百年奋斗目标,正阔步走在向着第二个百年奋斗目标奋进的新征程上,中华民族伟大复兴的前景无比光明。这个伟大时代为每个青年提供了实现青春梦想、创造人生辉煌的机遇。青年要倍加珍惜这个时代、更加自觉地肩负时代使命，将个人的青春理想融入时代发展的洪流之中。要清醒认识到，越接近民族复兴的目标，越不能懈怠，越要发扬大无畏的奋斗精神。推动高质量发展、推进科技自立自强、促进共同富裕……完成一系列艰巨任务、实现美好蓝图愿景，容不得歇脚停步，需要一代代青年不懈奋斗。"请党放心、强国有我"的誓言展现出当代中国青年的志气、骨气、底气，喊出了当代中国青年的奋斗决心。广大青年要胸怀党和人民、磨炼坚强品质、锤炼过硬本领，在实现民族复兴的接力赛中，全力跑出不负韶华、不负时代、不负人民的优异成绩。

（《人民日报》2022年04月27日　第9版）

55

做有理想有本领有担当的新时代中国青年

杨　波

青年兴则国家兴，青年强则国家强。习近平总书记指出："青年一代有理想、有本领、有担当，国家就有前途，民族就有希望。"在中华民族伟大复兴的关键时期，广大青年要树立坚定的理想信念，勇担时代重任，练就过硬本领，奏响更为激昂的青春乐章。

青年时代树立正确的理想、坚定的信念十分紧要，不仅要树立，而且要在心中扎根，一辈子都能坚持为之奋斗。理想信念是精神之基、力量之源。青年理想远大、信念坚定，是一个国家、一个民族无坚不摧的前进动力。20世纪50年代，党中央作出研制"两弹一星"的重大决策。那时我国工业发展刚刚起步，面临着原材料、生产设备和人才奇缺等诸多困难。许多青年胸怀崇高理想，不畏艰难困苦，毅然投身这一伟大事业，把自己的青春融入为国奉献之中。26岁的邓稼先在美国获得博士学位后，带着当时最先进的物理学知识归来报效祖国。为了研制"两弹一星",许许多多青年科研工作者顽强拼搏,创造了无愧于祖国、无愧于人民、无愧于时代的光辉业绩,用奉献书写了最美的青春故事。实现中华民族伟大复兴,离不开一代代青年的接力奋斗。广大青年要继承光荣传统、树立远大理想,在报效祖国、服务人民中实现人生价值。

重大科技创新成果是国之重器、国之利器,必须牢牢掌握在自己手上,必须依靠自力更生、自主创新。一代人有一代人的长征,一代人有一代人的担当。我们这一代青年,生逢伟大时代,当以实现中华民族伟大复兴为己任,勇做走在时代前列的奋进者、开拓者、奉献者,争做高水平科技自立自强排头兵,不辜负党的期望、人民期待、民族重托。以我们研制的"蛟龙"号载人潜水器为例。在"蛟龙"号之前,我国载人潜水器下潜的最大深度只有600米。从600米到7000米,难度指数急剧增加,同时我们还面临可借鉴资料匮乏和国外技术封锁等难题。在困难面前,我们没有退缩。青年科技骨干们以咬定青山不放松的决心,通过不懈的自我突破、自我提升,解决众多难题,实现了我国载人深潜技术的跨越式发展,并于2012年成功到达马里亚纳海沟7062米海底,完成了祖国赋予的重任。

习近平总书记指出:"新时代中国青年要练就过硬本领。"任何人都不可能轻轻松松地成才,要想干成一番事业,必须积极主动学习新知识新思想,不断提升专业素养、丰富专业知识、提高专业能力、增强专业本领。青年是人生成长的重要时期,也是苦练本领、增长才干的黄金时期。党的十八大以来,以习近平同志为核心的党中央高度重视科技创新工作，坚持把创新作为引领发展的第一动力，我国科技创新取得新的历史性成就。新时代，广大青年科技工作者积极参与国家重大科研项目，接受科研锻炼，奋力奔跑在科研路上。在载人潜水器声学系统研制过程中，我们经历了1年中有11个月在外地测试试验，经历了夏天高温40摄氏度时的湿热试验，等等。通过刻苦攻关、顽强拼搏，克服无数次困难与失败，我们最终迎来"蛟龙"号的胜利，以实际行动践行"严谨求实、团结协作、拼搏奉献、勇攀高峰"的中国载人深潜精神，在矢志奋斗中谱写新时代的青春之歌。广大青年科技工作者要立足两个大局，心怀"国之大者"，坚持"四个面向"，主动担负起时代赋予的使命责任，聚焦专业领域，潜心科研攻关，勇攀科技高峰，在全面建设社会主义现代化国家新征程中奋勇争先、建功立业。

（《人民日报》2022年04月28日　第9版）

56

强化精准思维

周 晔

习近平总书记强调:"要强化精准思维,做到谋划时统揽大局、操作中细致精当,以绣花功夫把工作做扎实、做到位。"新时代新征程上,改革发展稳定任务艰巨繁重,广大党员干部要强化精准思维,从大局出发谋策略,以精准施策干实事,努力把党中央决策部署落实落细,更好守初心、担使命、出业绩。

"工欲善其事,必先利其器。"树立科学思维方式,就是为了掌握认识和分析问题的有效工具,提高解决问题的能力。在新时代,我们党领导人民进行伟大社会革命,涵盖领域的广泛性、触及利益格局调整的深刻性、涉及矛盾和问题的尖锐性、突破体制机制障碍的艰巨性、进行伟大斗争形势的复杂性都是前所未有的。这就迫切要求党员干部树立科学思维方式、提高科学思维能力。精准思维强调具体和准确,坚持具体问题具体分析,在实施中求真务实,增强针对性、准确性,是科学思维方式、科学思维能力的重要体现。

以习近平同志为核心的党中央高度重视精准思维。比如，针对党的作风建设存在的问题，制定中央八项规定，直面现实问题，提出具体要求，务求取得实效。党的十八大以来，我们之所以刹住了一些过去被认为不可能刹住的歪风，纠治了一些多年未除的顽瘴痼疾，党风政风和社会风气为之一新，一个重要原因就是持之以恒落实中央八项规定及其实施细则精神，深刻体现了精准思维。又如，坚持精准扶贫方略，注重扶持对象精准、项目安排精准、资金使用精准、措施到户精准、因村派人精准、脱贫成效精准；坚持分类施策，因人因地施策、因贫困原因施策、因贫困类型施策，做到对症下药、靶向治疗，确保如期打赢脱贫攻坚战。再如，面对突如其来的新冠肺炎疫情，党中央果断决策、沉着应对，坚持人民至上、生命至上，提出坚定信心、同舟共济、科学防治、精准施策的总要求，抗击疫情斗争取得重大战略成果。还有，提出城市治理要有绣花般的细心、耐心、巧心，着力提高社会治理社会化、法治化、智能化、专业化水平，更加注重在细微处下功夫、见成效。精准思维，闪耀着马克思主义世界观和方法论的光辉，蕴含着强大的思想动能，推动各项工作真正落到实处、见到实效。

强化精准思维，贵在坚持问题导向，抓住主要矛盾和矛盾的主要方面。只有抓住主要矛盾和矛盾的主要方面，才能切中肯綮、化繁为简，精准发力、精准到位，保证"出拳"的针对性和准确性，科学高效地解决问题。党员干部作决策、定方案、抓落实，都要善于抓住主要矛盾和矛盾的主要方面，找准关键环节，在问题的症结上做文章、出实招，将精准思维贯穿于工作全过程。强化精准思维，还要注重细节。如果对工作、对事业仅仅满足于一般化、满足于过得去，大呼隆抓，眉毛胡子一把抓，那么问题就会被掩盖。党员干部要形成从细节处着手的工作习惯，把小事当大事干，不断积小胜为大胜。当前，虽然改革发展稳定任务艰巨繁重，但只要坚持精准的科学方法、落实精准的工作要求，把工作做实、做到位，就一定能推动党和国家各项事业不断向前发展。

（《人民日报》2022年04月29日　第9版）

57

引领时代潮流的鲜明旗帜

李 文

当今世界进入新的动荡变革期,人类面临前所未有的挑战。习近平总书记统筹中华民族伟大复兴战略全局和世界百年未有之大变局,站在人类历史发展进程高度,深入思考"建设一个什么样的世界、如何建设这个世界"等关乎人类前途命运的重大课题,提出构建人类命运共同体的重要理念。这一理念致力于解决世界如何维护持久和平、实现共同发展的重大历史课题,凝聚起各国人民共同建设美好世界的最大公约数,为充满不确定性的国际局势提供巨大的稳定性,为人类社会对美好未来的追求注入强大正能量,成为中国引领时代潮流和人类文明进步方向的鲜明旗帜。

马克思、恩格斯指出:"一切划时代的体系的真正的内容都是由于产生这些体系的那个时期的需要而形成起来的。"构建人类命运共同体理念,正是在准确把握时代趋势和世界大势、科学回答时代之问中提出的。当今世界,各国相互联系、相互依存的程度空前加深，人类越来越成为利益交融、安危与共的命运共同体。和平、发展、合作、共赢依然是时代发展的主旋律。同时，经济全球化遭遇逆流，单边主义、保护主义抬头，全球性问题层出不穷，世界面临的不稳定性不确定性突出。在日益复杂严峻的挑战面前，没有一个国家能够独善其身，也没有一个国家能够独自应对。现有的全球治理体系在很多方面难以适应新的国际格局和时代潮流，亟须在新的理念指引下变革完善。

在人类何去何从的十字路口，面对"世界怎么了、我们怎么办"的时代之问，习近平总书记提出构建人类命运共同体的重要理念，为解决时代之问提供了中国方案。构建人类命运共同体理念把握历史规律、站立时代潮头、着眼人类整体和长远利益，直面当今世界最紧迫问题，顺应世界各国人民对和平发展的强烈期待，为世界发展和人类未来指明了方向，彰显出中国共产党的天下情怀和大党担当。这一理念超越了零和博弈、集团对抗等陈旧的国际关系理念，为国际关系理论和实践发展增添了新活力、注入了新动力。

习近平总书记在一系列重大国际场合对构建人类命运共同体理念作出深刻阐述。习近平总书记指出："国际社会要从伙伴关系、安全格局、经济发展、文明交流、生态建设等方面作出努力"。坚持对话协商、共建共享、合作共赢、交流互鉴、绿色低碳，共同为建设一个持久和平、普遍安全、共同繁荣、开放包容、清洁美丽的世界而努力。习近平总书记在倡导构建人类命运共同体的同时，开创性提出推动建设相互尊重、公平正义、合作共赢的新型国际关系，为构建人类命运共同体开辟道路、创造条件；提出共建"一带一路"重要倡议，为构建人类命运共同体搭建重要实践平台。构建人类命运共同体既有总目标、总布局又有具体路径、平台，形成科学完整、内涵丰富的思想体系，展现出鲜明的真理性、时代性、实践性。

习近平总书记指出："一个国家、一个民族要振兴，就必须在历史前进的逻辑中前进、在时代发展的潮流中发展。"我们坚持把自身发展与世界各国共同发展统一起来，站在历史正确的一边，站在人类进步的一边，以实际行动推动构建人类命运共同体。我们恪守维护世界和平、促进共同发展的外交政策宗旨，推动建设新型国际关系，坚定维护国家主权、安全、发展利益，推动共建"一带一路"高质量发展，建设开放型世界经济，积极发展全球伙伴关系，积极参与全球治理体系变革和建设，提出并携手各国共同推动落实全球发展倡议，推动实现更加强劲、绿色、健康的全球发展。中国以实际行动成为国际社会公认的世界和平的建设者、全球发展的贡献者、国际秩序的维护者、公共产品的提供者，构建人类命运共同体理念也日益深入人心。

构建人类命运共同体理念是当代中国对世界的重要思想贡献和理论贡献，产生日益广泛而深远的国际影响，被外国专家学者评价为"人类历史上最重要的哲学思想之一""人类在这个星球上的唯一未来"，多次被写入联合国、上海合作组织等多边机制重要文件。近年来,国际社会在应对诸如新冠肺炎疫情、全球气候变化等共同挑战中,更加深刻认识到人类是不可分割的命运共同体,团结合作才是人间正道。为携手抗击新冠肺炎疫情,我国提出"打造人类卫生健康共同体";为应对前所未有的全球环境挑战,呼吁"共同构建人与自然生命共同体";为重振全球发展事业,倡议"构建全球发展命运共同体"……构建人类命运共同体理念的内涵与时俱进、不断丰富,更加广泛凝聚国际共识,愈益彰显国际感召力和影响力。

构建人类命运共同体是一个美好的目标,也是一个需要一代又一代人接力推进才能实现的目标,关键在于付诸行动。中国将继续同世界上爱好和平的国家和人民一道,弘扬和平、发展、公平、正义、民主、自由的全人类共同价值,推动建设新型国际关系,推动构建人类命运共同体,为实现世界共同发展、长治久安、持续繁荣而不懈努力。

(《人民日报》2022年05月05日　第9版)

58

最根本的本领是理论素养

宋思强

习近平总书记指出:"在学习理论上,干部要舍得花精力。"政治上的坚定、党性上的坚定都离不开理论上的坚定。党员干部必须不断加强马克思主义理论武装,加强理论学习、夯实理论功底,自觉用习近平新时代中国特色社会主义思想观察新形势、研究新情况、解决新问题,满怀信心奋进新征程、建功新时代。

思想就是力量。一个民族要走在时代前列,就一刻不能没有理论思维,一刻不能没有正确思想指引。中国共产党为什么能,中国特色社会主义为什么好,归根到底是因为马克思主义行。马克思主义之所以行,就在于党不断推进马克思主义中国化时代化并用以指导实践。推进中华民族伟大复兴宏伟事业,尤其需要科学理论指引。习近平总书记强调:"年轻干部要胜任领导工作,需要掌握的本领是很多的。最根本的本领是理论素养。"马克思主义是指导我们认识世界、改造世界的强大思想武器，也是领导干部必须掌握的看家本领。从一定意义上说，掌握马克思主义理论的深度，决定着政治敏感的程度、思维视野的广度、思想境界的高度，进而影响干事创业的成效。踏上全面建设社会主义现代化国家新征程，我们不可避免会面临各种各样的考验。同过去相比，我们今天的理论学习任务不是轻了，而是更重了。广大党员干部都要有加强理论学习的紧迫感，更加崇尚学习、积极改造学习、持续深化学习，不断提升理论素养。

不积跬步，无以至千里；不积小流，无以成江海。理论学习从来都不是一件轻松的事情，需要持之以恒、付出艰苦努力。习近平总书记在省部级主要领导干部学习贯彻党的十九届五中全会精神专题研讨班开班式上的重要讲话中指出："全会通过的'十四五'规划《建议》内容十分丰富，既有宏观思路、指导原则、战略思想，又有具体要求，既有党的十八大以来一以贯之的战略部署，又有新的重大判断、新的战略举措，不狠下一番功夫，是学不到手的。学不到手，贯彻全会精神就抓不住要害、踩不到点上、落不到实处。"理论学习，必须狠下一番功夫。有人把学习比作钻石油，只有往深里钻，才能有收获。习近平新时代中国特色社会主义思想是当代中国马克思主义、二十一世纪马克思主义，深刻回答一系列重大时代课题，是一个系统全面、逻辑严密、内涵丰富、内在统一的科学理论体系。对于这一博大精深的科学理论体系，不下大气力、不下苦功夫是难以掌握真谛、融会贯通的，必须原原本本学、自觉主动学，不断领悟真义。

毛泽东同志说："饭可以一日不吃，觉可以一日不睡，书不可以一日不读。"党员干部要端正学习态度，发扬"挤"和"钻"的精神，勤奋努力、刻苦钻研，下真功夫、苦功夫、细功夫，驰而不息，持之以恒。坚持读原著学原文、悟原理知原义，坚持在学懂弄通做实上下功夫。坚持联系思想实际、工作实际，深入学习习近平总书记重要著作，跟进学习习近平总书记最新重要讲话精神，既注重从总体上系统把握，又分专题分领域深入领会。通过学习做到至信而深厚、融通而致用、执着而笃行，把理论学习成果转化为改造主观世界和客观世界的实际行动，使思想、能力、行动跟上党中央要求、跟上时代前进步伐、跟上事业发展需要，更好肩负起自身的职责和使命。

(《人民日报》2022年05月06日 第9版)

59

以伟大自我革命引领伟大社会革命

刘靖北

党的十九届六中全会通过的《中共中央关于党的百年奋斗重大成就和历史经验的决议》用"十个明确"对习近平新时代中国特色社会主义思想的核心内容作了进一步系统概括,第十个"明确"强调"以伟大自我革命引领伟大社会革命"。我们要深入学习贯彻习近平总书记关于党的自我革命的战略思想,坚定不移推进党的自我革命,以伟大自我革命引领伟大社会革命。

以伟大自我革命引领伟大社会革命,蕴含着马克思主义的深刻理论逻辑。建立一个没有阶级剥削和阶级压迫的新社会,最终实现人类的解放,被马克思、恩格斯称为人类社会发展史上最深刻、最彻底、最伟大的社会革命,强调这是一个"必须经过长期的斗争,必须经过一系列将把环境和人都加以改造的历史过程"。这种社会革命不会自动发生,需要一种完成这一革命的现实社会力量。这种现实社会力量中的先进分子组成的先进政党，没有任何同整个阶级利益不同的利益，无论在实践方面还是理论方面都是最先进的部分。而要始终成为这样的先进政党，就必须坚持用马克思主义理论武装自己，始终保持同人民群众的密切联系，不断清除党内消极现象，严明党的纪律，维护党的团结统一，永葆马克思主义政党本色。这就是说，马克思主义政党不仅要进行伟大社会革命，而且要进行伟大自我革命，发挥伟大自我革命引领和保障伟大社会革命的历史作用。

以伟大自我革命引领伟大社会革命，凝结着党百年奋斗的宝贵历史经验。中国共产党是按照马克思主义建党原则建立起来的先进政党，一经成立就把实现社会主义和共产主义作为自己的奋斗目标，鲜明提出"党的根本政治目的是实行社会革命"；申明我们共产党"应当是无产阶级中最有革命精神的大群众组织起来为无产阶级之利益而奋斗的政党，为无产阶级做革命运动的急先锋"，必须同党内一切错误思想和行动进行斗争，保持自身的先进性和纯洁性。百年来，我们党始终坚持性质宗旨，坚持理想信念，坚守初心使命，锤炼出勇于自我革命的鲜明政治品格。伟大社会革命锻造和成就了中国共产党这个伟大的党，党的自我革命又保障和推动党领导的伟大事业，伟大社会革命和伟大自我革命相辅相成、互相促进，共同贯穿于我们党百年奋斗历程，成为我们党百年来不断从胜利走向新的胜利的宝贵经验。

以伟大自我革命引领伟大社会革命，体现着新时代党治国理政实践的显著特点。习近平总书记提出坚持以党的伟大自我革命引领伟大社会革命，强调新时代中国特色社会主义是我们党领导人民进行伟大社会革命的成果，也是我们党领导人民进行伟大社会革命的继续；要把新时代坚持和发展中国特色社会主义这场伟大社会革命进行好，我们党必须勇于进行自我革命，把党建设得更加坚强有力。以习近平同志为核心的党中央，坚持全面从严治党的战略方针，系统推进党的政治建设、思想建设、组织建设、作风建设、纪律建设和制度建设，以刮骨疗毒的勇气向党内顽瘴痼疾开刀，以坚如磐石的意志正风肃纪反腐，刹住了一些多年未刹住的歪风邪气，清除了党、国家、军队内部存在的严重隐患，探索出依靠党的自我革命跳出历史周期率的成功道路，党在革命性锻造中更加坚强，为全面建成小康社会、实现第一个百年奋斗目标提供有力保证，推动党和国家事业取得历史性成就、发生历史性变革，开辟了以党的伟大自我革命引领伟大社会革命的新境界。走好新的赶考之路，必须坚持以习近平新时代中国特色社会主义思想为指导，充分认识坚持以伟大自我革命引领伟大社会革命的战略和全局作用，以永远在路上的清醒和执着推进党的自我革命，不断提高党的自我净化、自我完善、自我革新、自我提高能力，确保党不变质、不变色、不变味，确保党永远立于不败之地，引领和推动新时代中国特色社会主义航船劈波斩浪、一往无前。

(《人民日报》2022年05月10日 第13版)

60

为民造福是最大政绩

李包庚

习近平总书记在海南考察时强调:"各级领导干部要贯彻党的群众路线,牢记党的根本宗旨,想群众之所想,急群众之所急,把所有精力都用在让老百姓过好日子上。"让人民生活幸福是"国之大者",也是"国之重者"。在革命、建设、改革各个历史时期,中国共产党始终把人民放在心中最高位置,把人民对美好生活的向往作为奋斗目标。

马克思、恩格斯在《共产党宣言》中指出:"共产党人为工人阶级的最近的目的和利益而斗争,但是他们在当前的运动中同时代表运动的未来。"中国共产党是中国工人阶级的先锋队,同时是中国人民和中华民族的先锋队,党的根本宗旨是全心全意为人民服务。党除了最广大人民群众的利益,没有自己特殊的利益,从来不代表任何利益集团、任何权势团体、任何特权阶层的利益。不谋私利才能谋根本、谋大利,才能胸怀全局、着眼长远,有效防范各种利益集团的干扰,冲破利益固化的藩篱，始终坚持以人民为中心，为中国人民谋幸福、为中华民族谋复兴。

习近平总书记指出："我们党的百年奋斗史就是为人民谋幸福的历史。"我们党干革命、搞建设、抓改革，都是为人民谋利益，为了让人民过上好日子。1946年3月，美国总统特使马歇尔访问延安，他的随行记者这样描述延安："在延安听到最多的一个词，就是'人民'……中国人民如何，世界人民如何。'到人民中去''向人民学习'，这些都是口号，但又包含着比口号更深的含义，代表着一种极深的感情，一种最终的信念。"在中国，党领导人民建立的国家称为"中华人民共和国"，各级政府称为"人民政府"，党缔造的军队称为"人民解放军"，党的干部称为"人民公仆"，党中央的机关报称为"人民日报"，中央银行称为"人民银行"，等等。从"为人民服务"，到"把人民拥护不拥护、赞成不赞成、高兴不高兴、答应不答应作为制定方针政策和作出决断的出发点和归宿""代表最广大人民的根本利益""实现好、维护好、发展好最广大人民的根本利益"，再到"人民对美好生活的向往，就是我们的奋斗目标"，党全心全意为人民服务的根本宗旨一以贯之、坚定不移。

党的一切工作都是为老百姓利益着想，让老百姓幸福就是党的事业。党的十八大以来，我们党坚持以人民为中心的发展思想，聚焦人民群众最关心、最直接、最现实的利益问题，不断增强人民群众的获得感、幸福感、安全感。从全面建成小康社会一个都不能少,到抗击新冠肺炎疫情救治病患不惜一切代价;从打赢脱贫攻坚战、实施乡村振兴战略,到推进以人为核心的新型城镇化,我们党以人民忧乐为忧乐,以人民甘苦为甘苦,努力让人民享有更多实实在在的发展成果。正是因为始终坚持人民立场、坚守马克思主义政党以人民为中心的政治品格,我们党赢得了人民的衷心拥护和大力支持,充分调动了人民的积极性主动性创造性,带领人民创造更加美好的生活。

为民造福是最大政绩。党员干部手中的权力、所处的岗位,是党和人民赋予的,是为党和人民做事用的,只能用来为民谋利。新时代新征程上,党员干部要树立和践行正确政绩观,把所有精力都用在让老百姓过好日子上,想群众之所想、急群众之所急、解群众之所困,当好人民群众的知心人、贴心人、领路人,用心用情用力解决好群众急难愁盼问题,让人民群众的获得感成色更足、幸福感更可持续、安全感更有保障。

(《人民日报》2022年05月11日 第13版)

以系统观念把握构建新发展格局

韩喜平　董　涛

习近平总书记指出:"构建新发展格局是一个系统工程,既要'操其要于上',加强战略谋划和顶层设计,也要'分其详于下',把握工作着力点。"构建以国内大循环为主体、国内国际双循环相互促进的新发展格局,是适应我国发展新阶段要求、塑造国际合作和竞争新优势的必然选择。我们要强化系统观念,不断增强各领域、各部门、各要素之间的协同配合,在重点领域、关键环节、核心问题上寻找突破口,破解深层次问题、结构性障碍,在构建新发展格局上取得更多实质性进展。

面对复杂系统,首先要有全局观,对系统的方方面面做到心中有数,同时要优先解决主要矛盾和矛盾的主要方面,抓住关键、找准重点。作为复杂的大系统,经济活动需要各种生产要素的组合在生产、分配、流通、消费各环节有机衔接,从而实现循环流转。构建新发展格局以扩大内需为战略基点,关键在于实现国内经济循环的畅通无阻。要以满足国内需求为基本立足点，把实施扩大内需战略同深化供给侧结构性改革有机结合起来，着力打通生产、分配、流通、消费等各环节的堵点，实现经济循环流转和产业关联畅通。国内循环是建立在国内统一大市场基础上的大循环。近日，《中共中央国务院关于加快建设全国统一大市场的意见》发布，提出加快建设高效规范、公平竞争、充分开放的全国统一大市场，努力形成供需互促、产销并进、畅通高效的国内大循环，为构建新发展格局提供强大支撑。

科学分析矛盾、作出正确判断选择，要求全面地而不是片面地、普遍联系地而不是孤立地观察事物，克服片面化、极端化倾向。我们要清醒认识到，内外需市场是相互依存、相互促进的，以国内大循环为主体，绝不是关起门来封闭运行。我国经济已同全球经济深度融合，在全球产业链供应链中具有不可替代的地位，我国已成为全球经济增长的主要引擎、推动经济全球化健康发展的中坚力量。以系统观念把握构建新发展格局，要统筹国内国际两个大局，推动国内国际双循环相互促进。近年来，尽管经济全球化遭遇逆流，单边主义、保护主义不断抬头，但经济全球化的历史大势并未改变。我国坚定不移奉行互利共赢的开放战略，努力以高水平开放塑造参与国际合作和竞争的新优势。面对发展机遇和挑战的深刻变化，既要立足国内大循环，构筑强大的国内经济循环体系和稳固的基本盘，以此形成对全球要素资源的强大吸引力、在激烈国际竞争中的强大竞争力、在全球资源配置中的强大推动力；又要推动国内市场和国际市场更好联通，以国际循环提升国内大循环效率和水平，发挥国际资源、国际市场、国际分工对我国国家创新体系建设、产业转型升级等方面的带动作用，增强我国在全球产业链供应链创新链中的影响力。

以系统观念把握构建新发展格局，需要统筹好发展和安全两件大事。安全发展是构建新发展格局的重要前提和保障，是畅通国内大循环的题中应有之义。贯彻落实总体国家安全观，不断完善推动高质量发展、建设现代化经济体系的体制机制，守住不发生系统性风险的底线，才能确保国内经济循环体系的基本盘始终稳固，才能牢牢掌握改革发展的战略主动权。要牢固树立安全发展理念，加快完善安全发展体制机制，补齐相关短板，维护产业链、供应链安全，积极做好防范化解重大风险工作，促进经济社会安定有序，为构建新发展格局提供坚实保障。

（《人民日报》2022年05月12日　第13版）

62

确保党始终总揽全局协调各方

秦　龙　吉瑞霞

办好中国的事情,关键在党。党的十九届六中全会通过的《决议》指出:"党的领导是党和国家的根本所在、命脉所在,是全国各族人民的利益所系、命运所系""确保充分发挥党总揽全局、协调各方的领导核心作用"。党政军民学,东西南北中,党是领导一切的。我们的全部事业都建立在这个基础之上,都根植于这个最本质特征和最大优势。在全面建设社会主义现代化国家新征程上,只要坚持党的全面领导不动摇,确保党始终总揽全局、协调各方,把党的领导落实到党和国家事业各领域各方面各环节,就一定能够确保全党全军全国各族人民团结一致向前进,创造出更多令人刮目相看的人间奇迹。

历史和人民选择了中国共产党,党是领导我们事业的核心力量。党的十八大以来,以习近平同志为核心的党中央立足新的历史方位,统筹国内国际两个大局,旗帜鲜明地把党的领导落实到改革发展稳定、内政外交国防、治党治国治军各领域各方面。在党的全面领导下,全党全军全国各族人民砥砺前行,战胜一系列重大风险挑战,解决了许多长期想解决而没有解决的难题,办成了许多过去想办而没有办成的大事。《决议》从13个方面分领域总结了新时代的原创性思想、变革性实践、突破性进展、标志性成果,充分展现了新时代党和国家事业取得的历史性成就、发生的历史性变革。这些历史性成就和历史性变革,不仅充分彰显了中国特色社会主义的强大生机活力,更雄辩地证明了坚持党的全面领导是坚持和发展中国特色社会主义的必由之路。正是因为我们坚定不移坚持党的全面领导、充分发挥党的领导核心作用,确保党始终总揽全局、协调各方,才使得中华民族迎来了从站起来、富起来到强起来的伟大飞跃,实现中华民族伟大复兴进入了不可逆转的历史进程。确保党始终总揽全局、协调各方,这是我们过去能够成功和胜利最为宝贵的经验,也是未来继续成功和胜利最为根本的保证。

今天,经过长期奋斗,实现中华民族伟大复兴具备了更为完善的制度保证、更为坚实的物质基础、更为主动的精神力量,但前进道路上仍然存在各种可以预料和难以预料的风险挑战。没有中国共产党,就没有中华民族伟大复兴,在党总揽全局、协调各方这个重大原则问题上不能有任何动摇、迟疑和含糊。新的赶考之路上,不断把民族复兴伟业推向前进,必须坚持和加强党的全面领导,确保党始终总揽全局、协调各方。

坚持和加强党的全面领导,就要深刻领悟"两个确立"的决定性意义。万山磅礴看主峰。《决议》指出:"党确立习近平同志党中央的核心、全党的核心地位,确立习近平新时代中国特色社会主义思想的指导地位,反映了全党全军全国各族人民共同心愿,对新时代党和国家事业发展、对推进中华民族伟大复兴历史进程具有决定性意义。"坚持和加强党的全面领导,确保党始终总揽全局、协调各方,必须深刻领悟"两个确立"的决定性意义,不断增强坚决做到"两个维护"的政治自觉、思想自觉、行动自觉,始终确保党是中国特色社会主义事业的坚强领导核心。

坚持和加强党的全面领导,就要健全党的领导制度体系。党的十八大以来,党的领导全面加强的实践表明,党的领导制度体系是确保党始终总揽全局、协调各方的长远之策、根本之策。正是因为筑牢夯实了党的领导制度体系的"四梁八柱",全党思想上更加统一、政治上更加团结、行动上更加一致,党的政治领导力、思想引领力、群众组织力、社会号召力显著增强。面向未来,我们要增强制度意识,紧紧围绕奋进新征程、建功新时代提出的新课题新任务新要求,从各环节各层级各方面各领域加强制度建设,构建系统完备、科学规范、运行有效的党的领导制度体系,提高科学执政、民主执政、依法执政水平,始终确保党的领导是全面的、系统的、整体的。

(《人民日报》2022年05月13日　第9版)

63

重视学习 善于学习

徐 闻

重视学习、善于学习,是我们党的优良传统和政治优势,是党始终走在时代前列的重要保证。党的十八大以来,习近平总书记围绕建设马克思主义学习型政党、推动建设学习大国提出了一系列新思想、新要求,部署开展党的群众路线教育实践活动、"三严三实"专题教育、"两学一做"学习教育、"不忘初心、牢记使命"主题教育、党史学习教育等,指引形成了以全党学习带动全民学习、以学习型政党建设引领学习型社会和学习大国建设的良好局面。

通过加强学习,广大党员、干部进一步筑牢信仰之基、补足精神之钙、把稳思想之舵。但也要看到,个别党员、干部在学习上仍存在这样那样的问题,既有学习态度问题,也有学习方法问题。习近平总书记指出:"好学才能上进。中国共产党人依靠学习走到今天,也必然要依靠学习走向未来。我们的干部要上进,我们的党要上进,我们的国家要上进,我们的民族要上进，就必须大兴学习之风，坚持学习、学习、再学习，坚持实践、实践、再实践。"习近平总书记的重要论述，阐明了学习的重要意义和正确方法，为我们加强学习指明了方向、提供了遵循。

重视学习、善于学习，需要改进我们的学风。要更加崇尚学习，充分认识到学习是文明传承之途、人生成长之梯、政党巩固之基、国家兴盛之要，自觉把学习作为一种政治责任、一种精神追求、一种生活方式。大力弘扬理论联系实际的马克思主义学风，紧密联系新时代中国特色社会主义生动实践学，联系我们正在做的工作实际学，联系干部群众的思想实际学，把学习成效切实转化为深刻领悟"两个确立"的决定性意义、坚定做到"两个维护"的高度自觉，转化为奋进新征程、建功新时代的素质能力和强大动力。

重视学习、善于学习，需要坚持全面的、系统的、富有探索精神的学习。习近平总书记指出："我们正在从事的中国特色社会主义事业是伟大而波澜壮阔的，是前人没有做过的。因此，我们的学习应该是全面的、系统的、富有探索精神的"。坚持全面的、系统的学习，既要抓住学习重点，也要拓展学习领域。马克思主义是我们立党立国的根本指导思想，学习和掌握马克思主义理论是我们做好一切工作的看家本领。要通过坚持不懈学习，坚定马克思主义、共产主义信仰，学会运用马克思主义立场、观点、方法观察和解决问题。学习党的历史，是坚持和发展中国特色社会主义、把党和国家各项事业继续推向前进的必修课。要坚持唯物史观和正确党史观，巩固拓展党史学习教育成果，更好用党的百年奋斗重大成就和历史经验增长智慧、增进团结、增加信心、增强斗志。系统学习党的路线方针政策和国家法律法规，同时结合工作需要学习各方面知识，坚持干什么学什么、缺什么补什么。坚持富有探索精神的学习，要把学习本领作为领导干部必须具备的本领，读原著、学原文、悟原理，带着问题学，拜人民为师，在深入实践中学习，在学习思考中创新，在总结经验中提高。

重视学习、善于学习，最根本的是要深入学习贯彻习近平新时代中国特色社会主义思想。党员、干部要坚持全面系统学、及时跟进学、深入思考学、联系实际学，切实把思想和行动统一到习近平新时代中国特色社会主义思想上来，使自己的思想、能力、行动跟上党中央要求、跟上时代前进步伐、跟上事业发展需要，更好肩负起新征程上的职责和使命。

（《人民日报》2022年05月17日　第9版）

64

爱读书　读好书　善读书

甘　毅

习近平总书记在致首届全民阅读大会的贺信中强调："希望全社会都参与到阅读中来,形成爱读书、读好书、善读书的浓厚氛围。"这充分体现了以习近平同志为核心的党中央对推动全民阅读、建设书香中国的高度重视,必将有力推动全民阅读扎实深入开展。

中华民族自古提倡阅读,讲究格物致知、诚意正心,传承中华民族生生不息的精神,塑造中国人民自信自强的品格。阅读是人类获取知识、启智增慧、培养道德的重要途径,可以让人得到思想启发、树立崇高理想、涵养浩然正气。在中国,耕读传家的传统深入人心、绵延不绝。孔子"韦编三绝",陶渊明"每有会意,便欣然忘食",李白"片言苟会心,掩卷忽而笑",都体现了对读书的热爱。在视通万里、思接千载的阅读中,我们可以"观古今于须臾,抚四海于一瞬",获得精神上的满足、视野上的开阔、情操上的陶冶。

中国共产党是中华优秀传统文化的忠实传承者和弘扬者，是重视学习、善于学习的马克思主义政党。毛泽东同志指出："学习是我们注重的工作"，号召"要把全党变成一个大学校"。邓小平同志指出："在不断出现的新问题面前，我们党总是要学，我们共产党人总是要学，我们中国人民总是要学。"百年来，我们党始终注重通过学习提高本领，强调通过学习掌握马克思主义的立场观点方法，坚持以实事求是的态度进行学习，持之以恒进行学习。

中国共产党人依靠学习走到今天，也必然要依靠学习走向未来。习近平总书记大力提倡多读书、读好书，强调"要发扬'挤'和'钻'的精神，多读书、读好书，从书本中汲取智慧和营养"。2014年以来，全民阅读连续9次被写入《政府工作报告》；2016年，首个国家级全民阅读规划《全民阅读"十三五"时期发展规划》印发；2021年，"十四五"规划和2035年远景目标纲要提出"深入推进全民阅读，建设'书香中国'"。全民阅读被列入国家发展规划，能够为实现中华民族伟大复兴提供强大精神动力和文化支撑。

推动形成爱读书、读好书、善读书的浓厚氛围，要抓住领导干部这个"关键少数"。习近平总书记强调："领导干部一定要把学习放在很重要的位置上，如饥似渴地学习，哪怕一天挤出半小时，即使读几页书，只要坚持下去，必定会积少成多、积沙成塔、积跬步以至千里。"广大党员、干部要带头读书学习，把读书当成一种生活态度、一种工作责任、一种精神追求，通过读书修身养志、增长才干，使一切有益的知识入脑入心，融汇在血液里、体现在干事创业中，在新时代新征程上展现新气象新作为。

推动形成爱读书、读好书、善读书的浓厚氛围，很重要的是加强阅读内容引领，教育引导干部群众深入学习习近平新时代中国特色社会主义思想，广泛开展党史、新中国史、改革开放史、社会主义发展史学习，积极开展传承中华文化、弘扬主流价值等主题阅读活动，增强人民群众坚定跟党走的自觉自信。创新阅读方式，打通线上线下，用好各类阅读空间。推动全社会特别是青少年养成阅读习惯、增强阅读能力，用浓浓书香滋润心灵、涵养风尚。

(《人民日报》2022年05月18日 第9版)

65

勇做新时代的弄潮儿

赵渊杰

习近平总书记在庆祝中国共产主义青年团成立100周年大会上的重要讲话中强调:"共青团要团结带领广大团员青年勇做新时代的弄潮儿,自觉听从党和人民召唤,胸怀'国之大者',担当使命任务,到新时代新天地中去施展抱负、建功立业,争当伟大理想的追梦人,争做伟大事业的生力军,让青春在祖国和人民最需要的地方绽放绚丽之花!"习近平总书记的重要讲话,为广大青年奋进新征程、建功新时代指明了航向。

马克思说:"青春的光辉,理想的钥匙,生命的意义,乃至人类的生存、发展……全包含在这两个字之中……奋斗!"历史上,有志青年从来不是时代的过客、看客,而是担负使命、扛起责任的先锋和实干家。《共产党宣言》发表时,马克思30岁,恩格斯28岁。列宁开始参加革命活动时只有17岁。党的一大召开时,代表平均年龄为28岁。长征途中,红军将领平均年龄不到25岁。在不同历史时期,无数青年英杰用青春的斗志和力量感应时代脉搏、投身时代洪流,成为推动时代前进的弄潮儿。

时代各有不同,青春一脉相承。青年的命运从来都同时代紧密相连。1939年5月,毛泽东同志在延安庆贺模范青年大会上指出:"中国的青年运动有很好的革命传统,这个传统就是'永久奋斗'。我们共产党是继承这个传统的,现在传下来了,以后更要继续传下去。"传承这一光荣传统,中国共产党领导下的青年奋斗者在打倒军阀、抗日救亡、推翻国民党反动统治的伟大斗争中冲锋陷阵;向科学进军、向困难进军、向荒原进军,以"敢教日月换新天"的豪情把青春献给祖国;勇做改革闯将,开风气之先,在现代化建设各条战线上勇立潮头;发出"清澈的爱,只为中国"的强音,自觉担当重任,深入基层一线,让青春在实现中华民族伟大复兴的中国梦中绽放异彩。事实证明,只有同党和人民事业高度契合时,青春的光谱才会更广阔,青春的能量才能充分迸发。只有进行了激情奋斗的青春,只有进行了顽强拼搏的青春,只有为人民作出了奉献的青春,才会给人们留下充实、温暖、持久、无悔的青春回忆。

中国特色社会主义新时代是奋斗者的时代,也是新时代的弄潮儿以青春之我、奋斗之我踔厉奋发、勇毅前进的时代。新时代的中国青年生逢其时、重任在肩,施展才干的舞台无比广阔、实现梦想的前景无比光明。北斗卫星团队核心人员平均年龄36岁,量子科学团队平均年龄35岁,中国天眼FAST研发团队平均年龄30岁……这些新时代的弄潮儿敢为人先、敢于突破，以聪明才智贡献国家，以开拓进取服务社会。在新时代的每个领域、各条战线，还有许多这样的弄潮儿争当伟大理想的追梦人，争做伟大事业的生力军。从脱贫攻坚的战场到科技攻关的岗位，从抢险救灾的前线到疫情防控的一线，从奥运竞技的赛场到保卫祖国的哨所，广大新时代青年用青春的智慧和汗水践行"请党放心、强国有我"的誓言，在紧跟时代、奉献时代中成就自我。

  一个世纪前，李大钊在《青春》中寄语中国青年："以青春之我，创建青春之家庭，青春之国家，青春之民族，青春之人类，青春之地球，青春之宇宙……"今天，我们比历史上任何时期都更接近实现中华民族伟大复兴的目标，比历史上任何时期都更有信心、更有能力实现这个目标，但前进的道路仍然充满艰辛。当代中国青年唯有勇做新时代的弄潮儿，在青春的赛道上奋力奔跑、奋勇争先，才能不负韶华，不负时代，不负人民，在实现中国梦这场历史接力赛中跑出好成绩，不断续写中华民族伟大复兴进程中激昂的青春乐章。

（《人民日报》2022年05月19日　第9版）

66

以高度政治自觉推进全面从严治党

徐建刚

习近平总书记指出:"全面从严治党首先要从政治上看,不断提高政治判断力、政治领悟力、政治执行力""新的征程上,我们要牢记打铁必须自身硬的道理,增强全面从严治党永远在路上的政治自觉"。这些重要论述,既深刻体现了我们党将全面从严治党进行到底的决心与信心,也深刻揭示了党的十八大以来全面从严治党取得历史性、开创性成就的深层原因。正是因为首先要从政治上看,不断增强政治自觉,新时代全面从严治党才能不断向纵深推进,产生全方位、深层次影响。

政党是政治组织,全面从严治党首先要从政治上看,要有高度的政治自觉。党的十八大以来,习近平总书记对全面从严治党作出一系列重要论述。习近平总书记强调:"打铁必须自身硬。办好中国的事情,关键在党,关键在坚持党要管党、全面从严治党。""如果管党不力、治党不严,人民群众反映强烈的党内突出问题得不到解决,那我们党迟早会失去执政资格,不可避免被历史淘汰。这决不是危言耸听。""我们要聚精会神抓好党的建设,使我们党越来越成熟、越来越强大、越来越有战斗力。这是全党的政治责任,首先是中央政治局的政治责任。""全面从严治党是党永葆生机活力、走好新的赶考之路的必由之路。"这些重要论述,从政治高度阐明了全面从严治党的重要性。

在全面从严治党上不断增强政治自觉,既是由党的性质和根本宗旨决定的,也是经受住"四大考验"、克服"四种危险",不断提高党的创造力、凝聚力、战斗力的客观要求。在党长期执政条件下,各种影响党的先进性、弱化党的纯洁性的因素无时不有,各种违背初心和使命、动摇党的根基的危险无处不在,党面临的"四大考验""四种危险"是长期的、尖锐的,影响党的先进性、弱化党的纯洁性的因素也是复杂的。党的十八大以来,正是因为从政治上看待全面从严治党,不断增强全面从严治党的政治自觉,我们党才能保持"咬定青山不放松"的坚韧执着,坚持严的主基调,把全面从严治党向纵深推进。新时代全面从严治党的伟大实践告诉我们,全党上下只有不断增强政治自觉,才能保持强大的战略定力,在思想上高度重视、在认识上高度统一、在行动上高度负责,坚决彻底地推进伟大自我革命,充分发挥全面从严治党的政治引领和政治保障作用,确保党不变质、不变色、不变味。

强调全面从严治党首先要从政治上看,不断增强政治自觉，使广大党员干部对党中央的大政方针和决策部署领会更透彻，从而真正把管党治党政治责任落实好。实践证明，责任落实好，工作才能真正落地。不明确责任、不落实责任、不追究责任，全面从严治党往往就会成为一句空话。习近平总书记指出："各级各部门党委（党组）必须树立正确政绩观，坚持从巩固党的执政地位的大局看问题，把抓好党建作为最大的政绩。如果我们党弱了、散了、垮了，其他政绩又有什么意义呢？"党中央反复强调要增强全面从严治党永远在路上的政治自觉，把管党治党政治责任落实到领导班子肩上、落实到领导干部个人肩上、落实到每一个党员肩上，层层传导、压紧压实，使全党上下牢固树立"不管党治党就是严重失职"的观念，切实扛起管党治党政治责任，强化守土有责、守土担责、守土尽责的政治担当，让敢抓敢管、严抓严管成为常态。特别是各级各部门党委（党组）从严从实推进制度治党，严格制度执行，真正拿出抓铁有痕、踏石留印的劲头，把全面从严治党的各项制度落地、落细、落实，不折不扣地把全面从严治党要求贯穿党和国家事业发展的全过程和各环节。

全面从严治党没有终点，只有连续不断的新起点。党的十八大以来，依靠高度政治自觉，全面从严治党取得了历史性、开创性成就。新的征程上，必须不断增强全面从严治党永远在路上的政治自觉。习近平总书记强调："在全面从严治党这个问题上，我们不能有差不多了，该松口气、歇歇脚的想法，不能有打好一仗就一劳永逸的想法，不能有初见成效就见好就收的想法。"在全面从严治党的伟大实践中，每一个党的组织、每一名党员都不是"局外人""旁观者"，而是身处其中的"参与者""行动派"，都必须以高度的政治自觉同一切影响党的先进性、弱化党的纯洁性的问题作坚决斗争，确保党在新时代坚持和发展中国特色社会主义的历史进程中始终成为坚强领导核心。

（《人民日报》2022年05月20日　第9版）

67

做新时代好青年

陈 翔

时代造就青年，奋斗成就青年。习近平总书记在庆祝中国共产主义青年团成立100周年大会上的重要讲话中强调："共青团要增强引领力、组织力、服务力，团结带领广大团员青年成长为有理想、敢担当、能吃苦、肯奋斗的新时代好青年。"新时代中国青年生逢中华民族发展的最好时期，拥有优越的发展环境、广阔的成长空间。广大青年应志存高远、勇于担当、不惧艰险、矢志奋斗，在新时代的宽广天地中用智慧和汗水谱写不负时代、不负韶华的青春诗篇。

理想指引人生方向，信念决定事业成败。青少年阶段是人生的"拔节孕穗期"，青年时代树立崇高理想十分紧要，不仅要树立，而且要在内心深处扎根，一辈子持之以恒为之奋斗。马克思在青年时期就树立起这样的信念："如果我们选择了最能为人类而工作的职业，那么，重担就不能把我们压倒。"老一辈革命家从青年时期就选择了马克思主义、科学社会主义，并将其作为一生的信仰去追求,为之流血牺牲。新时代中国青年树立起共产主义远大理想和中国特色社会主义共同理想,将理想信念作为立身之本,才能在青春的赛道上有定力、不迷惘,向着正确目标奋勇奔跑。培育千千万万个有理想、有志向的青年,是党、国家、人民的殷切希望,是新征程上实现第二个百年奋斗目标的迫切需要。广大青年要始终与党同心、跟党奋斗,打牢马克思主义理论功底,坚守理想追求、坚定"四个自信",从对百年党史、百年团史的学习中激发信仰、汲取力量,努力成长为党、国家和人民所期盼的有志青年。

每一代青年都有自己的际遇和机缘。习近平总书记强调:"立足新时代新征程,中国青年的奋斗目标和前行方向归结到一点,就是坚定不移听党话、跟党走,努力成长为堪当民族复兴重任的时代新人。"在经济社会发展的各行各业拼搏奉献,在急难险重任务中冲锋在前,在科技攻关一线锐意创新……新时代青年立足本职岗位,发挥生力军和突击队作用,以关键时刻冲得出来、顶得上去的实际行动为民族复兴铺路架桥。"请党放心、强国有我"的誓言,道出了当代青年勇挑民族复兴重任的果敢和决心。新时代,实现中华民族伟大复兴进入关键时期,前景光明但路途艰险。广大青年唯有以更加积极的姿态投身党和国家事业,迎难而上、不懈奋斗,才能为实现民族复兴激荡起更强大的青春动能。

温室里长不出参天大树,懈怠者干不成宏伟事业。青年时期多经历一点摔打、磨练、考验,有利于走好一生的路。前不久,2021年"最美基层高校毕业生"先进事迹发布,他们之中有的奋战在脱贫攻坚和乡村振兴一线,有的为乡村教育倾情奉献,有的在推进民生事业发展中作出突出贡献。他们有一个共同的特点,就是都在基层一线和艰苦边远地区摸爬滚打、建功立业。新时代青年要做到"衣食无忧而不忘艰苦、岁月静好而不丢奋斗",不贪图安逸、不惧怕困难,在经风雨中磨砺意志品质,在担险担难中磨砺本领才干,肯吃苦、能吃苦,让青春在祖国和人民最需要的地方扎根绽放。

一切美好蓝图都要靠实干来实现,一切远大目标都要靠奋斗来成就。永久奋斗是中国青年的好传统,当代青年接过民族复兴的接力棒,把永久奋斗的传统继承和发扬下去,就一定能在实现民族复兴的赛道上跑出好成绩。党和国家的希望寄予青年。广大青年要勇做新时代的弄潮儿,自觉听从党和人民召唤,把个人奋斗融入实现国家富强、人民幸福的事业中,既志存高远又脚踏实地,勇于创新创造、矢志艰苦奋斗,激荡青春能动力和创造力,努力打拼出一个更加美好的中国。

(《人民日报》2022年05月24日 第9版)

68

时刻绷紧旗帜鲜明讲政治这根弦

洪向华

习近平总书记在中央党校（国家行政学院）中青年干部培训班开班式上发表重要讲话强调："要守住政治关，时刻绷紧旗帜鲜明讲政治这根弦。"作为马克思主义政党，我们党必须旗帜鲜明讲政治，坚持以党的政治建设为统领管党治党，坚守自我革命的根本政治方向，在新时代新征程上坚持不懈把全面从严治党向纵深推进，以伟大自我革命引领伟大社会革命。

讲政治关乎党的前途命运，是我们党补钙壮骨、强身健体的根本保证，是我们党培养自我革命勇气、增强自我净化能力、提高排毒杀菌政治免疫力的根本途径。推动党和国家事业发展，政治方向是第一位的问题。政治方向出现偏差，就可能失之毫厘、谬以千里。党的政治建设决定党的建设的方向和效果，以党的政治建设为统领，方能推动党的建设质量整体提升。党的十八大以来，以习近平同志为核心的党中央把党的政治建设摆在更加突出位置，不断强化管党治党的政治责任，形成了鲜明的政治导向，推动党的政治建设取得历史性成就。同时必须清醒认识到，加强党的政治建设须臾不可放松，旗帜鲜明讲政治这根弦必须时刻绷紧。

无论是治理好我们这个大党，还是治理好我们这个大国，保证党的团结和集中统一至关重要，维护党中央权威至关重要。加强党的政治建设，首要的是深刻领悟"两个确立"的决定性意义，坚决做到"两个维护"，始终同以习近平同志为核心的党中央保持高度一致，做到在思想上高度认同核心、政治上坚决忠诚核心、行动上始终维护核心，自觉用习近平新时代中国特色社会主义思想武装头脑、指导实践、推动工作。严格执行党内法规，加强对贯彻执行党的路线方针政策和决议情况的督促检查，完善贯彻习近平总书记重要指示批示精神和党中央决策部署督查问责机制，以不断健全的制度机制、严格的纪律执行、有力的政治监督确保党员、干部把"两个维护"真正落实到行动上。

严肃认真的党内政治生活、风清气正的党内政治生态，是保持党的先进性和纯洁性的重要条件，对加强党的政治建设具有基础性意义。要贯彻落实《关于新形势下党内政治生活的若干准则》，不断增强党内政治生活的政治性、时代性、原则性、战斗性，在严格的党内政治生活中锤炼党员、干部党性，纯洁党风政风。营造风清气正的政治生态，需要锲而不舍、久久为功，持续浚其源、涵其林、养正气、固根本。既要在营造良好组织运行生态、干事创业生态、选人用人生态上用力，又要注重以积极健康的党内政治文化浸润滋养党内政治生态，倡导和弘扬忠诚老实、光明坦荡、公道正派、实事求是、艰苦奋斗、清正廉洁的共产党人价值观，不断培厚良好政治生态的土壤。

讲政治不能停留在口头上，更要体现在面对大是大非、政治原则问题时的坚定立场上，体现在为党分忧、为民造福的具体行动上，这对党员、干部的政治能力提出了明确要求。加强党的政治建设，需要着力提升党员、干部的政治判断力、政治领悟力、政治执行力。党员、干部要增强政治意识，自觉加强政治历练，善于从一般事务中发现政治问题，从倾向性、苗头性问题中发现政治端倪，从错综复杂的矛盾关系中把握政治逻辑，做到在重大问题和关键环节上头脑特别清醒、眼睛特别明亮。坚持用党中央精神分析形势、推动工作，始终同党中央保持高度一致，在学深悟透的基础上，结合具体实际创造性地开展工作，使党的路线方针政策和党中央决策部署落到实处、产生实效。

(《人民日报》2022年05月25日 第9版)

69

把青春播撒在民族复兴的征程上

袁铭嵘

习近平总书记在庆祝中国共产主义青年团成立100周年大会上发表的重要讲话中指出:"一百年来,中国共青团始终与党同心、跟党奋斗,团结带领广大团员青年把忠诚书写在党和人民事业中,把青春播撒在民族复兴的征程上,把光荣镌刻在历史行进的史册里。"时代各有不同,青春一脉相承。新时代中国青年要始终牢记习近平总书记的殷殷嘱托,努力成长为有理想、敢担当、能吃苦、肯奋斗的新时代好青年,用青春的能动力和创造力激荡起民族复兴的澎湃春潮,用青春的智慧和汗水打拼出一个更加美好的中国。

一百年来,在党的坚强领导下,共青团组织引导一代又一代青年坚定信念,紧跟党走,在新民主主义革命时期不怕牺牲、浴血斗争,在社会主义革命和建设时期敢于拼搏、辛勤劳动,在改革开放和社会主义现代化建设新时期敢闯敢干、引领风尚,在中国特色社会主义新时代自信自强、刚健有为,为争取民族独立、人民解放和实现国家富强、人民幸福贡献力量，谱写了中华民族伟大复兴进程中激昂的青春乐章。中国梦是历史的、现实的，也是未来的。中国梦终将在一代代青年的接力奋斗中变为现实。新时代中国青年必将以永不懈怠的精神状态、永不停滞的前进姿态，在接续奋斗中将中华民族伟大复兴的中国梦变为现实。

当代中国，江山壮丽，人民豪迈，前程远大。中国特色社会主义新时代，是青年大有可为也必将大有作为的大时代，一批批优秀青年脱颖而出。在工厂车间，青年工人拧好每个螺丝、焊好每个接头，兢兢业业、精益求精，争当"青年岗位能手"，成为支撑中国制造、中国创造的重要力量。在工程技术创新一线，每年超过300万名理工科高校毕业生走出校门，他们用扎实的学识、过硬的技术，持续创造"工程师红利"，有力提升了我国的国际竞争力。在疫情防控期间，32万余支青年突击队、550余万名青年奋战在医疗救护、交通物流、项目建设等抗疫一线。在志愿服务中，截至2021年底，全国志愿服务信息系统中14岁至35岁的注册志愿者已超过9000万人，志愿服务成为青年在奉献人民、服务社会中锻炼成长的重要途径。新时代中国青年用意义定义人生、以奋斗礼赞时间，勇做走在时代前列的奋进者、开拓者、奉献者，以青春之我、奋斗之我，为民族复兴铺路架桥，为祖国建设添砖加瓦。

习近平总书记指出："立足新时代新征程，中国青年的奋斗目标和前行方向归结到一点，就是坚定不移听党话、跟党走，努力成长为堪当民族复兴重任的时代新人。"新时代的中国青年，生逢其时、重任在肩，施展才干的舞台无比广阔，实现梦想的前景无比光明。当代青年要从内心深处厚植对党的信赖、对中国特色社会主义的信心、对马克思主义的信仰，用脚步丈量祖国大地，用眼睛发现中国精神，用耳朵倾听人民呼声，用内心感应时代脉搏，把对祖国无比热爱、与人民同呼吸共命运的情感贯穿学业全过程、融汇在事业追求中。珍惜伟大时代、勇担时代使命，在担当中历练、在尽责中成长，不断跨越新的"雪山""草地"、攻克新的"娄山关""腊子口"，争做经济高质量发展的积极推动者、社会主义民主政治建设的积极参与者、社会主义文化繁荣兴盛的积极创造者、社会文明进步的积极实践者、美丽中国的积极建设者，在实现第二个百年奋斗目标、建设社会主义现代化强国的新征程上努力拼搏、奋勇争先，不辜负党的殷切期待，不辜负祖国和人民的殷切期待。

（《人民日报》2022年05月26日　第9版）

70

中国经济巨轮破浪前行的科学指引

李义平

习近平总书记指出:"学习马克思主义政治经济学,是为了更好指导我国经济发展实践,既要坚持其基本原理和方法论,更要同我国经济发展实际相结合,不断形成新的理论成果。"党的十八大以来,以习近平同志为核心的党中央坚持观大势、谋全局,勇于推进实践基础上的理论创新,成功驾驭我国经济发展大局,形成了习近平新时代中国特色社会主义经济思想,有力指引中国经济巨轮沿着正确航向破浪前行。习近平新时代中国特色社会主义经济思想是推动我国经济发展实践的理论结晶,是中国特色社会主义政治经济学的最新成果,开拓了当代中国马克思主义政治经济学新境界。

坚持以人民为中心。人民立场是马克思主义政治经济学的根本立场,也是习近平新时代中国特色社会主义经济思想的根本立场。习近平总书记指出:"只有坚持以人民为中心的发展思想,坚持发展为了人民、发展依靠人民、发展成果由人民共享,才会有正确的发展观、现代化观。"党的十八大以来,我们党坚持以人民为中心的发展思想,着力激发亿万人民群众发展经济的积极性主动性创造性,取得了经济发展的伟大成就,实现了第一个百年奋斗目标,在中华大地上全面建成了小康社会,历史性地解决了绝对贫困问题,创造了彪炳史册的人间奇迹。习近平新时代中国特色社会主义经济思想具有坚持以人民为中心的理论品格,能够充分发挥广大人民群众的积极性、主动性、创造性,广泛调动各方面力量推动高质量发展,促进共同富裕,指引我国经济迈上更高质量、更有效率、更加公平、更可持续、更为安全的发展之路。

坚持实事求是。实事求是是马克思主义的精髓,是我们认识事物、制定方针政策的重要认识论和方法论。党的十八大以来,习近平总书记反复强调要坚持实事求是,大兴调查研究之风,以调研、视察、考察、召开座谈会等形式深入企业、基层、田间地头研究经济社会发展重大问题。比如,习近平总书记在湖南十八洞村考察调研时提出了精准扶贫思想。又如,在党的十九届五中全会召开前夕,习近平总书记深入安徽、湖南等多个省份进行考察调研,多次主持召开座谈会,听取经济社会等领域的专家学者、基层群众代表、民营企业家的意见建议,谋划"十四五"时期经济社会发展工作。习近平新时代中国特色社会主义经济思想深深扎根在实践沃土之中,深入回答经济发展的中国之问、世界之问、人民之问、时代之问。

从历史和现实有机结合中分析机理、把握规律。恩格斯指出，政治经济学本质上是一门历史的科学。习近平新时代中国特色社会主义经济思想作为中国特色社会主义政治经济学的最新成果，实现了历史与现实的有机结合。在省部级主要领导干部学习贯彻党的十八届五中全会精神专题研讨班上，习近平总书记深刻阐述了"经济发展新常态"的重要内涵，并指出："从历史长过程看，我国经济发展历程中新状态、新格局、新阶段总是在不断形成，经济发展新常态是这个长过程的一个阶段。这完全符合事物发展螺旋式上升的运动规律""从时间上看，我国发展经历了由盛到衰再到盛的几个大时期，今天的新常态是这种大时期更替变化的结果"。同样是在这次会议上，习近平总书记结合历史和现实，结合一些重大问题，从理论上、宏观上对创新、协调、绿色、开放、共享的发展理念作出了重要论述。习近平新时代中国特色社会主义经济思想从历史和现实的有机结合中把握历史规律、研究现实问题、回答时代课题，因而能够有效统筹两个大局，提出科学的因应战略策略，大大增强了经济工作的系统性、预见性、创造性。

马克思指出，理论在一个国家实现的程度，总是决定于理论满足这个国家的需要的程度。习近平新时代中国特色社会主义经济思想是满足推进新时代中国特色社会主义经济建设、实现中华民族伟大复兴需要的科学理论，系统回答了新时代我国经济发展的奋斗目标、根本立场、历史方位、动力之源、发展路径等重大问题，为我国经济高质量发展指明了前进方向、提供了根本遵循。深入推进习近平新时代中国特色社会主义经济思想学理化研究阐释，使其更好为广大人民群众所掌握，转化为社会主义经济建设的强大物质力量，是摆在经济理论工作者面前的重大时代任务。经济理论工作者要勇于承担起这个光荣的时代任务，深入学习研究习近平新时代中国特色社会主义经济思想，为彰显习近平新时代中国特色社会主义经济思想的真理力量和实践力量贡献智慧，为坚持和发展习近平新时代中国特色社会主义经济思想贡献力量。

（《人民日报》2022年05月27日　第9版）

71

在新征程上谱写激昂青春乐章

王　衡

习近平总书记在庆祝中国共产主义青年团成立100周年大会上的重要讲话中强调:"共青团要增强引领力、组织力、服务力,团结带领广大团员青年成长为有理想、敢担当、能吃苦、肯奋斗的新时代好青年,用青春的能动力和创造力激荡起民族复兴的澎湃春潮,用青春的智慧和汗水打拼出一个更加美好的中国!"千百年来,青春的力量、青春的涌动、青春的创造,始终是推动中华民族勇毅前行、屹立于世界民族之林的磅礴力量。广大青年要争做有理想、敢担当、能吃苦、肯奋斗的新时代好青年,努力创造无愧于新时代的新业绩,在新征程上继续谱写激昂的青春乐章。

火热的青春,需要坚定的理想信念。习近平总书记指出:"志存高远方能登高望远,胸怀天下才可大展宏图。"青年志存高远、信念坚定,才能激发奋进潜力,青春岁月才不会像无舵之舟漂泊不定。新时代中国青年要早立志、立大志,从内心深处厚植对党的信赖、对中国特色社会主义的信心、对马克思主义的信仰,在思想洗礼和实践锻造中不断增强做中国人的志气、骨气、底气,让革命薪火代代相传,让红色血脉始终赓续,让红色江山永不变色。

有责任有担当,青春才会闪光。习近平总书记指出:"只有当青春同党和人民事业高度契合时,青春的光谱才会更广阔,青春的能量才能充分迸发。"在实现中华民族伟大复兴的新征程上,应对重大挑战、抵御重大风险、克服重大阻力、解决重大矛盾,迫切需要迎难而上、挺身而出的担当精神。新时代中国青年要自觉听从党和人民召唤,胸怀"国之大者",到新时代新天地中去施展抱负、建功立业。在担当中历练,在尽责中成长,争当伟大理想的追梦人,争做伟大事业的生力军,让青春在祖国和人民最需要的地方绽放绚丽之花。

青年最具创新热情,最具创新动力。习近平总书记指出:"青年是社会中最有生气、最有闯劲、最少保守思想的群体,蕴含着改造客观世界、推动社会进步的无穷力量。"新时代中国青年要深刻理解把握时代潮流和国家需要,使自己的思维视野、思想观念、认识水平跟上时代发展步伐,用敏锐的眼光观察社会,用清醒的头脑思考人生,用智慧的力量创造未来;敢为人先、敢于突破,以聪明才智贡献国家,以开拓进取服务社会。增强学习紧迫感,孜孜不倦、如饥似渴地学习掌握科学知识,提高综合素质,锤炼过硬本领,在攀登知识高峰中追求卓越,在真刀真枪的实干中成就一番事业。

时代总是把历史责任赋予青年。习近平总书记指出:"实现中国梦是一场历史接力赛,当代青年要在实现民族复兴的赛道上奋勇争先。"奋斗是青春最亮丽的底色,行动是青年最有效的磨砺。奋斗不只是响亮的口号,而是要在做好每一件小事、完成每一项任务、履行每一项职责中见精神。新时代中国青年要牢记"空谈误国、实干兴邦"的道理,脚踏实地、求真务实,吃苦在前、享受在后,甘于做一颗永不生锈的螺丝钉,勇做走在时代前列的奋进者、开拓者、奉献者,毫不畏惧面对一切艰难险阻,用青春汗水创造出让世界刮目相看的新奇迹。

(《人民日报》2022年05月31日 第9版)

72

统筹山水林田湖草沙系统治理

马俊杰

山水林田湖草沙是相互依存、紧密联系的生命共同体。习近平总书记指出："要统筹山水林田湖草沙系统治理，实施好生态保护修复工程，加大生态系统保护力度，提升生态系统稳定性和可持续性。"统筹山水林田湖草沙系统治理，是习近平生态文明思想的重要内容，为正确处理人与自然关系，坚定不移走生态优先、绿色发展之路，建设美丽中国提供了科学指引。

习近平总书记指出："自然是生命之母，人与自然是生命共同体""人的命脉在田，田的命脉在水，水的命脉在山，山的命脉在土，土的命脉在林和草，这个生命共同体是人类生存发展的物质基础"。山水林田湖草沙通过能量流动与物质循环相互联系、相互影响，形成相对独立又彼此依存的关系，共同维持着地球生态系统正常运行。做好山水林田湖草沙一体化保护和系统治理工作，必须深刻认识和把握生态文明建设规律，突出人与自然和谐共生的价值追求,从更好保护生态系统完整性出发,立足各生态系统自身条件,遵循"宜耕则耕、宜林则林、宜草则草、宜湿则湿、宜荒则荒、宜沙则沙"的原则,既不能一味放任、屈从生态系统的变化,也不能仅仅按照主观意志对生态系统进行人为干预;坚持自然恢复为主、人工修复为辅,综合考虑自然生态系统的系统性、完整性,以江河湖流域、山体山脉等相对完整的自然地理单元为基础,结合行政区域划分,科学开展生态保护修复。我们要深入贯彻落实习近平生态文明思想,遵循客观规律,坚持系统观念,增强各项举措的关联性和耦合性,更好统筹山水林田湖草沙系统治理。

统筹山水林田湖草沙系统治理,必须统筹兼顾、整体施策、多措并举,充分考虑人类实践活动对整个自然系统及其子系统可能造成的影响。一是加强整体保护,统筹考虑自然生态各要素、山上山下、地上地下、陆地海洋以及流域上下游和左右岸,进行整体保护、系统修复、综合治理。二是大力实施生态保护修复工程,加大生态系统保护力度,全面提升森林、河湖、湿地、草原、海洋等自然生态系统质量和稳定性。三是加强开发、利用与保护、修复之间的协同,不同要素、区域、系统之间的协同,以及相关部门、主体之间的协同,构建全方位、全地域、全过程的协调机制。

统筹山水林田湖草沙系统治理,关系新时代生态文明建设全局,关系我国生态安全和中华民族永续发展,必须从大处着眼,不断加强生态战略研究,持续深化自然资源保护战略、能源开发与利用战略研究。根据不同地区实际，分区域保护、分类别治理，统筹森林、湿地、水系流域、野生动物栖息地等生态空间，着力构建以青藏高原生态屏障、黄土高原—川滇生态屏障、东北森林带、北方防沙带和南方丘陵山地带以及大江大河重要水系为骨架，以其他国家重点生态功能区为重要支撑，以点状分布的国家禁止开发区域为重要组成的生态安全战略格局。

统筹山水林田湖草沙系统治理是一项复杂的系统工程，必须充分发挥科技创新的驱动作用，不断强化生态环境治理、监测、修复等关键核心技术自主研发能力，集中力量突破关键核心技术"卡脖子"问题。大力推进生态空间数字化管控，利用5G、大数据、人工智能、卫星遥感等技术手段，构建全周期全过程动态监测体系，不断提升生态保护、修复和管理信息化、数字化、智能化水平。科学高效利用调查监测数据，开展山水林田湖草沙生命共同体承载能力、适应性、脆弱性、敏感性评价以及生态系统健康状况评价，为制定生态修复保护方案提供科学决策依据，助力绘就山清水秀、林茂田丰、湖净草绿、沙稳冰洁的壮美生态画卷。

（《人民日报》2022年06月01日 第9版）

73

保持永不懈怠的精神状态和一往无前的奋斗姿态

谢兵良

伟大事业需要伟大奋斗,伟大奋斗铸就伟大精神。习近平总书记强调:"一百年来,中国共产党弘扬伟大建党精神,在长期奋斗中构建起中国共产党人的精神谱系,锤炼出鲜明的政治品格。"走好新的赶考之路,要求党员干部继续弘扬光荣传统,在接续奋斗中赓续共产党人的精神血脉。

中华民族是历经磨难、不屈不挠的伟大民族,中国人民是勤劳勇敢、自强不息的伟大人民,中国共产党是敢于斗争、敢于胜利的伟大政党。习近平总书记指出:"我们的国家,我们的民族,从积贫积弱一步一步走到今天的发展繁荣,靠的就是一代又一代人的顽强拼搏,靠的就是中华民族自强不息的奋斗精神。"抗战期间,我们党在根据地开展大生产运动,"自己动手、丰衣足食"。参与"两弹一星"研制的科技工作者,从新中国百废待兴、一穷二白的基础上起步,向世界宣告:"别人已经做到的事,我们要做到;别人没有做到的事,我们也一定要做到。"在脱贫攻坚战中,300多万名第一书记和驻村干部,同近200万名乡镇干部和数百万村干部一道奋战在扶贫一线,1800多名党员、干部将生命定格在脱贫攻坚征程上。百年来,我们党带领人民艰苦奋斗、顽强奋斗、接续奋斗,绘就了一幅幅波澜壮阔的奋斗画卷,谱写了一首首气壮山河的奋斗凯歌。

精神所在,就是力量所在。恩格斯指出:"一个知道自己的目的,也知道怎样达到这个目的的政党,一个真正想达到这个目的并且具有达到这个目的所必不可缺的顽强精神的政党——这样的政党将是不可战胜的。"坚持真理、坚守理想,践行初心、担当使命,不怕牺牲、英勇斗争,对党忠诚、不负人民,伟大建党精神揭示百年大党的精神密码。在非凡的奋斗历程中,一代又一代中国共产党人顽强拼搏、不懈奋斗,涌现了一大批视死如归的革命烈士、一大批顽强奋斗的英雄人物、一大批忘我奉献的先进模范,形成了以伟大建党精神为源头的精神谱系。这些宝贵精神财富跨越时空、历久弥新,集中体现了党的坚定信念、根本宗旨、优良作风,凝聚着中国共产党人艰苦奋斗、牺牲奉献、开拓进取的伟大品格,深深融入我们党、国家、民族、人民的血脉之中,为我们立党兴党强党提供了丰厚滋养。我们党之所以历经百年而风华正茂、饱经磨难而生生不息,就是凭着那么一股革命加拼命的强大精神。

伟大的事业孕育伟大的精神,伟大的精神推进伟大的事业。党的十八大以来,面对复杂严峻的国际形势、艰巨繁重的国内改革发展稳定任务，以习近平同志为核心的党中央团结带领中国人民弘扬伟大建党精神，坚定理想信念，团结一心、众志成城、艰苦奋斗，战胜了一系列风险挑战，如期打赢脱贫攻坚战，如期全面建成小康社会、实现第一个百年奋斗目标，极大地增强了中国人民的志气、骨气、底气，鼓舞起我们奋进新征程、建功新时代的精气神。

  一代人有一代人的长征，一代人有一代人的担当。当前，中国人民正意气风发向着全面建成社会主义现代化强国的第二个百年奋斗目标迈进。越是接近中华民族伟大复兴的目标，奋斗精神越不能少，奋斗传统越不能丢。在新的伟大征程上，我们要把革命先辈艰苦奋斗的传统一代一代传承下去，保持永不懈怠的精神状态和一往无前的奋斗姿态，立足新发展阶段、贯彻新发展理念、构建新发展格局、推动高质量发展，努力创造无愧于新时代的新业绩，在接续奋斗中赓续共产党人的精神血脉。

（《人民日报》2022年06月02日　第13版）

74

争做伟大事业的生力军

付京香

　　追求进步,是青年最宝贵的特质,也是党和人民对青年最殷切的希望。在庆祝中国共产主义青年团成立100周年大会上,习近平总书记勉励新时代的广大共青团员,做理想远大、信念坚定的模范,做刻苦学习、锐意创新的模范,做敢于斗争、善于斗争的模范,做艰苦奋斗、无私奉献的模范,做崇德向善、严守纪律的模范。广大青年要切实肩负起时代使命,在民族复兴征程上勇当先锋、倾情奉献,争当伟大理想的追梦人,争做伟大事业的生力军。

　　理想远大、信念坚定。新时代的青年,更加自信自强,也面临着各种社会思潮的影响,需要科学理论、崇高信念的指引。广大青年要牢固树立共产主义远大理想和中国特色社会主义共同理想,在学习马克思主义理论特别是习近平新时代中国特色社会主义思想上下功夫,深化对马克思主义历史必然性和科学真理性的认识,夯实理想信念的科学理论之基。在对党史、新中国史、改革开放史、社会主义发展史的学习中增强爱党爱国之情，增强做中国人的志气骨气底气。坚定不移听党话、跟党走，自觉践行社会主义核心价值观，大力弘扬爱国主义精神，自觉把自身理想同祖国的前途、把自身的命运同民族的命运紧密联系在一起。

刻苦学习、锐意创新。习近平总书记号召广大青年："让理想信念在创业奋斗中升华，让青春在创新创造中闪光"。创新创造需要广博知识、过硬本领。广大青年要珍惜韶华、不负青春，增强学习紧迫感，努力学习马克思主义理论，努力掌握科学文化知识和专业技能，努力提高人文素养，使自己的思想观念、能力素质适应时代发展需要。立足本职岗位苦练本领、创优争先，让创新创造在服务国家重大战略、满足人民美好生活需要中结出硕果。

敢于斗争、善于斗争。在实现中华民族伟大复兴的新征程上，我们还需要跨越新的"雪山""草地"，攻克新的"娄山关""腊子口"。广大青年只有敢于斗争、善于斗争，才能切实肩负起民族复兴重任。要以敏锐的眼光观察社会，以清醒的头脑思考人生，在大是大非面前做到立场坚定，不信邪、不怕鬼、骨头硬。遇到急难险重任务敢于挺身而出，遇到危机风险勇于迎难而上，在经历风吹雨打中强健筋骨，在担重担难中磨砺本领，勇立时代潮头，争做时代先锋。

艰苦奋斗、无私奉献。艰苦奋斗是中华民族的宝贵精神，是我们党的优良传统。中华民族能够从积贫积弱走到今日以昂扬姿态屹立于世界民族之林，靠的是中国共产党团结带领广大人民艰苦奋斗。当代青年生逢盛世，但绝不能丢掉艰苦奋斗的精神和传统。要站稳人民立场，把自己的小我融入祖国的大我、人民的大我之中，为党和人民事业奉献自我，甘做一颗永不生锈的螺丝钉。主动到基层一线、边远地区建功立业，在艰苦复杂的环境中成就人生、体现价值。

崇德向善、严守纪律。习近平总书记指出："做人做事第一位的是崇德修身"。立德，就要明大德、守公德、严私德，既要加强道德修养，也要注重道德实践。广大青年要树立热爱祖国和人民的大德，同时也要从做好小事、管好小节做起，遵守社会公德，守住个人私德。增强规则意识和底线思维，严格遵纪守法。中华优秀传统文化蕴含着许多鼓励人们向上向善的内容。青年要积淀文化底蕴、提升文化素养，汲取中华优秀传统文化精华滋养内心，成长为党和人民需要的德才兼备之人。

（《人民日报》2022年06月07日　第9版）

75

坚持正确党史观

韩喜平

习近平总书记在关于《中共中央关于党的百年奋斗重大成就和历史经验的决议》的说明中强调:"要坚持辩证唯物主义和历史唯物主义的方法论,用具体历史的、客观全面的、联系发展的观点来看待党的历史。要坚持正确党史观、树立大历史观,准确把握党的历史发展的主题主线、主流本质。"这对于巩固拓展党史学习教育成果,推动党史学习教育常态化长效化,更好用党的百年奋斗重大成就和历史经验增长智慧、增进团结、增加信心、增强斗志具有重要意义。

具体历史地看待党的历史。列宁指出:"马克思的方法首先是考虑具体时间、具体环境里的历史过程的客观内容。"党的百年历史是一步一步走过来的。总结党的历史,要回到具体史实中去,植根于作为客观事实而存在的历史本身,立足于党在各个历史时期的具体奋斗作出客观评价。党的十九届六中全会《决议》将百年党史划分为新民主主义革命时期、社会主义革命和建设时期、改革开放和社会主义现代化建设新时期、中国特色社会主义新时代,具体分析了各个历史时期我们党面临的主要任务、社会主要矛盾、奋斗历程、重大成就等,全面总结党的百年奋斗重大成就和历史经验,具有深远意义。

客观全面地看待党的历史。看待历史不能凭主观臆断,不能把片断从整体中割裂开来。党的百年历史是由各个历史时期有机衔接起来的整体。《决议》把我们党的百年奋斗史作为一个整体进行审视。比如,关于改革开放前和改革开放后这两个既相互联系又有重大区别的时期,《决议》明确指出:"在探索过程中,虽然经历了严重曲折,但党在社会主义革命和建设中取得的独创性理论成果和巨大成就,为在新的历史时期开创中国特色社会主义提供了宝贵经验、理论准备、物质基础。"这体现了客观全面看待党的历史的要求。

联系发展地看待党的历史。联系的观点、发展的观点是马克思主义的基本观点。《决议》既总结党的历史,又着眼未来,体现了联系的、发展的观点。对于我们党作出的三个历史决议,习近平总书记指出:"关于党的十八大之前党的历史上的重大事件、重要会议、重要人物,前两个历史决议、党的一系列重要文献都有过大量论述,都郑重作过结论。这次全会决议坚持这些基本论述和结论。"三个历史决议是有机贯通、内在一致的,充分体现了联系的观点。同时,《决议》重点总结新时代党和国家事业取得的历史性成就、发生的历史性变革和积累的新鲜经验,有利于引导全党进一步坚定信心,聚焦我们正在做的事情，以更加昂扬的姿态奋进新征程、建功新时代，充分体现了发展的观点。

　　用具体历史的、客观全面的、联系发展的观点来看待党的历史，始终坚持正确党史观，我们就能准确把握党的历史发展的主题主线、主流本质。回顾党的百年历史，我们党自成立以来，始终把为中国人民谋幸福、为中华民族谋复兴作为自己的初心使命，始终坚持共产主义理想和社会主义信念，团结带领全国各族人民为争取民族独立、人民解放和实现国家富强、人民幸福而不懈奋斗。我们党的百年历史，是不懈奋斗史、不怕牺牲史、理论探索史、为民造福史、自身建设史。党的历史发展的主题主线、主流本质的系统呈现，让人们深刻认识到红色政权来之不易、新中国来之不易、中国特色社会主义来之不易，深刻认识到中国共产党为什么能、马克思主义为什么行、中国特色社会主义为什么好，从而更好统一思想、凝聚共识，不断坚定历史自信。

（《人民日报》2022年06月08日　第9版）

# 76

坚定不移推进高水平对外开放

权　衡

开放是当代中国的鲜明标识。习近平总书记指出:"不论世界发生什么样的变化,中国改革开放的信心和意志都不会动摇。"党的十八大以来,在以习近平同志为核心的党中央坚强领导下,我国顺应经济全球化大势,坚定不移推进高水平对外开放,积极融入世界经济,对外开放取得了一系列突破性进展和标志性成果。

从提出构建人类命运共同体理念到高质量共建"一带一路",从亚太经合组织(APEC)北京会议到二十国集团(G20)杭州峰会,从发起创立亚洲基础设施投资银行到举办中国国际进口博览会……我国对外开放的广度和深度得到全面拓展,正在形成全方位、多层次、宽领域的对外开放新格局。外贸高质量发展迈出新步伐,商品出口占国际市场的份额由11%上升到15%,货物贸易第一大国地位进一步巩固。双向投资稳居世界前列,2017年以来吸引外资连续4年位居世界第二,对外投资流量稳居全球前三位。制度型开放加快推进，全面实行外商投资准入前国民待遇加负面清单管理制度，连续5年缩减外商投资准入负面清单，全国和自由贸易试验区外资准入负面清单分别缩减至31条、27条。打造对外开放新高地、试验田，部署建设了21个自由贸易试验区和海南自由贸易港。积极构建高标准自由贸易区网络，对外签署自由贸易协定数量由10个增加到19个；《区域全面经济伙伴关系协定》（RCEP）正式生效实施，全球最大自由贸易区正式启航。积极参与全球经济治理，共建"一带一路"从"大写意"到"工笔画"，影响力不断扩大，成为当今世界深受欢迎的国际公共产品和国际合作平台；积极参与世界贸易组织改革，坚定维护多边贸易体制。

对外开放取得的突破性进展和标志性成果充分表明：中国开放的大门只会越开越大，永远不会关上；中国利用外资的政策不会变，对外商投资企业合法权益的保护不会变，为各国企业在华投资兴业提供更好服务的方向不会变；中国构建更高水平开放型经济新体制的方向不会变，促进贸易和投资自由化便利化的决心不会变。对外开放取得的突破性进展和标志性成果也深化了我们对开放发展的规律性认识：开放带来进步，封闭必然落后；开放发展注重的是解决发展内外联动问题；我国发展要赢得优势、赢得主动、赢得未来，必须顺应经济全球化，依托我国超大规模市场优势，实行更加积极主动的开放战略；顺应世界潮流不断扩大对外开放，不但能发展壮大自己，还能引领世界发展潮流。

当前，我国正在加快构建以国内大循环为主体、国内国际双循环相互促进的新发展格局。这是适应我国发展新阶段要求、塑造国际合作和竞争新优势的必然选择。从国际看，百年变局和世纪疫情叠加影响，国际形势中不稳定、不确定、不安全因素日益突出。从国内看，2008年国际金融危机发生以来，国内消费成为我国经济增长的主要动力。未来一个时期，国内市场主导国民经济循环特征会更加明显。在这一背景下，我国提出构建新发展格局，充分发挥国内超大规模市场优势，着力畅通国内大循环，大力繁荣国内经济，不但能为我国经济发展增添动力，也将形成对全球要素资源的强大吸引力、在激烈国际竞争中的强大竞争力、在全球资源配置中的强大推动力，同世界各国实现更高水平的互利共赢。

新发展格局决不是封闭的国内循环，而是开放的国内国际双循环，不仅是中国自身发展需要，而且将更好造福各国人民。习近平总书记指出："我们不追求一枝独秀，不搞你输我赢，也不会关起门来封闭运行，将逐步形成以国内大循环为主体、国内国际双循环相互促进的新发展格局，为中国经济发展开辟空间，为世界经济复苏和增长增添动力"。加快构建新发展格局，我国在世界经济中的地位将持续上升，同世界经济的联系会更加紧密，为其他国家提供的市场机会将更加广阔，成为吸引国际商品和要素资源的巨大引力场。

中国的发展离不开世界，世界的繁荣也需要中国。把握国内外大势，统筹两个大局，奉行互利共赢的开放战略，以更加积极有为的行动推进高水平对外开放,发展更高层次的开放型经济,我们就能以对外开放的主动赢得经济发展的主动、赢得国际竞争的主动,打造发展新优势,并为世界经济稳定增长与和平发展贡献更多中国智慧、中国方案、中国力量。

(《人民日报》2022年06月10日 第9版)

77

对"国之大者"心中有数

梁 宇

党的十八大以来,习近平总书记围绕"国之大者"作出一系列重要论述,要求党员干部对"国之大者"心中有数。新的赶考之路上,党员干部要深刻领悟"国之大者"的政治意蕴和实践要求,坚持站在政治的高度观大势、谋全局、抓大事,做到既为一域争光、更为全局添彩。

国计民生千头万绪,如何权衡主次、辨明缓急,彰显着执政党的政治智慧和治理能力,也考验着党员干部的政治判断力、政治领悟力、政治执行力。党员干部如何才能做到对"国之大者"心中有数?关键就是按照习近平总书记的要求,"时刻关注党中央在关心什么、强调什么,深刻领会什么是党和国家最重要的利益、什么是最需要坚定维护的立场",从而坚定自觉地做到一切在大局下思考、一切在大局下行动。

时刻关注党中央在关心什么、强调什么。事在四方,要在中央。确保党中央决策部署贯彻落实,任何时候任何情况下都不能含糊、不能动摇。当前,国际形势错综复杂,国内改革发展稳定任务艰巨繁重。"国之大者"深刻体现着以习近平同志为核心的党中央对党和国家事业发展大局的深邃思考,对局部与整体、历史与未来、中国与世界关系的重要考量。只有胸怀"国之大者",才能始终掌握党和国家事业发展的历史主动。对于"国之大者",只传达不落实、只表态不行动,或者抓而不紧、抓而不实,是要不得的;只盯着眼前一亩三分地,搞上有政策、下有对策,或者选择性执行,更是要不得的。党员干部要时刻关注党中央在关心什么、强调什么,把胸怀"国之大者"、贯彻落实党中央决策部署作为如山的政治责任,做一颗永不生锈的螺丝钉,确保各项工作不偏不倚沿着党中央确定的方向前进。

深刻领会什么是党和国家最重要的利益。"国之大者",体现的都是党和国家最重要的利益。我们党立志于中华民族千秋伟业,"国之大者"往往事关根本、事关长远,是以数十年、数百年乃至上千年来擘画。抓生态文明建设,"是为历史、为子孙后代去做";抓粮食安全,要守住耕地这个"中华民族永续发展的根基"……对于党员干部来说,办好事关战略全局、事关长远发展、事关人民福祉的大事要事,就是在维护党和国家最重要的利益。对"国之大者"心中有数,就要把党和国家的全局利益、长远利益牢记心头、落到实处,坚决避免局部利益、眼前利益对"国之大者"的掣肘。同时,牢记"致广大而尽精微"的成事之道,谋划时统揽大局、操作中细致精当,把

"国之大者"转化为惠民利民、安民富民的好政策。

深刻领会什么是最需要坚定维护的立场。对"国之大者"心中有数，关键是要解决好坚定什么立场这个带有根本性的问题。习近平总书记指出："共产党人无论是想问题、搞研究，还是作决策、办事情，都必须站在党和人民立场上"。只有站在党和人民的立场上，才能避免私心杂念的干扰，对"国之大者"领悟得更深更透。胸怀"国之大者"，就要做到党中央关心什么、强调什么，人民群众关心什么、期盼什么，改革发展就要抓住什么、推进什么。当前，我国继续发展具有多方面优势和条件，但发展不平衡不充分问题仍然突出。党员干部要始终站在党和人民立场上，准确把握人民对美好生活的需要、民族复兴伟业的需要，以"功成不必在我"的精神境界和"功成必定有我"的历史担当，不断推动党和人民事业发展。

（《人民日报》2022年06月13日 第11版）

78

提升基层治理法治化水平

沈建波

法治是治国理政的基本方式，是国家治理体系和治理能力的重要依托。习近平总书记强调："要坚持在法治轨道上推进国家治理体系和治理能力现代化"。基层治理是国家治理的基石，基层治理法治化水平直接影响着国家治理现代化水平，也影响着社会主义法治国家建设。《中共中央国务院关于加强基层治理体系和治理能力现代化建设的意见》强调"推进基层治理法治建设"，并作出具体部署。我们要充分发挥法治在基层治理现代化中的规范、引领、推动和保障作用，不断提升新时代基层治理法治化水平。

办好中国的事情，关键在党。习近平总书记指出："党的领导是中国特色社会主义最本质的特征，是社会主义法治最根本的保证。"加强基层治理体系和治理能力现代化建设，是要建立起党组织统一领导、政府依法履责、各类组织积极协同、群众广泛参与，自治、法治、德治相结合的基层治理体系。推进基层治理法治建设作为加强基层治理体系和治理能力现代化建设的重要内容，必须始终坚持党的领导。要完善党全面领导基层治理制度，将基层党组织的政治优势、组织优势转化为治理效能，健全党组织领导的自治、法治、德治相结合的基层治理体系，充分发挥基层党组织的战斗堡垒作用，加强基层法治机构和法治队伍建设，提升基层党员、干部法治素养，引导群众积极参与、依法支持和配合基层治理。

法治是一种基本的思维方式和工作方式，法治思维和法治方式最能破解基层治理难题。提升基层治理法治化水平，需要教育引导基层党员、干部增强法治观念，提高运用法治思维和法治方式开展工作、解决问题、推动发展的能力。要把良法善治的要求贯穿到基层治理的全过程和各方面，为夯实国家治理根基提供可靠的法治保障。将严格规范公正文明执法在基层落地落细，不断满足人民群众在民主、法治、公平、正义等方面的新期待。同时，根据新发展阶段的特点，围绕贯彻新发展理念、构建新发展格局、推动高质量发展加快转变政府职能，用法治给行政权力定规矩、划界限，提高依法行政水平；加强司法监督，通过有效的基层司法工作，促进基层法治建设，维护社会公平正义。

"民心是最大的政治"。服务群众、造福群众，是基层治理的出发点和落脚点。推进基层治理法治建设，必须坚持以人民为中心，确保法治建设为了人民、依靠人民、造福人民、保护人民。积极回应人民群众新要求新期待，系统研究谋划和解决法治领域人民群众反映强烈的突出问题，有助于不断增强人民群众获得感、幸福感、安全感，用法治保障人民安居乐业。当前，随着全面依法治国的深入推进，法治中国建设迈出坚实步伐，但基层治理中执法乱作为、不作为以及司法不公等现象仍时有发生。提升基层治理法治化水平，必须坚持问题导向，聚焦基层群众意见比较集中的问题，将其作为推进基层治理法治建设的发力点，努力让人民群众感受到公平正义。同时，完善基层公共法律服务体系，加强和规范村（居）法律顾问工作，保证人民群众获得及时有效的法律帮助，运用法治方式防范风险、化解矛盾、维护群众合法权益，让人民群众感受到法治就在身边。

提升基层治理法治化水平，还要培育办事依法、遇事找法、解决问题用法、化解矛盾靠法的法治环境。这就要求我们积极培育社会主义法治文化，用法治思维引导和规范社会生活，引导广大群众自觉守法、遇事找法、解决问题靠法，让法治理念融入基层社会治理实践。为此，要大力弘扬社会主义法治精神，传播法治理念，充分发挥法治文化的引领、熏陶作用，形成守法光荣、违法可耻的社会氛围。利用重大纪念日、传统节日等契机开展群众性法治文化活动，推动法治文化深入人心。大力加强法治文化阵地建设，有效促进法治文化与传统文化、红色文化、地方文化、行业文化、企业文化融合发展。

(《人民日报》2022年06月14日 第9版)

79

新的赶考之路上永葆自我革命精神

王越芬　关媛媛

习近平总书记强调:"一百年来,党外靠发展人民民主、接受人民监督,内靠全面从严治党、推进自我革命,勇于坚持真理、修正错误,勇于刀刃向内、刮骨疗毒,保证了党长盛不衰、不断发展壮大。"勇于自我革命是我们党区别于其他政党的显著标志,是我们党对如何跳出历史周期率的时代回答,是我们党始终走在时代前列、领导人民不断取得伟大社会革命新胜利的重要保证。我们党之所以能够坚持自我革命,是因为拥有自我革命的勇气、决心和自觉。

习近平总书记指出:"中国共产党始终代表最广大人民根本利益,与人民休戚与共、生死相依,没有任何自己特殊的利益,从来不代表任何利益集团、任何权势团体、任何特权阶层的利益。"中国共产党根基在人民、血脉在人民、力量在人民。我们党从诞生之日起,就把为中国人民谋幸福、为中华民族谋复兴确立为自己的初心使命,全心全意为人民服务。党没有任何自己特殊的利益，人民利益是我们党一切工作的根本出发点和落脚点。不谋私利才能谋根本、谋大利，才能从党的性质和根本宗旨出发，从人民根本利益出发检视自己，不断自我净化、自我完善、自我革新、自我提高，从而赢得人民的拥护和支持。这是我们党勇于自我革命的勇气之源、底气所在，也是我们党能够始终坚持真理、修正错误，不断发展壮大，不断取得胜利的原因所在。

习近平总书记指出："中国共产党的伟大不在于不犯错误，而在于从不讳疾忌医，敢于直面问题，勇于自我革命，具有极强的自我修复能力。"我们党在大革命失败后纠正陈独秀右倾机会主义错误，在土地革命战争时期纠正"左"倾盲动错误和"左"倾冒险错误，在延安时期彻底纠正王明"左"倾教条主义错误等，改革开放后进行全面整党、开展一系列集中教育活动，提出不断增强拒腐防变能力、建立健全惩治和预防腐败体系等。党的十八大以来，我们党以前所未有的勇气和定力推进党风廉政建设和反腐败斗争，刹住了一些多年未刹住的歪风邪气，解决了许多长期没有解决的顽瘴痼疾，党的自我净化、自我完善、自我革新、自我提高能力显著增强，管党治党宽松软状况得到根本扭转，反腐败斗争取得压倒性胜利并全面巩固，党在革命性锻造中更加坚强。正是由于我们党具有猛药去疴、重典治乱的决心，刮骨疗毒、壮士断腕的勇气，才能不断健全监督机制，不断增强自身免疫力，保证党的肌体不受病毒侵蚀。

习近平总书记指出:"在前进道路上我们面临的风险考验只会越来越复杂,甚至会遇到难以想象的惊涛骇浪。我们面临的各种斗争不是短期的而是长期的,至少要伴随我们实现第二个百年奋斗目标全过程。"当前,百年变局和世纪疫情相互叠加,世界进入新的动荡变革期。与此同时,党面临的"四大考验""四种危险"依然复杂严峻,全面从严治党必须一以贯之、持之以恒,不能有差不多了该松口气、歇歇脚的想法,不能有打好一仗就一劳永逸的想法,不能有初见成效就见好就收的想法。必须增强忧患意识、责任意识,把党的自我革命进行到底,通过自我革命赢得历史主动。新的赶考之路上永葆自我革命精神,增强全面从严治党永远在路上的政治自觉,不断推进党的建设新的伟大工程,我们党就一定能永葆旺盛生命力和强大战斗力。

(《人民日报》2022年06月15日　第9版)

80

深化对做好经济工作的规律性认识

鲍文涵

当前,国际形势正发生深刻复杂变化,大宗商品市场大幅波动,全球通胀压力明显上升,主要经济体货币政策收紧外溢风险增加,世界经济复苏步伐放缓。与此同时,我国经济发展正面临需求收缩、供给冲击、预期转弱三重压力,改革发展稳定任务艰巨繁重。我们要坚持以习近平新时代中国特色社会主义经济思想为指导,深化对做好经济工作的规律性认识,进一步全面深化改革,做好当前复杂严峻形势下的经济工作。

坚持党中央集中统一领导。党的历史经验表明,凡是党中央权威和集中统一领导坚持得好,党的事业就兴旺发达;反之,党的事业就遭受挫折。党的十八大以来,我们深刻领悟"两个确立"的决定性意义,不断增强"四个意识"、坚定"四个自信"、做到"两个维护",党中央权威和集中统一领导得到全面加强,引领我国经济发展取得举世瞩目的发展成就,社会保持和谐稳定,人民生活水平稳步提升,党和国家事业取得历史性成就、发生历史性变革,"中国之治"与"西方之乱"对比更加鲜明。当前,我国经济发展环境的复杂性、严峻性、不确定性上升,稳增长、稳就业、稳物价面临新的挑战,但只要始终坚持党中央集中统一领导,中国经济巨轮就能劈波斩浪、行稳致远。

坚持高质量发展。随着我国经济发展的要素条件、组合方式、配置效率发生深刻变化,经济发展面临的硬约束明显增多,资源环境承载能力越来越接近上限,生产函数正发生深刻变化,推动经济高质量发展势在必行。这既是有效满足人民日益增长的美好生活需要,推动我国经济形成供需有效衔接、良性互动的高水平动态平衡的内在要求,也是我们防范化解风险隐患,提高经济社会抵御各种冲击的能力和韧性、实现可持续发展的根本途径。面对当前经济下行压力加大的形势,我们决不能再回到粗放型发展的老路,决不能采取"大水漫灌"式的强刺激政策,而是要始终瞄准经济高质量发展这一目标,完整、准确、全面贯彻新发展理念,创新宏观调控方式,挖掘有效投资,释放消费潜力,推动经济实现质的稳步提升和量的合理增长。

坚持稳中求进。稳中求进是我们党治国理政的重要原则,党的十八大以来的历次中央经济工作会议都强调稳中求进。在这一原则指导下,我们正确处理稳与进的关系,有效解决经济运行中出现的各种问题,保障了宏观经济平稳运行。当前,受疫情冲击等多种因素影响,我国经济增长动能有所减弱,保持经济平稳运行面临较大考验。发展环境越是复杂严峻，越要坚持稳中求进工作总基调。必须把稳增长放在更加突出位置，把握好政策调整和推动改革的时度效，推动帮扶市场主体纾困、稳岗拓岗各项政策应出尽出，着力稳就业、稳物价、稳定产业链供应链，扎实稳住经济。

坚持系统观念。经济社会发展是一个相互关联的复杂系统，需要统筹谋划各个方面、各个层次、各个要素，注重推动各项工作相互促进、良性互动、协同配合。党的十八大以来，以习近平同志为核心的党中央统筹推进"五位一体"总体布局、协调推进"四个全面"战略布局，推动我国经济发展实现质量、结构、规模、速度、效益、安全相统一。当前和今后一个时期，我国发展仍然处于重要战略机遇期，但机遇和挑战都有新的发展变化。我们要充分发挥中国特色社会主义制度的显著优势，激发各方面积极性，进一步加强前瞻性思考、全局性谋划、战略性布局、整体性推进，更好推动党和国家事业发展。

（《人民日报》2022年06月16日 第9版）

81

全过程人民民主展现强大生命力

唐亚林

党的十九届六中全会《决议》把"发展全过程人民民主"纳入党的十八大以来党和国家事业取得的历史性成就进行总结。以习近平同志为核心的党中央深化对民主政治发展规律的认识，提出全过程人民民主的重大理念并积极推进，把民主的价值和理念进一步转化为科学有效的制度安排和具体现实的民主实践。全过程人民民主重大理念的提出，丰富和发展了社会主义民主政治理论，集中概括了党领导人民发展社会主义民主的理论和实践成果，深刻阐明了我国人民民主的鲜明特色和显著优势。

全过程人民民主既有完整的制度程序，又有完整的参与实践，是全链条、全方位、全覆盖的民主。在党的领导下，我国人民依照法律规定，通过人民代表大会制度、中国共产党领导的多党合作和政治协商制度、民族区域自治制度、基层群众自治制度等制度载体，通过民主选举、民主协商、民主决策、民主管理、民主监督等方式途径，参与到经济、政治、文化、社会、生态文明各个领域的治理之中。党的十八大以来，我们健全全面、广泛、有机衔接的人民当家作主制度体系，构建多样、畅通、有序的民主渠道，丰富民主形式，使选举民主和协商民主这两种重要民主形式相互补充、相得益彰。全过程人民民主的制度程序更加完善、参与实践更加丰富，实现了最广大人民的广泛持续参与，全过程人民民主建设取得新的重大进展。中国人民的民主自信更加坚定，中国的民主之路越走越宽广。

全过程人民民主实现了过程民主和成果民主、程序民主和实质民主、直接民主和间接民主、人民民主和国家意志相统一，使人民当家作主具体地、现实地体现在党治国理政的政策措施上，具体地、现实地体现在党和国家机关各个方面各个层级工作上，具体地、现实地体现在实现人民对美好生活向往的工作上，有力证明社会主义民主最广泛、最真实、最管用。我国是一个人口众多、国情复杂的发展中国家，实现经济发展和社会稳定，需要有效的民主制度体系把各方面意志和利益统一起来。全过程人民民主能够充分表达人民的意愿和呼声，经过民主决策程序将其变为党和国家的方针政策，最终落实在具体的实践中，解决人民群众的急难愁盼问题。全过程人民民主把党的主张、国家意志、人民意愿紧密融合在一起，使全体人民在党的领导下成为目标相同、利益一致、相互交融、同心同向的整体，形成集中力量办大事的制度优势，从而保障和促进社会主义现代化建设事业发展。党的十八大以来,我们党注重健全拓展吸纳民意、汇聚民智、反映民心的工作机制和平台载体,在制定落实党和国家重大法律、重大决策、重大战略等方面,广泛汲取人民群众意见建议。比如,在"十四五"规划建议起草过程中,我们党开展"网络问计",累计收到人民群众建言超过101.8万条,有些被列入"十四五"规划建议,转化为规划纲要的具体举措。这样的民主实践,有效调动人民的积极性主动性创造性,真正把人民的利益落到实处。

民主是全人类的共同价值,但由于经济、历史、文化和社会等条件不同,民主在不同国家呈现不同的构建方式和发展路径。习近平总书记指出:"各国国情不同,每个国家的政治制度都是独特的,都是由这个国家的人民决定的,都是在这个国家历史传承、文化传统、经济社会发展的基础上长期发展、渐进改进、内生性演化的结果。"全过程人民民主是近代以来党团结带领人民长期奋斗历史逻辑、理论逻辑、实践逻辑的必然结果,在文化基础、理论基础、实践基础、制度基础等各方面都深深扎根于中国社会土壤,这正是其具有强大生命力的重要原因。

我国基于国情发展全过程人民民主,不仅推动了自身发展,也为人类民主事业发展探索了新路径,丰富了人类政治文明形态。全过程人民民主弘扬民主精神,拓展民主范畴,创新民主机制,提升民主效能,使民主成为人们的生活方式,在人类民主的"百花园"里彰显独特魅力和显著优势。我们要坚定不移地走符合国情的民主发展之路,在党的领导下,适应现代化建设新要求,满足人民群众新期待,进一步健全民主制度、丰富民主形式、拓宽民主渠道,发展更加广泛、更加充分、更加健全的全过程人民民主,推动全过程人民民主在全面建设社会主义现代化国家新征程上展现出更加旺盛的生命力。

(《人民日报》2022年06月17日　第9版)

82

以奋斗者的姿态逐梦蓝天

徐朝梁

2018年10月,大型灭火/水上救援水陆两栖飞机AG600水上首飞圆满成功。习近平总书记发来贺电指出:"希望各有关方面继续弘扬航空报国精神,切实贯彻新发展理念,奋力推动创新发展,再接再厉,大力协同,确保项目研制成功,继续为满足我国应急救援体系和国家自然灾害防治体系建设需要、实现建设航空强国目标而奋斗。"实现建设航空强国目标,必须牢记习近平总书记的嘱托,强化使命担当,勠力同心,砥砺前行,以奋斗者的姿态逐梦蓝天。

新中国航空工业在抗美援朝的烽火中诞生。在70多年奋斗历程中,我们始终不渝坚持党的领导,披荆斩棘,攻坚克难,肩负起服务军队装备建设和国民经济发展的神圣使命。雪域高原,国产直升机到达4000米以上高原山区空中侦察、投送警力;冬奥会赛场,为冰雪世界撑起"空中坚盾";新冠肺炎疫情紧急关头,临危受命驰援疫情严重地区;森林火灾的危急时刻，快速出动保障人民生命财产安全。国家的需要在哪里，人民的需求在哪里，航空人就奋战在哪里。

2008年汶川地震救援，凸显了我国对直升机应急救援装备的强烈需求，而国产装备高原能力缺失是明显短板。我们深感责任重大，立下研制高原直升机的决心。通过刻苦攻关、顽强拼搏，首架国产大型民用直升机AC313在不到两年时间里就完成了样机试制，并达到首飞状态。为了充分验证高原运行能力，我们直面超乎寻常的风险和挑战，几番出征青藏高原。当AC313成功飞越8000米高度、登陆珠峰登山大本营时，那令人激情澎湃的场面，至今难以忘怀。我们庄严宣誓："为了祖国至高无上的利益，为了让直升机飞得更高，飞得更远，我们随时愿意付出一切！"忠诚奉献、逐梦蓝天的航空报国精神，召唤着我们踔厉奋发、笃行不怠，为实现中华民族伟大复兴担当奉献。

航空是关系国家安全的战略性高科技产业，关键核心技术要不来、买不来、讨不来，必须自己不断求索攀登、不断开拓进取、不断创新突破。2021年，歼—20、运—20、直—20等"20"系列跨代航空装备在珠海航展大放异彩，令国人无比振奋。展望未来，我们要坚持自主创新，深入推进高速、无人、绿色、智能等领域技术突破，推动我国直升机产业实现高质量发展。坚定走好中国特色自主创新道路，坚持"四个面向"，坚持高水平对外开放合作，加快发展战略性、前沿性技术，继续发扬以爱国主义为底色的科学家精神，为航空装备跨越发展提供新动能，为实现科技自立自强贡献新力量。

质量是航空人的生命，航空装备的质量直接关系到人民生命和财产安全，关系到国家利益。高质量航空产品是设计出来的，是制造出来的，是验证出来的，是保障出来的。我们要深入贯彻落实习近平总书记提出的"质量就是生命、质量就是胜算"理念，科学严谨对待每一次科研试验和试飞，确保每一个零件、每一件产品、每一道工序、每一项作业都做到精益求精。航空产品的优质交付和保障，离不开每个团队成员认真负责的工作态度，离不开项目参与者对自身高标准、严要求的约束。每一名航空人都要苦练本领、精益求精，切实肩负起保证产品质量的责任，为建设具有卓越竞争力的世界一流航空工业无悔奉献。

(《人民日报》2022年06月21日　第9版)

83

把道理讲深讲透讲活

赵正桥

习近平总书记在中国人民大学考察时强调:"思政课的本质是讲道理,要注重方式方法,把道理讲深、讲透、讲活,老师要用心教,学生要用心悟,达到沟通心灵、启智润心、激扬斗志。"把道理讲深、讲透、讲活,才能引导学生真学、真懂、真信、真用。我们要深刻理解和把握思政课的本质,把科学的理论和生动的现实有机结合起来,不断增强思政课的思想性、理论性和亲和力、针对性,充分发挥思政课的功能,教育引导学生立鸿鹄志、做奋斗者。

政治引导是思政课的基本功能。马克思说:"理论只要彻底,就能说服人。"进行政治引导,不能空洞地说教,而要坚持政治性和学理性相统一,善于用学术讲政治,把彻底的理论讲彻底,把鲜活的思想讲鲜活。坚持辩证唯物主义和历史唯物主义,运用矛盾分析方法找准问题、抓住关键、阐明规律。思政课教师既要针对"是什么"进行科学引导,也要围绕"为什么"同学生进行探讨，还要有"怎么办"的思路分析，从而以透彻的学理分析回应学生、以彻底的思想理论说服学生。既要用马克思主义基本原理分析阐释问题，更要注重用党的创新理论特别是习近平新时代中国特色社会主义思想观察认识当今世界、当代中国，引导学生树立正确的立场、观点、方法，让学生感悟真理的强大魅力，受到润物无声的思想洗礼，学深悟透做实习近平新时代中国特色社会主义思想。

当今世界正经历百年未有之大变局，当代中国正在经历人类历史上最为宏大而独特的实践创新。处在深刻复杂变化的时代，学生不可避免会在理想和现实、主义和问题、利己和利他、小我和大我、民族和世界等方面遇到思想困惑，需要教师给予深入细致的解答引导，这对思政课提出了更高要求。把道理讲深、讲透、讲活，要求思政课教师除了有扎实的马克思主义理论功底，还要有宽广的知识视野、国际视野、历史视野。广泛涉猎其他哲学社会科学知识和自然科学知识，善于从其他学科中挖掘思想政治教育资源，更好引导学生准确观察分析问题。善于利用国内外的事实、案例、素材，在比较中回答学生的疑惑，引导学生全面客观认识当代中国、看待外部世界，善于在批判鉴别中明辨是非，不断坚定"四个自信"。历史是最好的教科书。中华文明史、世界社会主义史、中国人民近代以来斗争史、中国共产党奋斗史、新中国发展史、改革开放实践史、新时代中国特色社会主义伟大成就，都是思政课教育教学的丰厚滋养。思政课教师要充分用好这些资源，善于在思接千载、视通万里的讲述中，在历史与现实相统一的逻辑中，讲清楚中国共产党为什么能、马克思主义为什么行、中国特色社会主义为什么好，帮助学生从内心深处厚植对党的信赖、对中国特色社会主义的信心、对马克思主义的信仰。

道理既写在书本里，也写在大地上。习近平总书记强调："'大思政课'我们要善用之，一定要跟现实结合起来。"坚持因事而化、因时而进、因势而新，从党和人民的伟大实践中汲取养分、丰富思想，思政课才能鲜活生动、富有生命力，真正吸引人、打动人、感染人。思政课的教学内容要服务大局、紧跟大势，把新时代中国特色社会主义取得的历史性成就、发生的历史性变革，把疫情防控、脱贫攻坚等伟大斗争中的典型事件、人物、精神转化为生动素材，构建思政课教育教学"大教材库"，用事实增强理论说服力。引导学生走出学校，走进社会大课堂，感受中国大发展，用脚步丈量祖国大地，用眼睛发现中国精神，用耳朵倾听人民呼声，用内心感应时代脉搏，真正把道理内化于心、外化于行，在投身实现民族复兴的时代洪流中书写奋斗篇章、实现人生理想。

（《人民日报》2022年06月22日　第8版）

84

全面加强基础设施建设

张立群

2021年底召开的中央经济工作会议指出,我国经济发展面临需求收缩、供给冲击、预期转弱三重压力。应对需求收缩压力,必须采取有效措施积极扩大内需,不断增强稳增长的内生动力和基础。扩大有效投资是扩大内需的有效途径,全面加强基础设施建设是扩大有效投资的重要着力点,既关系当前成功应对经济下行压力、扎实稳住经济,又关系实现社会主义现代化建设长远目标。

从短期看,全面加强基础设施建设需要大量资金投入,既能直接带动企业扩大生产,又能促进增加就业、居民收入增长和消费需求回暖,繁荣和稳定宏观经济。从长期看,全面加强基础设施建设,特别是加强关系国土空间开发保护、生产力布局、国家重大战略、产业高质量发展和维护国家安全等方面的基础设施建设,有利于保障国家安全,为我国经济长远发展和高质量发展打下坚实基础。近年来,我国基础设施体系建设取得巨大成就,在重大科技设施、水利工程、交通枢纽、信息基础设施、国家战略储备等方面取得了一批世界领先的成果,基础设施整体水平实现跨越式提升。但总体来看,我国基础设施发展不平衡问题仍较为突出,在交通运输、水安全风险防控、城市地下空间布局和管网建设、城镇生活垃圾分类和处理设施等方面仍然存在一些短板,制约着产业高质量发展、新型城镇化建设和民生保障水平提升。

2022年4月26日召开的中央财经委员会第十一次会议对全面加强基础设施建设作出战略部署,提出"要统筹发展和安全,优化基础设施布局、结构、功能和发展模式,构建现代化基础设施体系,为全面建设社会主义现代化国家打下坚实基础"。4月29日召开的中央政治局会议再次强调,全面加强基础设施建设。这为我们全面加强基础设施建设,发挥有效投资的关键作用,构建现代化基础设施体系指明了方向。

当前,全面加强基础设施建设具有多方面有利条件。我国政府信用好、财政税收长期增长潜力大,能够通过多种方式为全面加强基础设施建设筹措资金。我国社会资金规模庞大且对政府投资项目有很高的参与热情,依靠政府投资动员社会资金参加基础设施建设的潜力很大。我国是全球唯一一个拥有联合国产业分类目录中所有工业门类的国家,220多种工业产品产量位居世界第一,全面加强基础设施建设具有充足物资和技术保障。我国社会主义制度具有集中力量办大事的制度优势,能够办成很多大事难事。面对新的形势和挑战,我们要全面贯彻落实党中央决策部署，全面加强基础设施建设，用好各方面有利条件，大力优化基础设施布局、结构、功能和发展模式，调动全社会力量参与基础设施建设，全面构建好现代化基础设施体系，在促进宏观经济稳定的同时，为全面建设社会主义现代化国家打下坚实基础。

(《人民日报》2022年06月23日 第10版)

85

法治获得感不断增强

李 林

民之所向，政之所行。习近平总书记指出："推进全面依法治国，根本目的是依法保障人民权益。"党的十八大以来，以习近平同志为核心的党中央在推进全面依法治国过程中坚持以人民为中心、坚持人民至上，把体现人民利益、反映人民愿望、维护人民权益、增进人民福祉落实到全面依法治国各领域全过程，用法治保障人民安居乐业和幸福生活。我们党坚持法治为了人民、依靠人民、造福人民、保护人民，从立法、执法、司法、守法各环节入手，深化法治领域改革，着力研究和解决法治领域人民群众反映强烈的突出问题和急难愁盼问题，努力让人民群众在每一项法律制度、每一个执法决定、每一宗司法案件中都感受到公平正义，使人民群众获得感、幸福感、安全感更加充实、更有保障、更可持续。

立法是为国家定规矩、为社会定方圆的神圣工作。进入新时代，全面建设社会主义现代化国家的任务艰巨繁重，人民群众对各领域立法需求多、要求高。习近平总书记强调："要抓住提高立法质量这个关键。"我们不断完善中国特色社会主义法律体系，推进科学立法、民主立法、依法立法，发展全过程人民民主，在确保质量的前提下加快立法工作步伐。党的十八大以来，截至2022年4月底，全国人大通过了宪法修正案，全国人大及其常委会新制定法律68件，修改法律234件，通过有关法律问题和重大问题的决定99件，作出立法解释9件，立法数量与上一个十年相比大幅增加。我们编纂完成新中国第一部以法典命名的重要法律——民法典。国家安全、卫生健康、公共文化等重要领域的基础性、综合性、统领性法律相继制定出台，对生态环境、教育科技等重要领域的法律进行系统全面修订，网络信息、生物安全等新兴领域立法取得突破。我国法律体系日益完备，立法工作不断实现制度化、规范化、程序化。我们立良法、促善治，保障人民群众合法权益，解民忧、纾民怨、惠民生，让法治的阳光照亮人民群众生活。

执法是把纸面上的法律变为现实生活中"活"的法律的关键环节。执法工作面广量大，一头连着政府，一头连着人民群众。党的十八大以来，我们针对人民群众意见比较集中的问题发力，坚持不懈推进法治政府建设。例如，持续深化"放管服"改革，大幅减少行政审批事项，彻底终结非行政许可审批，建立政府权力清单、负面清单、责任清单，规范行政权力。持续开展"减证便民"行动，依托全国一体化政务服务平台等渠道，全面推行审批服务"马上办、网上办、就近办、一次办、自助办"，切实解决人民群众办事难、办事慢、办事繁问题。推动综合行政执法改革，严格规范公正文明执法，让行政执法既有力度又有温度。目前，行政执法公示、执法全过程记录、重大执法决定法制审核"三项制度"向纵深推进，执法透明度不断增强，人民群众对执法机关的执法行为和服务满意度明显增强。

公正司法是维护社会公平正义的最后一道防线。习近平总书记强调："所谓公正司法，就是受到侵害的权利一定会得到保护和救济，违法犯罪活动一定要受到制裁和惩罚。"在社会关系调节和纠纷解决中，司法具有终局性作用。党的十八大以来，我们着力深化司法体制改革，加快建设公正高效权威的社会主义司法制度。让人民群众与司法"零距离"接触，使公平正义更加可见、可感、可触及。例如，变立案审查制为立案登记制，大大降低立案门槛。据统计，到2022年4月，全国法院对超过95.7%的案件当场立案，长期困扰群众的立案难问题已经成为历史。通过改革完善诉讼制度，全面提升办案质效，全国法院受理的案件数已经由2012年的1300万余件增长到2021年的3300万余件。通过加强审判流程、庭审活动、裁判文书、执行信息司法公开平台和12309中国检察网信息公开平台、中国检察听证网建设，深化司法公开，促进阳光司法。在加强人权司法保障的同时，开展扫黑除恶专项斗争，保持对黑恶犯罪露头就打的高压态势。社会公平正义得到有力维护，人民群众切实感受到公平正义就在身边、法治的暖流浸润心田。

(《人民日报》2022年06月24日 第10版)

86

激发青春的能动力和创造力

庄忠正

青年是整个社会力量中最积极、最有生气的力量，是国家的希望和民族的未来。习近平总书记在庆祝中国共产主义青年团成立100周年大会上勉励新时代青年："用青春的能动力和创造力激荡起民族复兴的澎湃春潮，用青春的智慧和汗水打拼出一个更加美好的中国"。新时代青年生逢其时，重任在肩，要激发青春的能动力和创造力，在民族复兴赛道上跑出不负韶华、不负时代、不负人民的好成绩。

青年"所多的是生力"，但只有当青春同党和人民事业高度契合时，青春的光谱才会更广阔，青春的能量才能充分迸发。回顾历史，一代又一代中国青年坚定不移跟党走，为党和人民奋斗，把青春的力量、青春的涌动、青春的创造汇聚成推动中华民族勇毅前行的磅礴能量。历史充分证明，青年听党话、跟党走，才能让青春能动力和创造力绽放出最美的花朵。新时代青年要用党的创新理论武装头脑，用党的光辉旗帜指引方向，感悟党的初心使命，赓续党的优良传统，从内心深处厚植对党的信赖、对中国特色社会主义的信心、对马克思主义的信仰，自觉做共产主义远大理想和中国特色社会主义共同理想的坚定信仰者和忠实实践者。把个人的小我融入国家和人民的大我之中，把爱国爱民之情贯穿学业、事业的追求中，与国家同呼吸、与人民共命运、与时代齐奋进。

青年的命运从来都同时代紧密相连，青春的光芒在担当时代责任中熠熠生辉。新民主主义革命时期不怕牺牲、浴血斗争，社会主义革命和建设时期敢于拼搏、辛勤劳动，改革开放和社会主义现代化建设新时期敢闯敢干、引领风尚，中国特色社会主义新时代自信自强、刚健有为，历史行进的相册里留下了广大青年勇于担当、甘于奉献的身影，展现了青春奋斗的先锋姿态。新征程上，实现中华民族伟大复兴还面临着更加艰巨繁重的任务。应对风险挑战、克服艰难险阻，需要逢山开路、遇水架桥的能动力，需要勇于探索、敢闯敢干的创造力。广大青年要把永久奋斗传统、担当尽责精神转化为踔厉奋发的主动作为，勇当开路先锋，争当事业闯将，以敢于担当的自觉、踏石留印的韧劲、锲而不舍的意志，为党和人民建功立业。

青年最具创新热情、最具创新动力。青年的创造活力能否竞相迸发、青年的聪明才智能否充分涌流，关乎党和国家事业的兴衰成败，关乎民族复兴宏伟目标能否顺利实现。站立时代潮头，新时代青年要开拓进取、锐意创新。要认真学习马克思主义理论特别是党的创新理论，掌握马克思主义看家本领，形成洞悉社会和人生、时代和世界的科学视野和敏锐眼光；提升专业素养、丰富专业知识，提高专业能力、增强专业本领，敢于到前沿领域创新创造，实现新突破，取得新成果；坚持马克思主义群众观点，放下架子、扑下身子、沉到一线，向群众学习、做群众的学生，把基层的广阔天地作为创新创造的舞台，以创新创造成果为群众解难题、办实事，让创造力永不枯竭。

实现第二个百年奋斗目标的宏大画卷已经徐徐铺开。当代青年要在画卷上书写怎样的精彩？党和人民都殷切期待。激发青春的能动力和创造力，践行"请党放心、强国有我"的青春誓言，在实现中华民族伟大复兴的时代洪流中踔厉奋发、勇毅前进，新时代青年一定能以青春之我创造更加美好的中国。

(《人民日报》2022年06月28日　第9版)

87

传承好弘扬好新时代北斗精神

陈忠贵

2020年7月31日，习近平总书记郑重宣布："北斗三号全球卫星导航系统正式开通！"这标志着我国建成了独立自主、开放兼容的全球卫星导航系统，中国北斗走上了服务全球、造福人类的时代舞台。习近平总书记强调："26年来，参与北斗系统研制建设的全体人员迎难而上、敢打硬仗、接续奋斗，发扬'两弹一星'精神，培育了新时代北斗精神，要传承好、弘扬好。"在北斗系统研制建设的过程中，北斗人秉承航天报国、科技强国的使命情怀，团结协作、顽强拼搏、勠力创新、攻坚克难，实现了从无到有、从有到优、从区域到全球的历史性跨越，一次又一次刷新中国速度、展现中国精度、彰显中国气度，孕育了自主创新、开放融合、万众一心、追求卓越的新时代北斗精神。新时代北斗精神具有强大的鼓舞和激励作用，指引我们接续走好攀登科技高峰、建设航天强国的新长征路。

建设航天强国要靠一代代人接续奋斗。几代航天人胸怀航天报国、科技强国志向,探索创新、不懈奋斗,走出了一条具有中国特色的卫星导航系统发展之路。卫星导航系统是国防安全和经济社会发展的重要保障。1994年,北斗一号卫星导航试验工程正式立项建设,我国科学家陈芳允院士提出的"双星定位"设想正式付诸实施。此后,我们开展了持续的技术攻关和研制。2000年,北斗一号构建起兼具定位授时和短报文通信服务的双星定位系统,使我国成为继美国、俄罗斯之后世界上第三个拥有卫星导航系统的国家。北斗一号建设为我国卫星导航系统发展奠定了坚实的技术基础,培养和锻炼了队伍,使我国卫星导航系统建设步入快车道。从北斗一号服务我国及周边地区,到北斗二号服务亚太地区,再到北斗三号服务全球,二十六载风雨兼程、九千日夜集中攻关,中国的北斗逐步成为世界的北斗、一流的北斗。

北斗系统研制建设的实践充分说明,只要不忘初心、勇担使命、迎难而上、锲而不舍,我们就能牢牢掌握事业发展的主动权。在北斗二号建设初期,我们深入研究国际电联规则,克服各种困难开展导航频率协调。为确保按期在轨发播信号,大家积极优化研制流程,创新设计工具,开展集同工作,夜以继日忘我奋战,于2007年4月14日按期发射卫星并及时实现在轨播发信号,赢得了北斗发展的主动权。星载原子钟是卫星的核心部件。北斗系统研制建设初期,国内星载原子钟停留在实验室原理试验阶段。北斗青年人勇挑重担,不分昼夜刻苦钻研,攻克一个个难关,终于研制出性能优异的原子钟。北斗三号卫星性能要求高，每颗卫星的电子设备有数百台，涉及的元器件有几十万个。摆在我们面前的困难是国产产品起步晚，没有经过大量应用验证。困难激发了北斗人勇挑重担、报效祖国的豪情，纷纷表示"国家需要就是我们的奋斗目标""全力以赴、自主投入，一定保质按期完成任务"。大家从设计源头做起，每一台单机、每一种元器件和原材料都立足自主可控，最终实现了单机产品、核心元器件、原材料全部国产，避免了被国外"卡脖子"的困局。事实证明，只要我们锲而不舍、不懈钻研，就没有什么困难能够难倒我们。

习近平总书记强调："关键核心技术是国之重器，对推动我国经济高质量发展、保障国家安全都具有十分重要的意义。"北斗人不怕苦、骨头硬，探索出自己的科技创新之路。我们要传承好、弘扬好新时代北斗精神，为建成航天强国贡献力量。

（《人民日报》2022年06月30日　第9版）

88

引导学生扣好人生第一粒扣子

骆　乾

习近平总书记在中国人民大学考察时指出："好的学校特色各不相同，但有一个共同特点，都有一支优秀教师队伍。"教师是立教之本、兴教之源，也是办好思想政治课的关键所在。广大思政课教师要充分发挥积极性、主动性、创造性，不断提升能力素养，打造更多高水平思政"金课"，引导学生扣好人生第一粒扣子。

思政课对教师综合素质的要求很高，讲好思政课并不容易。习近平总书记指出："讲思想政治理论课，要让信仰坚定、学识渊博、理论功底深厚的教师来讲"。对马克思主义的信仰，对社会主义和共产主义的信念，是共产党人的政治灵魂，也是思政课教师做到"政治要强"的关键。要让有信仰的人讲信仰。广大思政课教师要在心中扎下理想信念之根，让信仰之火在胸中点燃，自觉做中国特色社会主义的坚定信仰者和忠实践行者，深刻领悟"两个确立"的决定性意义，不断增强"四个意识"、坚定"四个自信"、做到"两个维护",始终在政治立场、政治方向、政治原则、政治道路上同以习近平同志为核心的党中央保持高度一致,教育学生树立共产主义远大理想和中国特色社会主义共同理想,有效引导学生真学真懂真信真用,培养造就大批堪当民族复兴重任的时代新人。

习近平总书记指出:"要认真学习马克思主义理论,这是我们做好一切工作的看家本领。"对于思政课教师而言,理论素养的重要性不言而喻。提高理论素养,必须加强学习。坚持把读马克思主义经典著作、悟马克思主义基本原理当作一种生活习惯、一种精神追求,不断从中汲取科学智慧和理论力量,用经典涵养正气、淬炼思想、升华境界,进而指导教学实践。提高理论素养,需要发扬理论联系实际的马克思主义学风,把马克思主义的立场观点方法转化为办好思政"金课"的思路、举措和方法,用好社会"大课堂",充分体现思政课的政治引导功能。思政课教师要把青少年关心的理论和现实问题讲清楚讲透彻,必须在理论学习中多问几个"为什么",以更宽广的视野、更长远的眼光聚焦理论和现实问题、学生关注的热点难点问题,坚持用党的创新理论武装自己、指导教学工作。

习近平总书记指出:"推动思想政治理论课改革创新,要不断增强思政课的思想性、理论性和亲和力、针对性。"这对广大思政课教师增强创新意识、提高创新能力提出了新要求。讲好思政课不仅有"术",也有"学",更有"道"。就"术"来说,推动思政课改革创新,要求思政课教师创新讲授方式方法，不能简单照本宣科，而要善于借助新技术新手段，重视课堂教学的改革与创新，积极主动营造良好学习氛围和环境，充分运用案例教学、专题教学，借助互联网将精品课程、慕课等与课堂教学相融合，广泛开展探究式、个性化、参与式教学，把单向输出的课堂转变成碰撞思想、启迪智慧的互动场所。注重教与学的互动，多采用启发式教学、情境教学、问题教学、案例教学法，把老师用心教与学生用心悟有机统一起来，不断提升学生的思考能力和创新能力，切实提高育人质量。

(《人民日报》2022年07月01日　第11版)

89

科学把握功成的"有我"与"无我"

宁波 董伟

为政之道,首要在政绩观。党的十八大以来,习近平总书记多次强调树立正确政绩观,并要求领导干部:"有功成不必在我的精神境界、功成必定有我的历史担当,发扬钉钉子精神,脚踏实地干"。功成不必在我、功成必定有我,彰显了一代代中国共产党人脚踏实地、接续奋斗的境界和担当。新时代,领导干部为党尽责、为民造福,必须有这样的境界和担当。

一切伟大成就都是接续奋斗的结果,一切伟大事业都需要在继往开来中推进。回顾历史,无论处于顺境还是逆境,我们党为了实现中华民族伟大复兴、为了让人民过上更加幸福的生活而矢志不渝奋斗,坚持一件事情接着一件事情办、一年接着一年干,将"一张蓝图绘到底"。一代代中国共产党人抱着为下一代跑出一个更好成绩的信念,前赴后继、锲而不舍地接续奋斗。功成不必在我,并不是消极怠政、不作为,而是既要做让老百姓看得见、摸得着、得实惠的实事,也要做为后人作铺垫、打基础、利长远的好事;既要做显功,也要做潜功。这就要求领导干部不计较个人一时功名,而是追求人民群众的好口碑、历史沉淀之后公正的评价。现实中,个别领导干部"不是自己开头的不为,一定要刻上自己政绩印记的才干",热衷搞"形象工程""政绩工程",既破坏工作稳定性和连续性,又劳民伤财,损害的是人民群众的根本利益。为官一方,为政一时,既要大胆开展工作、锐意进取,又要保持大局稳定和工作连续性,不能仅仅为了显示自己的政绩"另起炉灶",而应不慕虚荣、不务虚功、不图虚名,为人民群众创造实实在在的业绩。

解决经济社会发展中一些长期存在的难题需要久久为功,但不能因此就拖延、不作为。领导干部要有功成必定有我的历史担当,干好自己该干的事,促进问题更好更快解决,实现既定目标,在事业发展进程中留下无悔的奋斗足迹。功成必定有我,彰显的是强烈的历史主动精神。遇到困难和挑战,不能畏首畏尾,更不能将其留给后人,而要抓铁有痕、踏石留印,以钉钉子精神一步一个脚印向前推进。业绩都是干出来的,真干才能真出业绩、出真业绩。要发扬真抓实干的工作作风,力戒空谈、精准发力,围绕改革发展稳定各项任务和人民群众的急难愁盼,开展深入细致的调查研究,解决好人民群众最关心最直接最现实的利益问题,真正把功夫下到察实情、出实招、办实事、求实效上。

习近平总书记指出:"树立和践行正确政绩观,起决定性作用的是党性。"只有加强党性修养、摒弃私心杂念,才能保证政绩观不出偏差。我们党除了最广大人民的根本利益,没有自己特殊的利益。始终把人民放在心中最高位置,心系党、心系人民、心系国家,自然就会心胸开阔、眼界高远,对个人的名誉、地位、利益就会想得透、看得淡。为民造福是共产党人的最大政绩。政绩好不好,要看群众实际感受,由群众来评判。要不为小我所困、不为私利所惑,把以人民为中心的发展思想贯彻到实处,把好事实事做到群众心坎上。什么是好事实事,也要从群众切身需要来考量,不能主观臆断简单化、片面化,而应以大局观念、系统思维把眼前利益和长远利益、局部利益和全局利益结合起来,制定实施得人心、暖人心、稳人心的政策举措,切实解决人民群众所需所急所盼,让人民群众对美好生活的向往不断变为现实。

(《人民日报》2022年07月05日 第9版)

90

坚持就是胜利

侍 旭

"慎终如始,则无败事。"越处在关键时刻,越要以清醒头脑坚持正确方向,越要站稳脚跟、善作善成。习近平总书记多次强调:"坚持就是胜利"。这不仅是对抓紧抓实新冠肺炎疫情防控工作提出的重要要求,也为我们正确判断形势、应对复杂挑战提供了科学指引,彰显了我们党一以贯之的强大战略自信和战略定力。

坚持就是胜利,这是历史给予我们的宝贵启示。我们党自成立之日起,就把为中国人民谋幸福、为中华民族谋复兴确立为自己的初心使命。我们党之所以能够在近代以后各种政治力量反复较量中脱颖而出、赢得人民信任、取得重大成就,根本在于党在坚持初心使命上矢志不渝、坚定如磐。为了争取民族独立、人民解放和实现国家富强、人民幸福,我们党抓住不同历史时期的主要矛盾和中心任务,制定正确路线方针政策,朝着既定目标奋进。无论遭遇多少艰难险阻,我们党都毫不动摇坚守初心使命，把正确的路线方针政策贯彻下去，以咬定青山不放松的执着，坚持一张蓝图绘到底，一步一个脚印实现既定目标。

党的十八大以来，中国特色社会主义进入新时代，我们站在了新的历史方位上，同时面临着深刻复杂变化的国内外环境带来的各种严峻挑战。从国际看，百年变局加速演进，世界进入新的动荡变革期，世界之变、时代之变、历史之变正以前所未有的方式展开。从国内看，我国全面深化改革进入深水区、攻坚期，各项改革发展任务艰巨繁重，"黑天鹅""灰犀牛"事件增多。面对纷繁复杂的形势，我们党始终保持强大战略定力，坚守初心使命，坚持为历史和实践所证明的正确道路、宝贵经验。沉着应对美国单方面挑起的中美经贸摩擦和各种极限施压，坚持人民至上、生命至上抗击新冠肺炎疫情，克服疫情不利影响如期全面建成小康社会……我们党认准自己的方向、走好脚下的路，把方向、谋大局、定政策、促改革，牢牢把握经济社会发展中的诸多有利条件，战胜一个又一个艰难险阻，全心全力把人民群众的事一件件办好，把中国特色社会主义事业一步步向前推进。新时代党和国家事业取得的历史性成就，再次证明坚持就是胜利。

坚持把战略的坚定性与策略的灵活性结合起来，实事求是、与时俱进，才能以坚持迈向胜利。有效的策略实施是保持战略坚定性的落脚点。环境形势千变万化，前进道路充满曲折，战略的实施必然会遇到新的矛盾和问题，需要根据环境和情况的变化及时调整策略。要妥善处理好战略和战术、政策和策略、节奏和分寸、手段和技巧等关系，把握规律、审时度势、因地制宜，结合具体情况充分发挥主观能动性，通过科学的策略来实现战略目标。

20世纪80年代末90年代初，面对苏联解体、东欧剧变的复杂国际形势，邓小平同志提出："要冷静、冷静、再冷静，埋头实干，做好一件事，我们自己的事"。在百年变局和世纪疫情相互交织的复杂局势下，习近平总书记强调："无论国际风云如何变幻，我们都要坚定不移做好自己的事情"。坚持就是胜利，根本的是要集中精力办好自己的事情。我们要有志不改、道不变的坚定，把发展立足点放在国内，更好统筹国内国际两个大局，勇于迎难而上、逆风而行，牢牢把握发展主动权，以"乱云飞渡仍从容"的自信、"任尔东西南北风"的坚定，不断增强赢得主动、赢得优势、赢得未来的定力、魄力和能力。

（《人民日报》2022年07月06日　第9版）

91

敬仰中华优秀传统文化

蔡文成

习近平总书记在四川考察时指出:"中华民族有着五千多年的文明史,我们要敬仰中华优秀传统文化,坚定文化自信。"一个国家、一个民族的强盛总是以文化兴盛为支撑的,中华民族伟大复兴需要以中华文化发展繁荣为条件。敬仰中华优秀传统文化,就要结合新的时代条件传承和弘扬中华优秀传统文化,更好构筑中国精神、中国价值、中国力量,为实现中华民族伟大复兴提供不竭精神动力。

文化是民族生存和发展的重要力量。习近平总书记指出:"文明特别是思想文化是一个国家、一个民族的灵魂。无论哪一个国家、哪一个民族,如果不珍惜自己的思想文化,丢掉了思想文化这个灵魂,这个国家、这个民族是立不起来的。"中华民族在漫长的历史发展进程中遇到过无数艰难困苦,但我们都挺过来、走过来了,其中一个很重要的原因就是世世代代的中华儿女培育和发展了独具特色、博大精深的中华文化,为中华民族生生不息、发展壮大提供了强大精神支撑。中华文明成为世界上唯一没有中断并发展至今的文明，为人类文明进步作出了重大贡献。

中华优秀传统文化是中华文明的智慧结晶和精华所在。中华优秀传统文化蕴含着丰富的哲学思想、人文精神、价值理念、道德规范，积淀着中华民族最深沉的精神追求，承载着中华民族的精神基因，代表着中华民族独特的精神标识，是中华民族的根和魂。努力从中华民族几千年来形成和积累的优秀传统文化中汲取营养和智慧，深入挖掘中华优秀传统文化的价值内涵，进一步激发中华优秀传统文化的生机与活力，有助于引导人民树立和坚持正确的历史观、民族观、国家观、文化观，不断增强做中国人的志气、骨气、底气，不断增强中华民族的归属感、认同感、尊严感、荣誉感。

习近平总书记指出："博大精深的中华优秀传统文化是我们在世界文化激荡中站稳脚跟的根基。"当前，百年变局和世纪疫情相互交织，世界之变、时代之变、历史之变正以前所未有的方式展开，世界进入新的动荡变革期。越是在这个时候，越是要有强大的战略定力，越是要有坚定的文化自信。习近平总书记强调："在中外文化沟通交流中，我们要保持对自身文化的自信、耐力、定力。"发展中国特色社会主义文化，就要以马克思主义为指导，坚守中华文化立场，立足当代中国现实，结合当今时代条件，发展面向现代化、面向世界、面向未来的，民族的科学的大众的社会主义文化，推动社会主义精神文明和物质文明协调发展。在延续民族文化血脉中开拓前进，在不忘本来的基础上吸收外来、面向未来，我们才能在世界文化激荡中始终站稳脚跟。

习近平总书记强调："如果没有中华五千年文明，哪里有什么中国特色？如果不是中国特色，哪有我们今天这么成功的中国特色社会主义道路？"中国共产党之所以能够领导人民成功走出中国式现代化道路、创造人类文明新形态，很重要的一个原因就在于根植中华文化沃土，坚持把马克思主义基本原理同中国具体实际相结合、同中华优秀传统文化相结合，不断推动马克思主义中国化时代化，推动中华优秀传统文化创造性转化、创新性发展。当代中国正经历着我国历史上最为广泛而深刻的社会变革，也正在进行着人类历史上最为宏大而独特的实践创新，这为我们持续推动中华优秀传统文化创造性转化、创新性发展提供了强大动力和广阔空间。我们要通过新时代中国特色社会主义伟大实践，赋予中华优秀传统文化新的时代价值，使之同社会主义社会相适应，不断为人类文明进步贡献新的力量。

（《人民日报》2022年07月07日　第9版）

92

用根本制度保障文化建设

欧阳雪梅

任何一种意识形态、任何一种文化,都有一个居于统摄地位的旗帜和灵魂。对于社会主义意识形态、社会主义先进文化来说,其旗帜和灵魂就是马克思主义。党的十九届六中全会通过的《中共中央关于党的百年奋斗重大成就和历史经验的决议》,把"确立和坚持马克思主义在意识形态领域指导地位的根本制度"列为重要内容。确立和坚持马克思主义在意识形态领域指导地位的根本制度,把马克思主义在意识形态领域的指导地位作为一项根本制度明确提出来,充分体现了文化建设要坚持以马克思主义为指导、坚持和加强党的全面领导,为建设社会主义文化强国提供了有力保障。

马克思主义是"伟大的认识工具",是当代中国文化发展的灵魂。历史和实践一再表明,对马克思主义指导地位坚持得好、把握得牢,我们的文化事业就能繁荣兴盛,进而推动党和人民事业发展;坚持得不好,发生动摇和偏差,就必然造成思想文化上的混乱，给党和人民事业带来损害。百年来，中国共产党旗帜鲜明地坚持马克思主义指导地位，推动文化建设固本开新、永葆生机。党的十八大以来，习近平总书记就意识形态领域的方向性、战略性问题作出部署，高度重视马克思主义在意识形态领域的指导地位。在习近平新时代中国特色社会主义思想科学指引下，我们把坚持马克思主义在意识形态领域指导地位的根本制度贯彻到文化建设全过程各领域，使坚持和发展马克思主义始终成为主旋律、最强音。社会主义先进文化之所以先进，就在于它以马克思主义这一先进理论为指导。党的十九届四中全会通过的《中共中央关于坚持和完善中国特色社会主义制度、推进国家治理体系和治理能力现代化若干重大问题的决定》，强调坚持马克思主义在意识形态领域指导地位的根本制度，并作出一系列重大部署，为更好推动社会主义先进文化繁荣发展，不断巩固全体人民团结奋斗的共同思想基础提供了制度保证。

坚持马克思主义在意识形态领域指导地位的根本制度是具体的、现实的，而不是抽象的、空洞的。党的十八大以来，文化领域的一切工作和活动都按照这一根本制度来展开、来推进，切实把马克思主义指导地位贯穿到宣传思想工作各领域，落实到思想理论建设、新闻舆论工作、文艺创作生产、哲学社会科学研究、教育教学各方面和各领域，确保我国文化建设始终沿着正确方向前进。同时，我们深入实施马克思主义理论研究和建设工程，加强和改进学校思想政治教育，落实意识形态工作责任制，切实把这一根本制度体现到坚持正确政治方向、舆论导向、价值取向上，落实到工作理念、思路、举措上，确保了文化建设始终沿着社会主义方向阔步前进。

坚持以马克思主义为指导，是当代中国文化区别于其他文化的根本标志；坚持马克思主义在意识形态领域指导地位的根本制度，是关系党和人民事业长远发展的重大制度创新。落实好这一根本制度，第一位的要求就是推动全党全社会全面贯彻落实习近平新时代中国特色社会主义思想。党的十八大以来，我们之所以能从根本上扭转意识形态领域一度出现的被动局面，使我国意识形态领域形势发生全局性、根本性的转变，巩固和发展主流意识形态，推动社会主义文化繁荣兴盛，就是因为有习近平总书记作为党中央的核心、全党的核心掌舵领航，有习近平新时代中国特色社会主义思想科学指引。面向未来，我们要坚定不移用习近平新时代中国特色社会主义思想武装头脑、指导实践、推动工作，更加自觉地坚持习近平新时代中国特色社会主义思想，用社会主义核心价值观引领新时代文化建设，努力建设具有强大凝聚力和引领力的社会主义意识形态，更好强信心、聚民心、暖人心、筑同心，促进全体人民在思想上精神上紧紧团结在一起。

(《人民日报》2022年07月08日　第9版)

93

大力弘扬留学报国的光荣传统

郑传芳

习近平总书记在给南京大学留学归国的青年学者回信时指出:"希望同志们大力弘扬留学报国的光荣传统,以报效国家、服务人民为自觉追求,在坚持立德树人、推动科技自立自强上再创佳绩,在坚定文化自信、讲好中国故事上争做表率,为全面建设社会主义现代化国家、实现中华民族伟大复兴的中国梦积极贡献智慧和力量!"留学报国是广大留学人员的光荣传统。广大留学人员要把爱国之情、强国之志、报国之行统一起来,把自己的梦想融入实现中国梦的壮阔奋斗之中。

留学报国的光荣传统是广大留学人员在百余年艰辛奋斗的留学史中形成的。习近平总书记在欧美同学会成立100周年庆祝大会上发表的重要讲话中指出:"百余年的留学史是'索我理想之中华'的奋斗史"。近代以后,一批又一批仁人志士出国留学、回国服务。我们党成立后,大批归国人员投身党领导的伟大事业,在革命、建设、改革的历史长河中付出辛勤汗水、贡献智慧力量。留学是为了增强报效祖国的本领，报国是留学人员矢志不渝的奋斗目标。不论树的影子有多长，根永远扎在土里。不论留学人员身在何处，都始终把祖国和人民放在心里。"我的事业在中国，我的成就在中国，我的归宿在中国"的钱学森，"这辈子最大的幸福，就是自己所做的一切，都和祖国紧紧地联系在一起"的程开甲，"振兴中华，乃我辈之责"的黄大年，"只要国家需要、人类需要，再艰苦的科研也要去做"的钟扬，等等，一大批留学归国人员大力发扬留学报国的光荣传统，找准专业优势和社会发展的结合点，以报效国家、服务人民为自觉追求，留下了为国家不懈奋斗的足迹，创造了无愧于时代、无愧于人民的业绩。

习近平总书记指出："实践证明，广大留学人员不愧为党和人民的宝贵财富，不愧为实现中华民族伟大复兴的有生力量。"广大留学人员积极投身改革开放和社会主义现代化建设，积极推动我国同其他国家各领域交流合作，为推动我国经济社会发展作出了重要贡献。不久前发布的《新时代的中国青年》白皮书显示，2019年，超过70万人出国深造，超过58万人学成回国；40多年来各类出国留学人员累计超过650万人，回国留学人员累计达420余万人。随着新时代中国特色社会主义事业不断发展、我国综合国力不断增强和社会主义现代化建设对人才需求的不断增长，我国出国留学人员和留学回国人员的数量保持快速增长的态势。

当今世界，综合国力竞争说到底是人才竞争。人才资源作为经济社会发展第一资源的特征和作用更加明显。习近平总书记指出:"当前,我国进入了全面建设社会主义现代化国家、向第二个百年奋斗目标进军的新征程,我们比历史上任何时期都更加接近实现中华民族伟大复兴的宏伟目标,也比历史上任何时期都更加渴求人才。"新征程上,广大留学人员创新正当其时、圆梦适得其势。在过去一百多年中,留学归国人员留下报效祖国、服务人民的光荣历史,今天也一定能在党的领导下,大力弘扬留学报国的光荣传统,为全面建设社会主义现代化国家、实现中华民族伟大复兴的中国梦积极贡献智慧和力量,在新征程上书写新的恢宏篇章。

(《人民日报》2022年07月12日　第11版)

94

推动构建科技伦理治理体系

潘教峰

习近平总书记指出:"要把满足人民对美好生活的向往作为科技创新的落脚点,把惠民、利民、富民、改善民生作为科技创新的重要方向。"科技是国之利器,国家赖之以强,人民生活赖之以好。科学技术在促进经济社会发展、改善人民生活的同时,也存在伦理风险,如侵犯隐私权、算法黑箱、算法歧视等。党的十八大以来,我国陆续制定颁布了人类遗传资源管理条例、生物安全法、个人信息保护法等法律法规。2019年7月,中央深改委审议通过《国家科技伦理委员会组建方案》,推动构建覆盖全面、导向明确、规范有序、协调一致的科技伦理治理体系。党的十九届四中全会《决定》提出:"健全科技伦理治理体制。""十四五"规划纲要提出:"大力弘扬新时代科学家精神,强化科研诚信建设,健全科技伦理体系。"2022年3月,中共中央办公厅、国务院办公厅印发《关于加强科技伦理治理的意见》,对我国科技伦理治理工作作出顶层设计。

一系列政策法规的出台，对于建立健全符合我国国情的科技伦理治理体系具有十分重要的意义。

加强科技伦理治理，需要加强法律监管、政府管理，同时发挥决策咨询、科学共同体自治、社会公众参与等的作用，实现科技发展与伦理治理相互促进、动态调适。要强化问题导向，对伦理问题较多的领域加强制度建设。在科技伦理治理体制方面，目前国家科技伦理委员会负责指导和统筹协调推进全国科技伦理治理体系建设工作，国家科技伦理委员会各成员单位按照职责分工负责科技伦理规范制定、审查监管、宣传教育等相关工作。可以随着实践发展，不断完善相关体制机制。压实创新主体科技伦理管理主体责任，高等学校、科研机构、医疗卫生机构等单位要加强科技伦理日常管理。发挥科技类社会团体的作用，健全科技伦理治理社会组织体系。加强科技伦理知识宣传普及，提高社会公众科技伦理意识。

当今时代，科技发展迅速，需要注重前瞻研判科技发展带来的规则冲突、社会风险、伦理挑战等。比如，在人工智能、大数据、合成生物学、神经科学、脑机接口等新兴科技领域，技术突破和商业应用会带来社会风险，要加强风险预判，梳理相关问题，划定伦理红线，及时出台各领域的治理规则。

习近平总书记指出："要深度参与全球科技治理，贡献中国智慧，塑造科技向善的文化理念，让科技更好增进人类福祉，让中国科技为推动构建人类命运共同体作出更大贡献！"科技创新是全人类发展共同的引擎，也是应对全球性挑战的有力武器。《关于加强科技伦理治理的意见》提出增进人类福祉、尊重生命权利、坚持公平公正、合理控制风险、保持公开透明等科技伦理原则,这是我国科技活动应当遵循的价值理念和行为规范,也为全球科技伦理治理贡献了中国智慧和中国方案。面向未来,中国科技界要更加重视科技伦理基本问题研究,在个人信息及隐私保护、伦理审查制度与知情同意原则、生命伦理等方面形成更多系统性、前瞻性的解决方案,以更加开放的思维和举措推进国际科技交流合作,让人类共享科技发展成果。

(《人民日报》2022年07月13日 第11版)

95

人民是党执政兴国的最大底气

杨丽敏

党的十九届六中全会通过的《中共中央关于党的百年奋斗重大成就和历史经验的决议》把"坚持人民至上"作为党百年奋斗的十条历史经验之一,强调"党的根基在人民、血脉在人民、力量在人民,人民是党执政兴国的最大底气"。百余年来,中国共产党始终把人民放在心中最高位置,始终牢记江山就是人民,人民就是江山,坚持为人民执政、靠人民执政,把人民对美好生活的向往作为奋斗目标,得到人民衷心拥护和支持。

习近平总书记强调:"在为谁执政、为谁用权、为谁谋利这个根本问题上,我们的头脑要特别清醒、立场要特别坚定。"人民立场是中国共产党的根本政治立场,是马克思主义政党区别于其他政党的显著标志。《共产党宣言》郑重宣告:"过去的一切运动都是少数人的或者为少数人谋利益的运动。无产阶级的运动是绝大多数人的、为绝大多数人谋利益的独立的运动。"中国共产党摆脱了以往一切政治力量追求自身特殊利益的局限，一经诞生，就把为中国人民谋幸福、为中华民族谋复兴确立为自己的初心使命。为人民而生，因人民而兴，始终同人民在一起，为人民利益而奋斗，是我们党立党兴党强党的根本出发点和落脚点。我们党团结带领人民进行革命、建设、改革，根本目的就是为了让人民过上好日子。无论面临多大挑战和压力，无论付出多大牺牲和代价，这一点都始终不渝、毫不动摇。经过艰苦奋斗，14亿多人口实现全面小康，中国人民对美好生活的向往不断变为现实；我们坚持党的领导、人民当家作主、依法治国有机统一，积极发展全过程人民民主；中国人民更加自信、自立、自强，极大增强了志气、骨气、底气，正在意气风发向着全面建成社会主义现代化强国的第二个百年奋斗目标迈进。

我们党的历史，就是一部践行党的初心使命的历史，就是一部党与人民心连心、同呼吸、共命运的历史。从建党的开天辟地，到新中国成立的改天换地，到改革开放的翻天覆地，再到党的十八大以来党和国家事业取得历史性成就、发生历史性变革，我们党始终坚持一切为了人民、一切依靠人民，始终保持同人民群众的血肉联系。党的最大政治优势是密切联系群众，党执政后的最大危险是脱离群众。我们党要做到长期执政，就必须永远保持同人民群众的血肉联系，始终同人民群众想在一起、干在一起、风雨同舟、同甘共苦。群众路线是我们党的生命线和根本工作路线，是我们党永葆青春活力和战斗力的重要传家宝。不论过去、现在和将来，我们都要坚持一切为了群众，一切依靠群众，从群众中来，到群众中去，把党的正确主张变为群众的自觉行动，把群众路线贯彻到治国理政全部活动之中。

习近平总书记强调："人民是创造历史的动力，我们共产党人任何时候都不要忘记这个历史唯物主义最基本的道理。"历史是人民书写的，一切成就归功于人民。我们党始终坚持人民主体地位，充分尊重人民所表达的意愿、所创造的经验、所拥有的权利、所发挥的作用，最广泛地发动和组织人民，激发人民创造伟力、凝聚人民智慧力量，团结带领人民战胜一个又一个困难、取得一个又一个胜利。新征程上，我们党将始终站稳人民立场，坚持人民主体地位，尊重人民首创精神，充分发挥广大人民群众积极性、主动性、创造性，团结带领人民在新时代创造新奇迹、书写新辉煌。

（《人民日报》2022年07月14日　第11版）

96

创造人类减贫史上的奇迹

张晓山

贫困是人类社会的顽疾。反贫困是古今中外治国安邦的一件大事。新中国成立后特别是改革开放以来,我们党带领人民持续向贫困宣战,着力解放和发展社会生产力,着力保障和改善民生,取得了前所未有的伟大成就。

党的十八大以来,以习近平同志为核心的党中央坚持以人民为中心的发展思想,把绝对贫困人口全部脱贫作为全面建成小康社会、实现第一个百年奋斗目标的底线任务和标志性指标,将脱贫攻坚纳入"五位一体"总体布局和"四个全面"战略布局,以更大决心、更精准思路、更有力措施,采取超常举措,实施精准扶贫方略。我们党确立不愁吃、不愁穿和义务教育、基本医疗、住房安全有保障的工作目标,做到扶持对象、项目安排、资金使用、措施到户、因村派人、脱贫成效"六个精准",实施发展生产脱贫一批、易地搬迁脱贫一批、生态补偿脱贫一批、发展教育脱贫一批、社会保障兜底一批"五个一批",实行"军令状"式责任制,动员全党全国全社会力量,组织实施人类历史上规模最大、力度最强的脱贫攻坚战。党和人民发扬钉钉子精神,披荆斩棘、栉风沐雨,敢于啃硬骨头,攻克了一个又一个贫中之贫、坚中之坚,经过8年持续奋斗,全国832个贫困县全部摘帽,12.8万个贫困村全部出列,近1亿农村贫困人口实现脱贫,提前10年实现联合国2030年可持续发展议程减贫目标,历史性地解决了绝对贫困问题,创造了人类减贫史上的奇迹。

在脱贫攻坚过程中,以习近平同志为核心的党中央立足我国国情,把握减贫规律,出台一系列超常规政策举措,构建了一整套行之有效的政策体系、工作体系、制度体系,走出了一条中国特色减贫道路,形成了中国特色反贫困理论。坚持党的领导,为脱贫攻坚提供坚强政治和组织保证;坚持以人民为中心的发展思想,坚定不移走共同富裕道路;坚持发挥我国社会主义制度能够集中力量办大事的政治优势,形成脱贫攻坚的共同意志、共同行动;坚持精准扶贫方略,用发展的办法消除贫困根源;坚持调动广大贫困群众积极性、主动性、创造性,激发脱贫内生动力;坚持弘扬和衷共济、团结互助美德,营造全社会扶危济困的浓厚氛围;坚持求真务实、较真碰硬,做到真扶贫、扶真贫、脱真贫。这些重要经验和认识,是我国脱贫攻坚的理论结晶,是马克思主义反贫困理论中国化最新成果。

脱贫摘帽不是终点,而是新生活、新奋斗的起点。习近平总书记强调:"接下来要做好乡村振兴这篇大文章"。从中华民族伟大复兴战略全局看,民族要复兴,乡村必振兴;从全面建设社会主义现代化国家看,没有农业农村现代化,就没有整个国家现代化。要健全完善防止返贫监测和帮扶制度机制,落实"摘帽不摘责任、摘帽不摘政策、摘帽不摘帮扶、摘帽不摘监管"要求,做好巩固拓展脱贫攻坚成果同乡村振兴有效衔接,不断增强内生发展动力和活力,更好促进农业高质高效、乡村宜居宜业、农民富裕富足。

乡村产业兴旺是乡村振兴的重点。要围绕农村一二三产业融合发展,构建乡村产业体系,振兴乡村产业。发展现代农业,优化农业结构,加快构建现代农业产业体系、生产体系、经营体系,推进农业由增产导向转向提质导向,提高农业创新力、竞争力、全要素生产率,提高农业质量、效益、整体素质。发展以电商为代表的"互联网+现代农业",有效破解农产品供销信息不对称难题,促进农产品生产经营与市场需求有效对接。

人才振兴是乡村振兴的基础。要创新乡村人才工作体制机制,充分激发乡村人才活力,激励各类人才在农村广阔天地大施所能、大展才华、大显身手;加快培育新型农业经营主体,让愿意留在乡村、建设家乡的人留得安心,让愿意返乡创业、回报乡村的人更有信心;培育各种服务性机构,提供有关市场营销、质量标准、产品品牌等方面的社会化服务。

良好生态环境是乡村的最大优势和宝贵财富。要推行绿色发展方式和生活方式,让生态美起来、环境靓起来,再现山清水秀、天蓝地绿、村美人和的美丽画卷，使良好生态成为乡村振兴的支撑点。建立相应制度安排，充分发挥市场在资源配置中的决定性作用，更好发挥政府作用，让农民从生态保护中得到实惠。

治理有效是乡村振兴的重要保障。要以保障和改善民生为优先方向，围绕让农民得到更好的组织引领、社会服务、民主参与，加快构建党组织领导的乡村治理体系。推动治理重心下移，健全农村基层综合服务管理平台，打通农村基层治理"最后一公里"。加强村级组织运转经费保障，推动更多资源下沉到基层。

做好巩固拓展脱贫攻坚成果同乡村振兴有效衔接，还要用好深化改革这个法宝。深化农村土地制度改革，巩固和完善农村基本经营制度，完善农村承包地"三权分置"办法，发展多种形式农业适度规模经营，推动人才、土地、资本等要素在城乡间双向流动和平等交换，支持小农户和现代农业发展有机衔接，激活乡村振兴内生动力。建立健全集体资产各项管理制度，完善农村集体产权权能，发展壮大新型集体经济，赋予双层经营体制新的内涵。

（《人民日报》2022年07月15日　第11版）

97

以好家风涵养团结奋斗精神

朱翠明

团结奋斗是中国人民创造历史伟业的必由之路。在向着第二个百年奋斗目标迈进的新征程上，我们尤其需要大力发扬团结奋斗精神。家庭是社会的细胞，家风是社会风气的重要组成部分。培育全社会团结奋斗精神，离不开千千万万个家庭共同努力。每个家庭都弘扬优良家风，全社会就能汇集起昂扬向上的精神力量。中国人的家风里凝结着中华优秀传统文化的智慧，优良家风中蕴含的思想文化、道德理念等，可以为新时代涵养全社会团结奋斗精神提供丰富资源。

德泽源流远，家风世泽长。习近平总书记指出："无论时代如何变化，无论经济社会如何发展，对一个社会来说，家庭的生活依托都不可替代，家庭的社会功能都不可替代，家庭的文明作用都不可替代。"中华民族历来重视家庭，重视以家风传承育人兴家。家庭美德铭记在中国人的心灵中，融入中国人的血脉里，是支撑中华民族生生不息、薪火相传的重要精神力量。好的家风引人向上、催人奋进，对团结奋斗精神的形成起着"润物细无声"的滋养作用。"勤俭为本，自必丰亨；忠厚传家，乃能长久""有志尚者，遂能磨砺，以就素业"……这些流传下来的家风家训，体现着古人对治家、育人的深刻思考，生动表达了团结奋斗对家庭兴旺的重要作用。奋进新征程，需要传承弘扬团结奋斗的家风，鼓励家庭成员共同奋斗、和谐上进，以千千万万个团结奋斗的家庭为全社会团结奋斗筑牢根基。

好家风能够激发奋斗动力，汇聚团结合力。中国共产党团结带领中国人民进行革命、建设和改革，取得举世瞩目的伟大成就，在波澜壮阔的奋斗历程中孕育形成宝贵的红色家风，成为中华民族优秀家风的重要组成部分。红色家风可以激励人们树立远大的志向，自觉传承革命精神、赓续红色血脉。毛泽东、周恩来、朱德等老一辈革命家都高度重视家风建设，很多革命烈士的遗言中都寄托着对子女顽强奋斗的期望。人民的好干部焦裕禄要求子女"工作上向先进看齐，生活条件跟差的比"，"时代楷模"杜富国的父亲教育孩子"能为国家做事，全家都光荣"。百年历史中铭刻着许许多多这样感人至深、催人奋进的红色家风故事。要继承并弘扬红色家风，把红色家风熔铸在新时代的家风建设中，引导人们从红色家风中领悟辉煌历史由团结奋斗书写、美好未来靠团结奋斗开创的道理，在实现中华民族伟大复兴的新征程上团结一致、不辍奋斗。

传统家风家训中不只有修身齐家的要求，也有对治国平天下的思考。红色家书中不只有对子女个人的希冀，更表达着为党和人民事业拼搏奉献的信念。中华民族历来讲家国同构，家与国密不可分，家是国的细胞和基础，国是家的延伸与倚靠。这也是优良家风能够涵养全社会团结奋斗精神的道理所在。在爱国爱家、相亲相爱、向上向善、共建共享的社会主义家庭文明新风尚中，爱国爱家的家国情怀是排在第一位的。每个家庭都秉持家国情怀，向着共同目标砥砺奋进，国家发展、民族进步就会拥有源源不断的动力。弘扬爱国主义精神，引导人们把爱家和爱国统一起来，自觉把人生理想、家庭幸福融入实现民族复兴的洪流之中，心往一处想，劲往一处使，千千万万家庭的奋斗就一定能够汇聚成实现国家富强、人民幸福的磅礴之力。

（《人民日报》2022年07月19日　第11版）

98

要有"时时放心不下"的责任感

张　帆

2022年4月，习近平总书记在海南考察时指出："诸葛一生唯谨慎，吕端大事不糊涂。有位革命前辈曾说过这样的话，'时时放心不下'。我听了很有共鸣。"4月29日召开的中共中央政治局会议强调："各级领导干部在工作中要有'时时放心不下'的责任感"。时时放心不下，彰显共产党人的优秀品质和责任担当。当前，实现中华民族伟大复兴正处在滚石上山、爬坡过坎的关键时期。事业越伟大，形势越复杂，越需要党员干部保持时时放心不下的责任意识和工作状态，担当作为、求真务实、不懈奋斗。

时时放心不下，体现了对初心的铭记、对使命的坚守。中国共产党来自人民、忠诚人民、奉献人民，从诞生之日起就把为中国人民谋幸福、为中华民族谋复兴确立为自己的初心使命。我们党对人民群众的所思所想所盼日夜思之，在为群众办实事、解决急难愁盼问题上用心用情用力，把对初心使命的坚守转化为造福人民的行动。"心中装着全体人民、唯独没有他自己"的焦裕禄,在兰考的470多天里无时无刻不牵挂着当地百姓。"能到现场就不在会场"的廖俊波,每到一个地方都会马不停蹄地先下乡、入企调研,对群众所忧放心不下,为当地发展四处奔走。从"全心全意为人民服务"到"人民对美好生活的向往就是我们的奋斗目标",我们党时刻把人民记在心间,对人民群众的安危和疾苦时时放心不下,才换来人民群众的安心、舒心和放心,赢得了人民、赢得了历史、赢得了时代。

习近平总书记在第十八届中央纪委第五次全会上说:"我在地方工作时,逢年过节都得值班,生怕出了什么事。"时时放心不下,体现的是一种强烈的责任意识和担当精神。干部干部,干字当头;公仆公仆,公字为本。"不带私心搞革命,一心一意为人民"的谷文昌,"我不能躺下,躺下就起不来了"的林俊德,"不能歇,我还要搞建设"的黄大发,"正因为有暴雨更得赶回去,怕村里受灾"的黄文秀……他们用担当尽责、无私奉献诠释了共产党人时时放心不下的优秀品质。中国共产党人走的是大道、为的是大公、求的是大义、成就的是大我,要以担当做事为荣、以自讨苦吃为乐,绝不能做"太平官""潇洒人""甩手掌柜"。时时放心不下,就要处处为党分忧、为民解难,敢于直面困难和挑战,勇于解决急事难事棘手事,挺起宽肩膀、种好责任田,站得出来、顶得上去,履行好自身职责、完成好自身使命。

当前,世界百年变局加速演进,我们面临形势环境的复杂性和严峻性、肩负任务的繁重性和艰巨性前所未有,"黑天鹅"和"灰犀牛"事件增多。习近平总书记强调:"对变化莫测的形势要有一种底线意识、危机意识"。安而不忘危,存而不忘亡,治而不忘乱,奋进在中华民族伟大复兴的新征程上,任何时候都不能有侥幸心理,而要增强居安思危、未雨绸缪的忧患意识,要有时时放心不下的责任感。这就要求广大党员、干部务必保持如履薄冰的谨慎、增强一叶知秋的敏锐性,夯实防范风险的堤坝,提高应对和化解风险的能力本领;多到一线走走、常与群众聊聊,搞清民生还需要什么、安全还缺什么、发展还差什么,抓紧补短板、强弱项、除隐患,以自己时时放心不下确保人民放心、安心。

70多年前,新中国的缔造者们把前行之路称为"赶考";党的十九届六中全会《决议》把向着第二个百年奋斗目标的前行之路称为"新的赶考之路"。时时放心不下,正是走好新的赶考之路应有的工作状态和奋斗姿态。用心谋事、精心干事、专心成事,慎终如始、久久为功、善作善成,我们定能交出不负历史和人民的优异答卷。

(《人民日报》2022年07月20日　第11版)

99

制度强则国家强

步 超

习近平总书记指出:"制度稳则国家稳,制度强则国家强。"从鸦片战争后的山河破碎、民不聊生,到今日的民富国强、复兴在望,沧海桑田的历史巨变,昭示的是国之兴衰系于制的历史逻辑。循治乱兴废之迹、究盛衰隆替之理,可谓"凡将立国,制度不可不察也"。

制度本身就是一个国家强盛与否的重要体现。一个国家的制度决定于社会生产力发展状况,同时又反作用于社会生产力发展。制度强则国家强,说到底是因为先进的制度代表先进社会生产力的发展方向,能够推动社会更加合规律地向前发展。新中国成立以来特别是改革开放以来,我们党通过不断改革和完善制度,推动社会生产力持续快速发展。新中国成立前,我国是积贫积弱的落后农业国家,人均GDP只有几十美元。新中国成立70多年来,我们党带领人民创造了经济快速发展奇迹和社会长期稳定奇迹,把我国建设成为世界第二大经济体、第一大工业国，人均GDP突破1.2万美元。从深层次看，支撑这两大奇迹的正是我国国家制度。

党的十八大以来，习近平总书记从推进国家治理体系和治理能力现代化的高度把握中国特色社会主义制度，我们党对制度作用的认识不断深化。习近平总书记强调："治理国家，制度是起根本性、全局性、长远性作用的。"当今世界，国家竞争更加激烈，国家治理面临的任务挑战更加艰巨。没有好的制度，或者运用制度管理社会各方面事务的能力不强，国家治理就会缺乏系统性、规范性、协调性、稳定性，就不能有条不紊地运行并取得应有的治理效果，国家就难以实现善治。中国特色社会主义制度是具有鲜明中国特色、明显制度优势、强大自我完善能力的先进制度。必须坚持和完善中国特色社会主义制度、推进国家治理体系和治理能力现代化，从而充分发挥制度优势，确保制度优势更好转化为治理效能，实现国家更好发展。

习近平总书记指出："制度优势是一个国家的最大优势，制度竞争是国家间最根本的竞争。"在长期实践中，我们党把开辟正确道路、发展科学理论、建设有效制度有机统一起来，及时把成功的实践经验转化为制度成果，不断完善由党的领导和经济、政治、文化、社会、生态文明、军事、外事等各方面制度共同组成的中国特色社会主义制度体系，形成了更高的效率、更强的竞争力、更持久的生机活力。比如，坚持和完善民主集中制的制度和原则，既充分反映人民意志，又保证国家机关高效协调运转；把社会主义制度和市场经济有机结合起来，既充分发挥市场在资源配置中的决定性作用，又更好发挥政府作用，在促进社会活力竞相迸发的同时迈向共同富裕；建立包括自然资源资产产权制度、国土空间开发保护制度等重要制度在内的生态文明制度体系，建设人与自然和谐共生的现代化；等等。"中国之制"优越性不断发挥，"中国之治"和"西方之乱"形成鲜明对比，"东升西降"之势愈加明显，生动诠释了制度对一个国家的根本性、基础性意义。

（《人民日报》2022年07月21日 第11版）

100

把系统观念贯穿"双碳"工作全过程

庄贵阳

实现碳达峰碳中和,是贯彻新发展理念、构建新发展格局、推动高质量发展的内在要求,是党中央统筹国内国际两个大局作出的重大战略决策。习近平总书记强调:"实现'双碳'目标是一场广泛而深刻的变革,不是轻轻松松就能实现的。我们要提高战略思维能力,把系统观念贯穿'双碳'工作全过程"。习近平总书记的重要论述,为正确认识和把握碳达峰碳中和指明了前进方向、提供了根本遵循。

当前,以低碳发展为特征的新增长方式已成为世界经济发展的重要方向。同时也应认识到,不同国家国情不同,低碳发展的路径也不尽相同。按照欧盟21世纪中叶实现碳中和的目标,其碳达峰至碳中和大致要历经60年的时间。习近平总书记指出:"中国承诺实现从碳达峰到碳中和的时间,远远短于发达国家所用时间。"我国是世界上最大的发展中国家,发展是解决我国一切问题的基础和关键。现实国情决定了我国在经济社会快速发展过程中实现碳达峰碳中和,不具备发达国家自然达峰的条件,必须从实际出发,牢固树立系统观念,加强前瞻性思考、全局性谋划、战略性布局、整体性推进。在尊重市场经济规律和科学技术发展规律的前提下,科学把握工作节奏,做好各项工作。

实现碳达峰碳中和,是涉及价值观念、产业结构、能源体系、消费模式等诸多层面的系统性变革,必须坚持全国统筹、节约优先、双轮驱动、内外畅通、防范风险的原则,以系统观念统筹好以下几方面关系。一是发展和减排的关系。减排不是减生产力,也不是不排放,而是走生态优先、绿色低碳发展道路,在经济发展中促进绿色转型、在绿色转型中实现更大发展。这需要坚持统筹谋划,在降碳的同时确保能源安全、产业链供应链安全、粮食安全,确保生产生活正常。二是整体和局部的关系。既要增强全国一盘棋意识,加强政策措施的衔接协调,确保形成合力;又要充分考虑区域资源分布和产业分工的客观现实,研究确定各地产业结构调整方向和"双碳"行动方案,不搞齐步走、"一刀切"。三是长远目标和短期目标的关系。既要立足当下,一步一个脚印解决具体问题,积小胜为大胜;又要放眼长远,克服急功近利、急于求成的思想,把握好降碳的节奏和力度,实事求是、循序渐进、持续发力。四是政府和市场的关系。坚持两手发力,推动有为政府和有效市场更好结合,建立健全"双碳"工作激励约束机制。

把系统观念贯穿"双碳"工作全过程,需要健全的制度政策体系作保障。目前，我国正在建立健全碳达峰碳中和"1+N"政策体系，涉及多个行业领域的多个配套政策文件陆续出台。2021年，《中共中央 国务院关于完整准确全面贯彻新发展理念做好碳达峰碳中和工作的意见》《2030年前碳达峰行动方案》相继发布，为实现碳达峰碳中和作出顶层设计、擘画行动路线图。为指导和统筹做好碳达峰碳中和工作，我国成立碳达峰碳中和工作领导小组，各省（区、市）陆续成立碳达峰碳中和工作领导小组，加强地方碳达峰碳中和工作统筹。2022年，生态环境部、国家发展和改革委员会、工业和信息化部、住房和城乡建设部、交通运输部、农业农村部、国家能源局联合印发《减污降碳协同增效实施方案》，就协同推进减污和降碳提出一系列重要任务举措。这些政策、规划、举措为如期实现碳达峰碳中和提供了坚强保障。

党的十八大以来，我国坚定不移走生态优先、绿色发展道路，将绿色发展理念贯穿于经济社会发展各方面，把系统观念贯穿于"双碳"工作全过程，在经济社会持续健康发展的同时，碳排放强度显著下降，经济发展与减污降碳协同效应凸显。2020年，我国碳排放强度比2015年下降18.8%，超额完成"十三五"约束性目标，比2005年下降48.4%，超额完成了向国际社会承诺的到2020年下降40%—45%的目标，累计少排放二氧化碳约58亿吨，二氧化碳排放快速增长的局面基本扭转。

"十四五"时期，我国生态文明建设进入以降碳为重点战略方向、推动减污降碳协同增效、促进经济社会发展全面绿色转型、实现生态环境质量改善由量变到质变的关键时期。以系统观念为引领，统筹推进碳达峰碳中和，必须坚持以习近平生态文明思想为指导，加强党对"双碳"工作的领导，充分发挥党总揽全局、协调各方的领导核心作用，加强统筹协调，严格监督考核，形成工作合力，确保如期实现碳达峰碳中和，为应对全球气候变化、实现人类可持续发展作出更大贡献。

（《人民日报》2022年07月22日　第11版）

101

保持历史耐心和战略定力

王　萍

　　河北塞罕坝林场1962年建场以来，一代代塞罕坝人接续奋斗，把曾经"黄沙遮天日，飞鸟无栖树"的荒漠变为百万亩林海，创造了绿色奇迹。重庆市巫山县竹贤乡下庄村，村委会主任毛相林带领村民们用16年时间在山中修出一条道路，实现了走出大山、脱贫致富的梦想……无数事例表明，干事创业贵在保持耐心和定力。只要稳扎稳打、善作善成，向着目标不懈努力、砥砺前行，终能创造出辉煌业绩。当前，我国改革发展事业正处在逆水行舟、不进则退的关键时期，尤其需要保持足够的历史耐心和坚定的战略定力。

　　"骐骥一跃，不能十步；驽马十驾，功在不舍。"保持历史耐心，既要有"任凭风浪起，稳坐钓鱼船"的从容自信，又要有"千磨万击还坚劲，任尔东西南北风"的坚韧意志，还要有"千里之行，始于足下"的踏实稳健。保持历史耐心，并不是一味等待、消极懈怠、畏首畏尾，而是要在准确把握历史规律、时代大势、发展条件基础上科学谋划、积极作为、顺势而为，在一步一个脚印的扎实推进中破解难题、实现目标。现实中，一些人因追求短期利益、眼前利益而急躁冒进，或因一时遭遇困难而丧失信心，都是缺乏历史耐心的表现。

实现中华民族伟大复兴是久久为功的宏伟事业。中国共产党人对时间的理解，不是以十年、百年为计，而是以百年、千年为计。我们党为实现民族复兴开拓进取，探索形成中国特色社会主义道路这条实现民族复兴的康庄大道，并团结带领人民坚定不移沿着这条道路走下去，展现出充分的历史耐心和强大的战略定力。党的十八大以来，中华民族伟大复兴战略全局和世界百年未有之大变局相互交织、相互激荡，世界不稳定性不确定性因素增加，我国改革发展任务的系统性、复杂性、长期性越来越突出。在深刻复杂变化的形势下，在"黑天鹅""灰犀牛"事件增多的情况下，我们坚持正确方向和道路，迎难而上、稳中求进，取得了历史性成就。我们在脱贫攻坚、污染防治、反腐败斗争等一系列大事难事上取得标志性成果，有力说明保持历史耐心和战略定力至关重要。

习近平总书记强调，要"致广大而尽精微"。"致广大"意味着从大处着眼，从全局、长远、大势上作出判断决策。"尽精微"意味着从小处入手，出实招、办实事，把过程的各环节、各方面做扎实。这正是保持历史耐心和战略定力所要做到的。要从战略高度审视问题、解决问题，善于辨析复杂现象的本质与内在机理。不被乱花迷眼、不被浮云遮眼，排除一切干扰，在坚守中磨练耐心、定力。同时要有脚踏实地的行动，从具体的现象中把握客观规律，在循序渐进中抓好落实，扎实做好打基础利长远的工作。站位要高、做事要实，既谋划长远又干在当下，既胸怀大局又落细落实，积跬步至千里，积小胜为大胜。

保持历史耐心和战略定力，还要把战略的坚定性和策略的灵活性结合起来。不仅要有战略谋划，有坚定意志，还要有策略、有智慧、有方法。解放战争后期，我们党领导进行土地改革。毛泽东同志提出，要根据不同的地区，采取不同策略。党细分了三种策略在不同地区推行，确保了土地改革的顺利进行，也赢得了广大农民的真诚拥护和支持。灵活的策略是执行正确战略、达到既定目标必不可少的条件。对于正确战略，要注意把握其要求，根据不同地区不同部门实际情况制定具体策略。同时要实事求是地分析内外环境、发展条件的变与不变，与时俱进地审视策略，及时调整和改进策略，以适应事业发展的实际需要。对策略定期评估总结，对于偏离正确战略的要及时纠正，使战略与策略保持动态统一，从而更好抓住机遇、推动发展。

(《人民日报》2022年07月26日 第11版)

102

把阅读作为成长的重要途径

王英华

习近平总书记在致首届全民阅读大会的贺信中指出:"阅读是人类获取知识、启智增慧、培养道德的重要途径,可以让人得到思想启发,树立崇高理想,涵养浩然之气。"习近平总书记的重要论述深刻揭示了阅读对于人类发展的重要意义、对于个人成长的极端重要性。我们要把阅读作为成长的重要途径,通过阅读获取知识、启智增慧、培养道德。

在人的成长过程中,生存能力的增强、创新方法的获得等,都离不开知识的滋养。人们固然可以从实践中获取知识,也可以向他人学习知识,但通过阅读获取知识始终是一条重要途径。书籍记录着人们的实践经验和认识成果,人们通过阅读可以获得超越个人阅历局限的知识,进而推动思维方式、生产方式、生活方式不断进步。我们党历来重视学习、重视读书。延安时期,为提高党员干部的理论水平和文化素养,党中央曾规定以马克思的生日5月5日为"干部学习节"。改革开放后,为切实解决广大农民群众"买书难、借书难、看书难"问题，党中央、国务院在全国范围实施"农家书屋"工程。党的十八大以来，以习近平同志为核心的党中央高度重视推动全民阅读、建设书香中国，引导全社会参与到阅读中来。在追寻人生梦想的道路上，我们要把宝贵的时间更多用在读书学习上，通过阅读更好地学习党的创新理论，学习科学文化知识，努力掌握认识事物、处理问题的正确立场观点方法。

认识并掌握事物的本质，需要知识，更需要智慧。智慧以广博的知识和丰富的经验为基础，体现着人类辨析判断、发明创造等能力。阅读能够丰富人们的知识，更能提高人们的思维能力、增进人们的智慧。浩如烟海的书籍中不仅蕴藏着各类科学文化知识，也书写着世界各国人民创造的悠久历史和灿烂文化，蕴含着大量智慧。我们要通过阅读获得分析问题和解决问题的智慧，增强科学思维能力，如战略思维、历史思维、辩证思维、创新思维、法治思维、底线思维能力等。例如，通过阅读增强历史思维能力，我们就能善于运用历史眼光认识发展规律、把握前进方向、推进现实工作；通过阅读增强辩证思维能力，我们在面对矛盾时就能在对立中把握统一、在统一中把握对立，克服极端化、片面化。

学以立德、修身正己，是中华民族的优良传统。阅读不仅能够帮助人们获取知识、启智增慧，而且能够引导人们培养高尚道德、磨炼坚强意志，向往和追求讲道德、尊道德、守道德的生活。"才者，德之资也；德者，才之帅也。"中华优秀传统文化典籍中记载着古人大量关于德才兼备的思考，在他们看来，德对于人才成长具有重要意义。毛泽东同志高度重视党员干部道德修养之于中国革命的重要意义，认为"没有多数才德兼备的领导干部，是不能完成其历史任务的"。习近平总书记对新时代党和人民事业需要什么样的干部作出明确回答，强调"新时代党的组织路线提出坚持德才兼备、以德为先、任人唯贤的方针，就是强调选干部、用人才既要重品德，也不能忽视才干"。面对时代发展的新形势新要求，我们要把阅读当成一种生活态度、一种工作责任、一种精神追求、一种境界要求，努力做到学以益智、学以励志、学以立德、学以修身，通过阅读培养道德，使阅读成为修身正己的强大动力。

(《人民日报》2022年07月27日　第11版)

103

弘扬平等互鉴对话包容的文明观

刘梁剑

以什么样的态度对待不同文明,事关人类文明发展进步。习近平主席向"意大利之源——古罗马文明展"开幕式致贺信指出:"相互尊重、和衷共济、和合共生是人类文明发展的正确道路。中国愿同国际社会一道,坚持弘扬平等、互鉴、对话、包容的文明观,以文明交流超越文明隔阂,以文明互鉴超越文明冲突,以文明共存超越文明优越,推动构建人类命运共同体。"

文明具有多样性,就如同自然界物种具有多样性一样。当今世界有200多个国家和地区、2500多个民族,不同的历史传统、风土民情,孕育了不同的文明。千百年来,各种文明交流互鉴,共同推动人类社会不断发展进步,让人类文明百花园绚烂多彩。文明没有高下、优劣之分,只有特色、地域之别。每一种文明都扎根于自己的生存土壤,凝聚着一个国家、一个民族的智慧和精神追求,都有自己存在的价值,都是人类的精神瑰宝。

当今世界,百年变局和世纪疫情相互交织,世界进入新的动荡变革期,人类需要携手应对共同的挑战。然而,一些人抱持"文明冲突论""文明优越论",甚至想改造其他文明。这实际上是对不同文明、不同意识形态的一种无知和偏见,结果不但不会促进人类文明进步,反而会留下无数混乱。应当看到,人类文明多样性是世界的基本特征,也是人类进步的源泉。《世界文化多样性宣言》提出:"文化多样性是交流、革新和创作的源泉,对人类来讲就像生物多样性对维持生物平衡那样必不可少。"为了全人类的共同利益,应当珍爱和维护这种多样性。

"万物并育而不相害,道并行而不相悖。"平等是文明交流互鉴的前提。承认文明的差异性、尊重文明的独特性,才能促进文明交流互鉴。对待不同文明要秉持平等和尊重,摒弃傲慢和偏见,推动不同文明交流对话、和谐共生。"一花独放不是春,百花齐放春满园。"交流互鉴是文明发展的本质要求,人类历史是一幅不同文明相互交流、彼此借鉴、和合融通的宏伟画卷。文明因多样而交流,因交流而互鉴,因互鉴而发展。文明差异不应成为世界冲突的根源,而应成为人类文明进步的动力。世界各种文明因包容才有交流互鉴的动力,因交流互鉴才变得更加丰富多彩。

习近平总书记指出:"中华文明自古就以开放包容闻名于世,在同其他文明的交流互鉴中不断焕发新的生命力。"从历史上的佛教东传、"伊儒会通",到近代以来的"西学东渐"、新文化运动、马克思主义和社会主义思想传入中国,再到改革开放以来全方位对外开放,中华文明在兼收并蓄中历久弥新。中国始终弘扬平等、互鉴、对话、包容的文明观,以宽广胸怀理解不同文明对价值内涵的认识,尊重不同国家人民对自身发展道路的探索。中国积极推动世界上不同国家、不同民族、不同文化交流互鉴,既让中华文明发展充满勃勃生机,又为其他文明发展创造条件,让文明交流互鉴成为增进各国人民友谊的桥梁、推动人类社会进步的动力、维护世界和平的纽带,凝聚不同国家人民携手构建人类命运共同体。

(《人民日报》2022年07月28日　第11版)

104

毫不动摇坚持党对人民军队绝对领导的根本原则和制度

杨 艳

习近平主席指出:"党对军队的绝对领导是中国特色社会主义的本质特征,是党和国家的重要政治优势,是人民军队的建军之本、强军之魂。"党的十九届六中全会通过的《中共中央关于党的百年奋斗重大成就和历史经验的决议》,全面总结党的十八大以来党领导国防和军队建设取得的历史性成就、发生的历史性变革,强调"建设强大人民军队,首要的是毫不动摇坚持党对人民军队绝对领导的根本原则和制度,坚持人民军队最高领导权和指挥权属于党中央和中央军委,全面深入贯彻军委主席负责制"。面向未来,走好中国特色强军之路、开创强军事业新局面,必须毫不动摇坚持党对人民军队绝对领导的根本原则和制度,不折不扣抓落实。

坚持党对人民军队的绝对领导,是人民军队始终保持强大凝聚力、向心力、创造力、战斗力的根本保证。党的十九大把坚持党对人民军队的绝对领导作为新时代坚持和发展中国特色社会主义的一条基本方略。党的十九届四中全会深刻总结坚持党指挥枪的显著优势,全面部署坚持和完善党对人民军队的绝对领导制度,丰富和强化了建军治军的根本原则。《中国共产党军队党的建设条例》作为全面规范军队党的建设的基础主干党内法规,标志着军队党的建设科学化、规范化、制度化水平迈上新台阶。《中国共产党军队委员会(支部)工作规定》对团级以上党委、基层党委、党支部工作等作出系统规范。党中央和中央军委修订、制定多部法规性文件,不断完善贯彻军委主席负责制的体制机制。其中,建立健全请示报告、督促检查、信息服务"三项机制",为全军全面深入贯彻军委主席负责制提供了重要机制保障。建立和完善监督执纪制度体系,重点解决军队纪检、巡视、审计、司法监督独立性和权威性不够的问题,确保政令军令畅通,使党对人民军队绝对领导的制度体系真正形成决策、执行、监督既相互制约又相互协调的"闭合回路",确保党真正从思想上、政治上、组织上、作风上牢牢掌握军队。

夯实思想政治基础。回顾历史,人民军队之所以能经受住各种考验,不断从胜利走向胜利,最根本的就是靠党对军队的绝对领导。这是建军之本、强军之魂,永远不能变,永远不能丢。新征程上,坚持党对人民军队绝对领导的根本原则和制度,必须坚持政治引领,不断加固夯实思想政治基础。坚持不懈强化理论武装,自觉用习近平新时代中国特色社会主义思想武装头脑、指导实践、推动工作,牢固确立习近平强军思想在国防和军队建设中的指导地位。深化忠诚教育,教育引导官兵严守政治纪律和政治规矩,把官兵思想和行动统一到党的理论和路线方针政策上来,确保官兵在思想上政治上行动上同党中央、中央军委和习近平主席保持高度一致,把贯彻军委主席负责制作为最高政治任务来落实、作为最高政治要求来遵循、作为最高政治纪律来严守。

加强军队党组织建设。党的力量来自组织,组织强则军队强。党的十八大以来,党中央、中央军委和习近平主席聚焦破解新体制下军队党组织建设的难点、堵点、困惑点,强调提高贯彻民主集中制质量,突出政治标准做好发展党员工作,加强干部和人才队伍建设,明确军队好干部标准等,人民军队在划时代的伟大变革中重塑重构。新征程上,坚持党对人民军队绝对领导的根本原则和制度,必须把军队各级党组织建设得更加坚强有力,着力增强军队各级党组织的领导力、组织力、执行力。坚持军队好干部标准,切实按照对党忠诚、善谋打仗、敢于担当、实绩突出、清正廉洁的标准选人用人,坚持德才兼备、以德为先,坚持五湖四海、任人唯贤。着力抓好领导干部这个关键少数,要求各级领导干部特别是高级干部必须强化政治责任和使命担当,引导广大官兵在维护党中央权威、维护习近平主席核心地位、维护和贯彻军委主席负责制上,做到旗帜更加鲜明、行动更加自觉。

强力推进正风反腐。厉行法治、严肃军纪,是治军带兵的铁律，也是建设强大军队的基本规律。党的十八大以来，党中央、中央军委和习近平主席坚持有腐必反、有贪必肃，不断铲除不良作风和腐败现象滋生蔓延的土壤，推动人民军队政治生态根本好转。新征程上，坚持党对人民军队绝对领导的根本原则和制度，必须坚定不移推进正风肃纪反腐，营造风清气正的良好政治生态。落实《军队实施党内监督的规定》，确保党内监督落到实处、见到实效。完善巡视制度，加强巡视力量建设，深化拓展巡视工作，实现巡视全覆盖，强化震慑、遏制、治本作用。加大审计监督力度，抓好重点领域、重大项目、重要资金的审计监督，严格领导干部经济责任审计，努力实现审计监督全覆盖，更好发挥审计功能。加大纪律执行情况的监督和检查力度，对有令不行、有禁不止的行为，依法依纪严肃查处。持续深入纠治"四风"，做到保持定力、寸步不让、深化整治、见底见效，永葆人民军队性质、宗旨、本色。

(《人民日报》2022年07月29日　第11版)

105

数字化让乡村文化焕发盎然生机

方 宁

乡村文化振兴是乡村振兴的重要内容和有力支撑。习近平总书记指出:"要推动乡村文化振兴,加强农村思想道德建设和公共文化建设,以社会主义核心价值观为引领,深入挖掘优秀传统农耕文化蕴含的思想观念、人文精神、道德规范,培育挖掘乡土文化人才,弘扬主旋律和社会正气,培育文明乡风、良好家风、淳朴民风,改善农民精神风貌,提高乡村社会文明程度,焕发乡村文明新气象。"数字乡村建设是乡村振兴的重要内容,能够有力促进乡村文化样态、文化产业等发展。我们要深入实施国家文化数字化战略,大力推进乡村文化数字化,为乡村文化振兴注入新动能。

中办国办印发的《乡村建设行动实施方案》提出:"传承保护传统村落民居和优秀乡土文化,突出地域特色和乡村特点,保留具有本土特色和乡土气息的乡村风貌,防止机械照搬城镇建设模式,打造各具特色的现代版'富春山居图'。"一亩方塘、一湾小溪,一片茶园、一垄稻田,一座石桥、一株古树、一台社戏、一场"村晚"等,构成了各具特色的中国乡村文化图景。进入5G时代,数字化应用可以将田园风光、乡村古韵、农业生产、民俗活动等场景有效转化成数字场景,用丰富形式展现生机盎然的乡村文化,实现时间与空间跨越、虚拟与现实融合。推进乡村文化数字化,需要完善基础设施,实施乡村文化资源数字化工程。比如,建设乡村文化数字云平台、乡村文化数字记忆馆、乡村数字档案馆和图书馆等,将乡村风貌、传统技艺、民间风俗等搬上网络云端。同时,借助多媒体影视技术、多点触控技术、虚拟现实和增强现实技术、移动终端应用等,将乡村文化资源进行数字化呈现,把更多深藏的乡村文化资源呈现在手掌上,让更多人能够体验富有活力和创意的乡村文化。

推进乡村文化数字化,需要数字素养与技能。2022年中央一号文件强调:"加强农民数字素养与技能培训。"数字技术的广泛运用正在改变乡村文化的生产和消费方式,对丰富乡村文化生活、改善农民精神风貌起到重要推动作用。当前,手机成为"新农具",直播带货成为"新农活"。广大农民群众广泛运用云直播、短视频等数字化手段,以乡言乡语表达乡村乡情、乡风乡貌,从"我被讲"变成"我想讲""我能讲",成为讲述乡村好故事、传播乡村好风尚、代言乡土新文化的主角。乡村文化的数字化也让广大网民特别是城市居民以更加便捷直观的形式了解优秀乡村文化,为乡村旅游、休闲康养、农村电商等新产业新业态的蓬勃发展拓展了空间。我们要加强数字乡村应用场景的宣传和示范，提升农民掌握数字技术的意愿，推进农民手机应用技能培训工作，同时引导企业、公益组织等参与农民数字技能培训，不断提升农民数字素养与技能。

习近平总书记指出："要吸引各类人才在乡村振兴中建功立业，激发广大农民群众积极性、主动性、创造性。"乡村文化振兴，关键在人。以数字化赋能乡村文化，需要相关人才支撑。要尊重农民意愿，广泛依靠农民、教育引导农民、组织带动农民，支持广大农民群众投身乡村文化振兴、建设美好家园。突出抓基层、强基础、固基本的工作导向，推动各类资源特别是文化资源向基层下沉。吸引和造就一批乡土文化人才，强化人才振兴保障措施，汇聚起推动乡村文化振兴的强大力量。

(《人民日报》2022年08月02日 第11版)

106

提升数字文化建设水平

崔海教

习近平总书记指出:"文化和科技融合,既催生了新的文化业态、延伸了文化产业链,又集聚了大量创新人才,是朝阳产业,大有前途。"当前,随着网络信息技术的发展,数字文化正成为文化发展的重要形式。中办、国办印发的《关于推进实施国家文化数字化战略的意见》,对数字文化建设作出重要部署。当前,提升数字文化建设水平,需要统筹处理好以下几个关系。

数字与文化的关系。数字文化是数字化的文化形态,具有数字化、网络化、智能化等特点。当前,互联网、大数据、云计算、人工智能、区块链等技术加速发展,日益融入经济社会发展各领域和全过程,为文化创新发展提供了技术支撑和广阔舞台。提升数字文化建设水平,要彰显文化的主体地位,把握数字文化发展方向,防止出现重数字技术、轻文化内容的问题。处理好数字与文化的关系,要坚持把数字技术与文化繁荣有机融合,让数字技术深度赋能文化创新,助力培育和弘扬社会主义核心价值观,弘扬中华优秀传统文化、革命文化、社会主义先进文化,不断丰富人民精神世界、增强人民精神力量,增强文化自觉和文化自信。

发展与安全的关系。数字文化产业是技术引领型产业。技术的更新迭代在推动数字文化发展的同时,也会带来新的安全问题,如影响数据安全、文化安全,冲击文化市场秩序等。特别是数字文化产品具有海量化、实时化、全球化、互动化、移动化等特征,在提高文化传播效率、拉动经济增长、丰富人民精神世界的同时,在信息传播、个人隐私保护等方面也暴露出一些风险隐患。提升数字文化建设水平,要统筹好发展和安全,在数据采集加工、交易分发、传输存储、使用管理等环节加强综合治理,制定相关安全标准,形成完善的数字文化监管体系,为数字文化发展营造安全环境。

共建与共享的关系。满足人民群众的精神文化需求是数字文化发展的出发点和落脚点。数字文化建设的智慧和力量来自人民,发展成果也应该由人民共享。一方面,要努力营造全社会广泛关心、支持和参与数字文化建设的良好氛围。鼓励政府、企事业单位和个人依法参与数字文化内容的生产与传播。另一方面,要坚持数字文化发展服务人民,丰富数字文化内容,创新数字文化出版传播形态,努力消弭城乡、地域、代际之间的数字文化鸿沟,让数字文化发展成果更好惠及全民。

自主与开放的关系。对于数字文化建设来说,自主与开放是相辅相成的。我国数字文化建设既要坚持扩大开放，又要彰显中国特色、中国风格、中国气派；既要坚持交流互鉴，又要坚持独立自主。提升数字文化建设水平，要坚持"引进来"和"走出去"相结合，加强交流与合作，创造更多承载中华文化、中国精神的数字文化产品，传播全人类共同价值，让更多中国数字文化产品走向世界。

继承与创新的关系。数字文化发展要植根中华优秀传统文化，同时又要不断融入新的文化成果、技术成果，实现创新发展。提升数字文化建设水平，一方面要坚持在继承中创新。加快建成国家文化大数据体系，推动数字技术和中华优秀传统文化相互融合、共同发展。另一方面要坚持在创新中发展。鼓励和支持各类文化机构接入国家文化专网，利用文化数据服务平台，探索数字化转型升级的有效途径，积极推进理念、内容、形式、技术、管理等创新。

(《人民日报》2022年08月03日　第11版)

107

涵养新时代共产党人的良好家风

王增福

习近平总书记在四川考察时强调:"党员、干部特别是领导干部要清白做人、勤俭齐家、干净做事、廉洁从政,管好自己和家人,涵养新时代共产党人的良好家风。"家风家教是一个家庭最宝贵的财富。党员、干部的家风不仅关系一个家庭,更关系党风、政风、民风。党员、干部要始终保持共产党人的高尚品格和廉洁操守,把家风建设摆在重要位置,涵养新时代共产党人的良好家风,努力做家风建设的表率。

重家教、守家训、正家风是中华民族的优良传统,家风文化是中华优秀传统文化的重要内容。诸葛亮诫子"静以修身,俭以养德",岳母刺字激励"精忠报国",朱子家训"一粥一饭,当思来处不易;半丝半缕,恒念物力维艰",这些蕴含着家庭教育智慧的家风文化,在新时代仍然具有重要价值。

中国共产党是中华优秀传统文化的忠实传承者和弘扬者,历来重视家风建设。习近平总书记指出:"各级领导干部特别是高级干部要继承和弘扬中华优秀传统文化，继承和弘扬革命前辈的红色家风，向焦裕禄、谷文昌、杨善洲等同志学习，做家风建设的表率，把修身、齐家落到实处。"毛泽东同志曾为亲情立下"三原则"。周恩来同志用"十条家规"告诫进京做事的亲属"完全做一个普通人"。焦裕禄不让孩子"看白戏"，将票款如数交给戏院。孔繁森扶贫济困时出手大方，对妻子女儿却显得"小气"。老一辈革命家和许许多多优秀共产党员的良好家风，诠释着奉公品德、求实作风、廉洁精神，是我们涵养良好家风的榜样。

家风是社会风气的重要组成部分，党员、干部的良好家风对党风、政风、民风具有促进作用，而家风不正则容易出格犯错甚至滑向违法犯罪。从近年来查处的腐败案件看，家风败坏往往是党员、干部及其亲属发生腐败的重要原因。良好家风是抵御贪腐的无形"防火墙"，是一体推进不敢腐、不能腐、不想腐的重要要求。党员、干部自觉树立良好家风，把小家管好，既是对家庭、对自己负责，也是对党和国家负责。

习近平总书记反复强调要注重家庭家教家风，一再提醒党员、干部要带头树立良好家风，加强对亲属和身边工作人员的教育和约束。党的十八大以来，各地区各部门认真学习贯彻习近平总书记关于注重家庭家教家风建设的重要论述精神，积极推进家风建设。同时，相关政策法规密集出台，推动家庭家教家风建设工作制度化、规范化。《中国共产党廉洁自律准则》要求党员领导干部"廉洁齐家，自觉带头树立良好家风"；《关于新形势下党内政治生活的若干准则》要求"领导干部特别是高级干部必须注重家庭、家教、家风,教育管理好亲属和身边工作人员";《中国共产党党内监督条例》要求中央政治局委员应当"带头树立良好家风";《关于加强新时代廉洁文化建设的意见》要求把家风建设作为领导干部作风建设重要内容。一系列重要党内法规制定出台,家风建设由"软要求"变成"硬约束"。党员、干部要带头遵守党纪国法,明大德、守公德、严私德,清白做人、勤俭齐家、干净做事、廉洁从政,管好自己和家人,努力成为全社会的道德楷模,带头践行社会主义核心价值观,把党的光荣传统和优良作风传承好、弘扬好。

(《人民日报》2022年08月04日 第12版)

108

坚持总体国家安全观

曹诗权

国泰民安是人民群众最基本、最普遍的愿望,是改革发展的重要前提。维护国家安全,是中国特色社会主义事业顺利推进的保障,也是实现国家长治久安和中华民族伟大复兴的前提。党的十八大以来,以习近平同志为核心的党中央顺应时代发展大势,从新时代坚持和发展中国特色社会主义的战略高度,把马克思主义国家安全理论和当代中国安全实践、中华优秀传统战略文化结合起来,创造性提出总体国家安全观,为做好新时代国家安全工作提供了根本遵循和行动指南。

习近平总书记指出:"我们党要巩固执政地位,要团结带领人民坚持和发展中国特色社会主义,保证国家安全是头等大事。"我们党诞生于国家内忧外患、民族危难之时,对国家安全的重要性有着深刻认识。新中国成立以来,党中央对发展和安全高度重视,始终把维护国家安全工作紧紧抓在手上。中国特色社会主义进入新时代,实现中华民族伟大复兴进入关键时期,世界百年未有之大变局加速演进,我国国家安全内涵和外延比历史上任何时候都要丰富,时空领域比历史上任何时候都要宽广,内外因素比历史上任何时候都要复杂。面对波谲云诡的国际形势、复杂敏感的周边环境、艰巨繁重的改革发展稳定任务,以习近平同志为核心的党中央加强对国家安全工作的集中统一领导,提出总体国家安全观,并把坚持总体国家安全观纳入坚持和发展中国特色社会主义基本方略,从全局和战略高度对国家安全作出一系列重大决策部署。

2014年4月15日,习近平总书记在中央国家安全委员会第一次会议上首次提出总体国家安全观重大战略思想,这是以习近平同志为核心的党中央对国家安全理论的重大创新,是新形势下维护和塑造中国特色国家安全的行动指南。总体国家安全观是我们党历史上第一个被确立为国家安全工作指导思想的重大战略思想,是中国共产党和中国人民捍卫国家主权、安全、发展利益百年奋斗实践经验和集体智慧的结晶,是马克思主义国家安全理论中国化的最新成果,是习近平新时代中国特色社会主义思想的重要组成部分,是新时代国家安全工作的根本遵循和行动指南。这一战略思想从全局高度科学擘画维护国家安全的整体布局,实现了对传统国家安全理念的重大突破,深化和拓展了我们党关于国家安全问题的理论视野和实践领域,标志着我们党对国家安全问题的认识达到了新高度。

在总体国家安全观指引下,我国国家安全顶层设计不断完善和加强,国家安全工作取得显著成效。我们推进国家安全体系和能力建设,设立中央国家安全委员会,完善集中统一、高效权威的国家安全领导体制,完善国家安全法治体系、战略体系和政策体系,建立国家安全工作协调机制和应急管理机制;坚定维护国家政权安全、制度安全、意识形态安全,加强国家安全宣传教育和全民国防教育,巩固国家安全人民防线;推进兴边富民、稳边固边,严密防范和严厉打击敌对势力渗透、破坏、颠覆、分裂活动,开展涉港、涉台、涉疆、涉藏、涉海等斗争;等等。这一系列重要举措,有效化解了一系列重大风险挑战,确保安全大局稳定。

坚持总体国家安全观,必须坚持党对国家安全工作的领导,把维护国家安全的战略主动权牢牢掌握在自己手里,把确保政治安全作为首要任务。同时,准确把握新时代我国国家安全形势变化新特点新趋势,以人民安全为宗旨,以政治安全为根本,以经济安全为基础,以军事、科技、文化、社会安全为保障,以促进国际安全为依托,走出一条中国特色国家安全道路,使国家安全体系更加健全,国家安全法治保障更加有力,防范和抵御安全风险能力进一步加强。

总体国家安全观关键在"总体",突出的是"大安全"理念。坚持总体国家安全观,必须从"总体"上着眼和着力,把"大安全"的理念融入政治、军事、国土、经济、文化、社会、科技、网络、生态、资源、核、金融、生物、太空、深海、极地、人工智能、海外利益等多领域,并随着社会发展不断拓展,统筹推进政治安全、国土安全、经济安全、社会安全、网络安全、科技安全等重点领域国家安全工作。总体国家安全观强调的是系统思维和方法。坚持总体国家安全观，必须以系统思维分析形势、研判风险、明晰战略，突出系统性、整体性、全面性、综合性、全局性、多向性，防范和化解影响我国现代化进程的各种风险，为建设社会主义现代化国家提供坚强保障。坚持中国特色国家安全道路，构建大安全格局，把安全发展贯穿国家发展各领域和全过程，动员全党全社会共同努力，汇聚起维护国家安全的强大力量，夯实国家安全的社会基础，为推进中国特色社会主义伟大事业，实现中华民族伟大复兴提供坚强安全保障。

（《人民日报》2022年08月05日　第11版）

109

以人民为中心是党的根本执政理念

郭建宁

2021年3月,武夷山九曲溪畔,习近平总书记走进朱熹园。看到墙上印有"国以民为本,社稷亦为民而立",总书记驻足凝视。2018年6月,习近平总书记主持中共中央政治局集体学习时引用过这句古语。习近平总书记指出:"我常说,我们的目标很宏伟,也很朴素,归根结底就是让全体中国人民都过上好日子。以人民为中心是我们的根本执政理念。"坚持这一执政理念,要求广大党员干部贯彻党的群众路线,牢记党的根本宗旨,想群众之所想,急群众之所急,把所有精力都用在让老百姓过好日子上。

民本思想在我国历史上源远流长。我国古代有许多重视百姓、爱护百姓的论述。如"民惟邦本,本固邦宁""民者,国之根也""水可载舟,亦可覆舟"等。在国家治理中,强调施行仁政和德治、顺应民心,提出"尧舜之道,不以仁政,不能平治天下""得民心者得天下,失民心者失天下"。这些忧民、爱民、利民、养民、保民的思想，是中华优秀传统文化的重要内容。坚持以人民为中心的根本执政理念，是对我国古代民本思想的创造性转化、创新性发展。

在重视人民群众这一点上，中华优秀传统文化与马克思主义有相通之处。人民性是马克思主义最鲜明的品格，人民立场是马克思主义政党的根本政治立场。马克思主义认为，人民是推动历史前进的真正动力。中国共产党是用马克思主义武装起来的先进政党，是中国最广大人民根本利益的守护者，也是中华优秀传统文化的忠实传承者。我们党清醒认识到，一个政党，一个政权，其前途和命运最终取决于人心向背。学习马克思主义，就要学习和实践马克思主义关于坚守人民立场的思想。

习近平总书记指出："江山就是人民，人民就是江山。"我们党自成立之日起，就把为中国人民谋幸福、为中华民族谋复兴确立为自己的初心和使命。我们党坚持以人民为中心，党除了工人阶级和最广大人民群众的利益，没有自己特殊的利益。百年来，我们党始终把人民放在第一位，坚持尊重社会发展规律和尊重人民历史主体地位的一致性，坚持为崇高理想奋斗和为最广大人民谋利益的一致性，坚持完成党的各项工作和实现人民利益的一致性，不断把为人民造福事业推向前进。党领导人民进行了波澜壮阔的伟大斗争，中国人民成为国家、社会和自己命运的主人，人民民主不断发展，14亿多人口实现全面小康，中国人民对美好生活的向往不断变为现实。

打江山、守江山，守的是人民的心。对于中国共产党人而言，"人民"二字重于千钧。人民群众获得感、幸福感、安全感显著增强，日子越过越好，归根结底就在于我们党始终坚持人民至上，把人民对美好生活的向往作为奋斗目标。在全面建设社会主义现代化国家新征程上，我们党同样毫不动摇地坚持以人民为中心的发展思想，聚焦人民群众普遍关心关注的民生问题，一件事接着一件事抓，一年接着一年干，用心用情用力，为人民过上更加美好生活、实现共同富裕而接续奋斗、艰苦奋斗、不懈奋斗。

（《人民日报》2022年08月09日　第11版）

110

我们推进的是中国共产党领导的社会主义现代化

樊 伟

实现现代化是近代以来世界各国孜孜以求的目标,但是,世界上既不存在定于一尊的现代化模式,也不存在放之四海而皆准的现代化标准。习近平总书记近日在省部级主要领导干部专题研讨班上指出:"我们推进的现代化,是中国共产党领导的社会主义现代化,必须坚持以中国式现代化推进中华民族伟大复兴。"

由于西方发达国家首先走上现代化道路,有些人认为实现现代化就要学习西方现代化模式。事实上,西方资本主义现代化建立在对外殖民掠夺、对内残酷剥削的基础上。一部西方资本主义发展史,就是广大亚非拉国家被侵略被压迫的血泪史。在内部治理上,西方以资本为中心的现代化,引发两极分化、社会对立,并伴随严重的精神危机。一些发展中国家照搬西方现代化模式,不仅没有走上现代化道路,反而陷入政治动荡、社会动乱之中。

历史条件的多样性决定了各国选择发展道路的多样性。对我们党来说，如何在一个经济文化落后的东方大国实现现代化是一个全新课题。邓小平同志强调："中国搞现代化，只能靠社会主义，不能靠资本主义。"党的十八大以来，我们坚持和发展中国特色社会主义，推动物质文明、政治文明、精神文明、社会文明、生态文明协调发展，成功走出中国式现代化道路，创造了人类文明新形态。

中国式现代化是中国共产党领导的社会主义现代化，科学回答了社会主义国家如何实现现代化这一重大命题。中国式现代化作为社会主义现代化，既有各国现代化的共同特征，更有基于国情的中国特色。它是人口规模巨大的现代化，是全体人民共同富裕的现代化，是物质文明和精神文明相协调的现代化，是人与自然和谐共生的现代化，是走和平发展道路的现代化。我们党领导人民坚持走中国式现代化道路，创造了经济快速发展和社会长期稳定两大奇迹。特别是新时代的10年，以习近平同志为核心的党中央团结带领人民攻克了许多长期没有解决的难题，办成了许多事关长远的大事要事，党和国家事业取得历史性成就、发生历史性变革，成功推进和拓展了中国式现代化。我们如期实现全面建成小康社会的奋斗目标，我国经济实力、科技实力、综合国力、国际影响力持续增强，人民生活水平实现历史性跨越。

中国式现代化破解了人类社会发展的诸多难题，摒弃了西方以资本为中心的现代化、两极分化的现代化、物质主义膨胀的现代化、对外扩张掠夺的现代化老路，拓展了发展中国家走向现代化的途径，为人类对更好社会制度、更好发展道路的探索提供了中国方案、贡献了中国智慧。

习近平总书记指出："中国有960多万平方公里土地、56个民族，我们能照谁的模式办？谁又能指手画脚告诉我们该怎么办？"走自己的路，是党的全部理论和实践立足点。中国特色社会主义，既是我们必须不断推进的伟大事业，又是我们开辟未来的根本保证，必须倍加珍惜、长期坚持。中华民族伟大复兴不是轻轻松松、敲锣打鼓就能实现的。面对前进道路上各种可以预见和难以预见的风险挑战，我们要保持战略定力，集中精力办好自己的事情。我们要在党的领导下，在自己选择的道路上昂首阔步走下去，坚持以中国式现代化推进中华民族伟大复兴，坚持把国家和民族发展放在自己力量的基点上、把中国发展进步的命运牢牢掌握在自己手中，奋力谱写全面建设社会主义现代化国家崭新篇章。

（《人民日报》2022年08月10日　第13版）

111

弘扬爱国传统　共谋民族复兴

王英津

在中华民族绵延不绝的历史长河中,爱国主义始终是激昂的主旋律,是激励中华儿女团结奋斗、自强不息的强大精神力量。香港同胞素有爱国传统,有强烈的国家认同感、归属感和民族自豪感,这是"一国两制"在香港成功实践的一个重要原因。

深厚的家国情怀和坚毅的民族品格始终涌动在广大香港同胞的血液中。从参与省港大罢工反对帝国主义暴行,到突破"全面禁运"为新中国运来大量物资;从改革开放后为内地经济发展注入资金、提供技术,到捐助内地教科文卫体和扶贫济困等公益事业,历史记录下香港同胞一桩桩热血澎湃、感人肺腑的爱国事迹,传承着香港同胞光荣而悠久的爱国传统。

习近平总书记指出:"政权必须掌握在爱国者手中,这是世界通行的政治法则。"早在1984年6月,邓小平同志就明确指出:"港人治港有个界线和标准,就是必须由以爱国者为主体的港人来治理香港。""爱国者治港"是"一国两制"方针的应有之义。党的十八大以来,以习近平同志为核心的党中央审时度势,作出健全中央依照宪法和基本法对特别行政区行使全面管治权、完善特别行政区同宪法和基本法实施相关制度机制的重大决策,完善香港特别行政区选举制度,落实"爱国者治港"原则,支持特别行政区完善公职人员宣誓制度。实践证明,确保"一国两制"实践行稳致远,必须始终坚持"爱国者治港"。

青年是建设国家的生力军,是香港再铸辉煌的中坚力量。做好青年的爱国主义教育工作,让爱国爱港光荣传统薪火相传,才能为香港长治久安打牢基础。特区政府在教育领域正本清源,先后出台一系列政策措施。例如,将中国历史列为全港初中的独立必修科目;改通识教育科为公民与社会发展科,着重培养学生正面价值观、积极态度和国民身份认同;规定从2022至2023学年开始,所有公营学校新聘任教师必须通过基本法测试;《国旗及国徽(修订)条例》在香港刊宪生效,香港所有的中小学必须在每个上课日、元旦日、香港特区成立纪念日和国庆日升挂国旗,每周举行一次升国旗仪式;等等。这些举措必将不断增进香港青少年对国家和民族的认同感、归属感以及责任感。

千山一脉,万水同源,香港的命运始终和国家紧紧相连。在"一国两制"制度下,香港保持背靠祖国、联通世界的显著优势,分享内地的广阔市场和发展机遇。习近平总书记指出:

"中央政府完全支持香港长期保持独特地位和优势，巩固国际金融、航运、贸易中心地位，维护自由开放规范的营商环境，保持普通法制度，拓展畅通便捷的国际联系。"从高质量建设粤港澳大湾区，到"十四五"规划纲要提出支持港澳巩固提升竞争优势，参与、助力国家全面开放和现代化经济体系建设，打造共建"一带一路"功能平台，再到《全面深化前海深港现代服务业合作区改革开放方案》落地实施，中央以长远目光擘画香港未来，全面支持香港更好融入国家发展大局。

乘着国家发展的浩荡东风，今天的香港奋楫扬帆。中华民族伟大复兴进入了不可逆转的历史进程，中国人民正行进在实现第二个百年奋斗目标的新征程上。广大香港同胞在爱国爱港旗帜下实现最广泛的团结，凝聚最磅礴的力量，画出最大同心圆，一定能够书写出更多"香港好，国家好；国家好，香港更好"的精彩故事。

(《人民日报》2022年08月12日　第14版)

112

一体推进不敢腐不能腐不想腐

宋 伟

习近平总书记近日在省部级主要领导干部专题研讨班上的重要讲话深刻阐述了过去5年工作,指出:"我们深入推进全面从严治党,持之以恒正风肃纪,一体推进不敢腐、不能腐、不想腐,党同人民群众的血肉联系更加紧密,党内良好政治生态不断形成和发展,为党和国家各项事业发展提供了坚强政治保证。"从治标入手,把治本寓于治标之中,让党员干部因敬畏而"不敢"、因制度而"不能"、因觉悟而"不想",这是新时代我们党在反腐败斗争中积累的一条重要经验。以习近平同志为核心的党中央一体推进不敢腐、不能腐、不想腐,把不敢腐的强大震慑效能、不能腐的刚性制度约束、不想腐的思想教育优势融为一体,形成了反腐败斗争的基本方针、新时代全面从严治党的重要方略,深化了对管党治党规律、反腐败斗争规律的认识,推动反腐败斗争取得压倒性胜利并全面巩固。

腐败是党内各种不良因素长期积累的结果,既有个人因素，也有环境、制度等方面因素，这决定了反腐败斗争仅靠一种措施难以取得根本成效，需要多管齐下、综合治理。一体推进不敢腐、不能腐、不想腐，能够深化标本兼治，体现了我们党在推进反腐败斗争上的系统性思维、战略性安排。"不敢"是前提，要发挥惩治和震慑作用；"不能"是关键，要发挥制度约束作用；"不想"是根本，要通过教育实现"不敢""不能"的升华。不敢腐、不能腐、不想腐三者定位明确、各有侧重同时又相互作用、相互支撑。三者不是三个阶段的划分，也不是三个环节的割裂，而是有机的整体。我们党牢牢把握一体推进的原则，使不敢腐、不能腐、不想腐三者同时发力、同向发力、综合发力，统筹"一盘棋"，打好总体战，实现预期值。

反腐败是同各种弱化党的先进性、损害党的纯洁性的病原体作斗争，极其复杂、极其艰难，容不得丝毫退让妥协。只有依法严厉惩治，用好治标的利器，形成不敢腐的威慑力，才能推动反腐败斗争逐步向治本深入。我们党坚持无禁区、全覆盖、零容忍，坚持重遏制、强高压、长震慑，以猛药去疴的决心、壮士断腕的勇气，坚定不移"打虎""拍蝇""猎狐"，以严格的执纪执法增强制度刚性，真正把反腐利剑举了起来、用了起来，形成有腐必反、有贪必肃的高压态势。

治标是为了更好地治本，治本能为巩固治标成效提供保障。在严厉查处腐败的同时，我们党注重加强重点领域监督机制改革和制度建设，完善管权治吏的体制机制，扎紧"不能腐"的制度笼子；加强理想信念教育，固本培元、强基固本，构筑"不想腐"的思想堤坝。这就打出了一套标本兼治的组合拳,更加常态化、长效化地防范和治理腐败问题。在反腐败斗争中,以案为鉴、以案促改、以案促治成为重要的工作方法。坚持以问题推动查补漏洞、以案件促进整改整治、以典型的人和事开展警示教育,把查办案件、加强教育、完善制度、促进治理贯通起来,既削减腐败存量又遏制腐败增量,寓治本于治标之中,进一步提升了标本兼治的效果。

以标本兼治的思路一体推进不敢腐、不能腐、不想腐,贯穿于我们党推进反腐败斗争的全过程,在推动全面从严治党取得历史性成就中发挥了十分重要的作用。反腐败斗争是我们党进行自我革命的一场攻坚战持久战。我们党要跳出历史周期率,始终赢得人民信任和拥护,始终成为中国特色社会主义事业的坚强领导核心,必须全面打赢这场攻坚战持久战,将反腐败斗争进行到底。进一步提高一体推进不敢腐、不能腐、不想腐的能力和水平,推动各项措施在政策取向上相互配合、在实施过程中相互促进、在工作成效上相得益彰,我们党必能在防范和治理腐败问题上取得更大成效,把自身建设得更加坚强有力。

(《人民日报》2022年08月16日 第11版)

113

以奋发有为的精神状态奋进新征程

王祖强

习近平总书记在省部级主要领导干部专题研讨班上指出："明确宣示党在新征程上举什么旗、走什么路、以什么样的精神状态、朝着什么样的目标继续前进，对团结和激励全国各族人民为夺取中国特色社会主义新胜利而奋斗具有十分重大的意义。"实现中华民族伟大复兴是中华儿女的共同梦想。这一梦想不是轻轻松松、敲锣打鼓就能实现的，必须勇于进行具有许多新的历史特点的伟大斗争，准备付出更为艰巨、更为艰苦的努力，以奋发有为的精神状态奋进新征程、创造新辉煌。

恩格斯指出："一个知道自己的目的，也知道怎样达到这个目的的政党，一个真正想达到这个目的并且具有达到这个目的所必不可缺的顽强精神的政党——这样的政党将是不可战胜的。"中国共产党正是具有这样特质的政党。党的百年历史就是一部为中国人民谋幸福、为中华民族谋复兴的不懈奋斗史。我们党领导人民浴血奋战、百折不挠，创造了新民主主义革命的伟大成就,实现了中国从几千年封建专制政治向人民民主的伟大飞跃;领导人民自力更生、发愤图强,创造了社会主义革命和建设的伟大成就,实现了一穷二白、人口众多的东方大国大步迈进社会主义社会的伟大飞跃;领导人民解放思想、锐意进取,创造了改革开放和社会主义现代化建设的伟大成就,实现了中华民族从站起来到富起来的伟大飞跃;领导人民自信自强、守正创新,创造了新时代中国特色社会主义的伟大成就,迎来了中华民族从站起来、富起来到强起来的伟大飞跃。浴血奋战、百折不挠,自力更生、发愤图强,解放思想、锐意进取,自信自强、守正创新,彰显的正是我们党的顽强精神。

新时代10年的伟大变革,在党史、新中国史、改革开放史、社会主义发展史、中华民族发展史上具有里程碑意义。习近平总书记指出:"10年来,我们遭遇的风险挑战风高浪急,有时甚至是惊涛骇浪,各种风险挑战接踵而至,其复杂性严峻性前所未有。我们坚定信心、迎难而上,一仗接着一仗打。"我们党百折不挠的奋斗精神、永不懈怠的奋斗姿态,在新时代的10年得到了充分展现。以习近平同志为核心的党中央采取一系列战略性举措,推进一系列变革性实践,实现一系列突破性进展,取得一系列标志性成果,攻克了许多长期没有解决的难题,办成了许多事关长远的大事要事,经受住了来自政治、经济、意识形态、自然界等方面的风险挑战考验,党和国家事业取得历史性成就、发生历史性变革,为实现中华民族伟大复兴提供了更为完善的制度保证、更为坚实的物质基础、更为主动的精神力量。

习近平总书记指出："我们取得的一切成就，都是党和人民一道奋斗出来的。"只有奋斗，才能战胜各种困难和挑战，才能继往开来推进伟大事业，不断满足人民日益增长的美好生活需要。我们靠团结奋斗创造了辉煌历史，还要靠团结奋斗开辟美好未来。实现中华民族伟大复兴正处于关键时期，各方面任务之繁重前所未有，风险挑战之严峻前所未有。我们不能有任何喘口气、歇歇脚的想法，必须乘势而上、再接再厉，在新起点上接续奋斗。我们要更加紧密地团结在以习近平同志为核心的党中央周围，深刻领悟"两个确立"的决定性意义，进一步增强"四个意识"、坚定"四个自信"、做到"两个维护"，踔厉奋发、勇毅前行、团结奋斗，研究提出解决问题的新思路、新举措，最根本的是要把我们自己的事情做好，以奋发有为的精神谱写全面建设社会主义现代化国家崭新篇章。

(《人民日报》2022年08月17日　第9版)

党的鲜明政治品格和强大政治优势

王新生

习近平总书记在省部级主要领导干部专题研讨班上发表重要讲话指出:"拥有马克思主义科学理论指导是我们党鲜明的政治品格和强大的政治优势。"这一重要论断深刻阐明了我们党始终保持先进性和纯洁性的根本原因、不断取得一个又一个胜利的成功秘诀,为我们在新征程上始终坚持和发展马克思主义,不断推进理论创新、进行理论创造提供了重要思想指引。

马克思主义深刻揭示了自然界、人类社会、人类思维的普遍规律,为最终建立一个没有压迫、没有剥削、人人平等、人人自由的理想社会指明了方向。中国共产党从建立伊始,就将马克思主义镌刻在党的旗帜上,无论顺境逆境都始终坚持马克思主义不动摇。百年来,中国共产党坚持以马克思主义为指导,团结带领中国人民走上社会主义道路,成功开创并不断坚持和发展中国特色社会主义,改变国家积贫积弱、一穷二白的面貌,使中华民族巍然屹立在世界东方。新时代,经过全党全国各族人民持续奋斗，我们全面建成小康社会、实现第一个百年奋斗目标，实现中华民族伟大复兴进入了不可逆转的历史进程。在百年来开辟伟大道路、创造伟大事业、取得伟大成就所奠定的坚实基础上，我们党团结带领中国人民向着全面建成社会主义现代化强国的奋斗目标迈进。实践深刻表明，中国共产党为什么能，中国特色社会主义为什么好，归根到底是马克思主义行。

理论上的成熟是政治上成熟的基础，政治上的坚定源于理论上的清醒。毛泽东同志讲过："我们敢想、敢说、敢做、敢为的理论基础是马列主义。"马克思主义使我们党拥有了科学的世界观和方法论，拥有了认识世界、改造世界的强大思想武器。正因为始终坚持马克思主义，我们党得以摆脱以往一切政治力量追求自身利益的局限，以唯物辩证的科学精神、无私无畏的博大胸怀领导和推动中国革命、建设、改革，不断坚持真理、修正错误，完成中国其他政治力量不可能完成的艰巨任务。正因为有马克思主义的科学指引，我们党才能做到心明眼亮、意志坚定，在关键抉择面前不摇摆，在艰难困苦面前不畏缩，在危机重重面前不消沉，牢牢掌握历史主动，以强烈的历史自信走向胜利。

对待科学理论必须有科学的态度。我们党深知，"马克思的整个世界观不是教义"。马克思主义能不能在实践中发挥作用，关键在于能否把马克思主义基本原理同中国实际和时代特征结合起来。我们党坚持把马克思主义基本原理同中国具体实际相结合、同中华优秀传统文化相结合，不断推进马克思主义中国化时代化，指导党和人民事业不断开创新局面。党的十八大以来，以习近平同志为主要代表的中国共产党人，创立了习近平新时代中国特色社会主义思想，实现了马克思主义中国化新的飞跃。这一重要思想深刻回答中国之问、世界之问、人民之问、时代之问，照亮全党全国各族人民新时代的奋斗征程。10年来，我们在严峻复杂国内外形势下，克服接踵而至的各种风险挑战，推动党和国家事业取得历史性成就、发生历史性变革，彰显了习近平新时代中国特色社会主义思想的实践伟力，证明了马克思主义科学理论指导是我们党强大的政治优势。

无论走得多远，马克思主义指导地位丝毫不能动摇，这是我们立党立国必须固守的根本，是新时代新征程上应对惊涛骇浪、确保"中国号"巨轮行稳致远的重要底气所在。我们要更加自觉地以习近平新时代中国特色社会主义思想为指导，把握好习近平新时代中国特色社会主义思想的世界观和方法论，坚持好、运用好贯穿其中的立场观点方法，让这一重要思想在实践中彰显出更强大的真理力量，书写中国特色社会主义事业发展新篇章。

(《人民日报》2022年08月18日 第10版)

115

在世界大变局中开创新局

吴志成

党的十九届六中全会通过的《中共中央关于党的百年奋斗重大成就和历史经验的决议》指出："我国外交在世界大变局中开创新局、在世界乱局中化危为机，我国国际影响力、感召力、塑造力显著提升"。党的十八大以来，我国外交紧扣服务民族复兴、促进人类进步这条主线，在国际风云变幻中战胜一个又一个艰难险阻，为维护和延长我国发展的重要战略机遇期，为坚持和发展中国特色社会主义、实现中华民族伟大复兴中国梦营造有利的国际环境，为促进人类和平与发展的崇高事业作出重大贡献。

世界百年大变局不限于一时一事、一国一域，是世界之变、时代之变、历史之变。大变局催生新的机遇。新一轮科技革命催生新技术新产业新业态新模式，新兴市场国家和发展中国家的国际影响力越来越大，人类朝着和平与发展目标迈进的基础更加坚实。但大变局也充满风险和挑战。全球经济增长乏力,新冠肺炎疫情"雪上加霜",各种传统和非传统安全问题相互交织,单边主义、保护主义、霸权主义等威胁加剧,世界进入新的动荡变革期,人类站在何去何从的十字路口。作为负责任大国,中国在历史关键时刻彰显担当,发挥引领作用。提出构建人类命运共同体、弘扬全人类共同价值、建设新型国际关系等理念倡议,为人类向光明前途迈进提供思想指引;提出全球发展倡议和全球安全倡议,广获国际社会认可,为后疫情时代世界和平与发展注入新动力;针对单边主义、保护主义等逆流,高举多边主义火炬,照亮人类前行之路……越来越多的中国倡议成为全球共识并见诸行动,中国为世界和平与发展提振信心、注入力量。

在乱变交织的世界中,面对来自外部的风险挑战、干涉挑衅,中国外交坚持以国家核心利益为底线维护国家主权、安全、发展利益,采取一系列扎实有力的举措构筑起维护国家利益的坚固防线,化险为夷、化危为机。在涉台、涉港、涉疆、涉藏、涉海、涉边、人权等重大问题上敢于碰硬、坚决斗争,打赢了多场硬仗。在国际交往和抗疫合作中,坚决反对阵营对抗、强权政治和冷战思维,揭批各种将疫情政治化、标签化、污名化的企图,抵制一切人为制造分裂对立的危险做法,反击任何脱钩断链和极限施压的行径。坚持外交为民,不断完善海外利益保护体系,有力应对一系列海外利益风险挑战。中国外交以实际行动为国内改革发展提供了坚强保障,向世界展现了中国人民的自信自立自强、志气骨气底气。

中国外交能够在世界大变局中开创新局、在世界乱局中化危为机，根本在于有以习近平同志为核心的党中央的坚强领导，在于有习近平新时代中国特色社会主义思想特别是习近平外交思想的科学指引。党的集中统一领导是做好对外工作的根本保证。党的十八大以来，以习近平同志为核心的党中央总揽对外工作全局，进一步加强对外工作战略谋划、统筹协调、整体推进、督促落实，党对对外工作的集中统一领导全面加强，我国对外工作体制机制更加完善。习近平外交思想准确把握世界发展大势和历史前进方向，明确了新时代我国对外工作的根本保证、历史使命、总目标等，为破解全球性问题、推动人类发展进步贡献中国智慧和中国方案。正因为有科学思想指引，我们才能始终以正确的历史观、大局观、角色观分析历史方位，辨清国际大势，从纷繁复杂的现象中把握本质，在国际乱象中把握大局，在世界变局中引领方向。

习近平总书记在总结党的十八大以来对外工作重大理论和实践创新成果时指出，坚持以中国特色社会主义为根本增强战略自信。坚定做好自己的事，增强战略自信，保持战略定力，是我国外交能够开创新局、化危为机的重要原因。面对不断增多的不稳定和不确定因素，更加需要站稳脚跟、保持定力。我国外交把握主线、坚守底线，把出发点和落脚点放在维护国家主权、安全、发展利益上，始终站在历史正确的一边、站在人类进步的一边，始终站在国际公平正义一边、站在广大发展中国家一边。正因为有强大的战略定力，保持强烈的风险意识和机遇意识，发扬敢于斗争、善于斗争的精神，把原则的坚定性和策略的灵活性结合起来，我国外交既能不被迷雾所惑、风浪所阻，又能准确识变、科学应变、主动求变，驾驭复杂局面，把主动权牢牢掌握在自己手中。

世界大变局还在深刻复杂演进之中，人类构建美好世界的前行之路不会一帆风顺。历史总是向前发展的。只要我们统筹把握中华民族伟大复兴战略全局和世界百年未有之大变局，同各国一道坚定推动构建人类命运共同体，就一定能为实现中华民族伟大复兴创造更有利的环境和条件，推动历史车轮向着光明目标前进。

（《人民日报》2022年08月19日　第9版）

116

深化社会主义价值目标理论

赵中源

马克思认为:"人们奋斗所争取的一切,都同他们的利益有关。"为了谁的利益而奋斗是判断政党价值立场的依据。以人民为中心的发展思想,是习近平新时代中国特色社会主义思想的重要组成部分。这一思想坚持马克思主义政党的价值立场与价值追求,清晰回答了坚持和发展中国特色社会主义的价值目标、价值标准等问题,彰显着人民至上的价值追求,在新的历史条件下深化了社会主义价值目标理论。

马克思主义是为无产阶级和人类谋解放的学说。从人类社会发展规律的宏观探寻到资本主义社会矛盾的微观考察,从包含"新世界观萌芽"的《关于费尔巴哈的提纲》到被誉为"工人阶级的圣经"的《资本论》,马克思主义始终围绕"为人类求解放"这一主题展开。马克思主义揭示出人的本质是一切社会关系的总和,科学阐明了人民的主体性需要通过实践得以体现的内在逻辑。科学社会主义是马克思主义的重要组成部分。

科学社会主义理论强调在共产党的领导下发挥人民群众的主体作用，确立无产阶级专政，实现劳动者与生产资料的直接结合，发展社会生产力，建立起"一个更高级的、以每个人的全面而自由的发展为基本原则的社会"，即共产主义社会。人的全面而自由的发展，是指在生产力高度发达、人民精神境界极大提高的基础上，实现人的智力和体力的全面充分发展，实现人的能力和个性的自由充分发展。社会主义追求人的全面而自由的发展，既具有符合人类根本需要与理想的合目的性，又具有反映社会进步必然趋势的合规律性。

中国共产党人的初心和使命，就是为中国人民谋幸福，为中华民族谋复兴。人民是我们党执政的最大底气，是我们共和国的坚实根基，是我们强党兴国的根本所在。中国共产党始终坚持全心全意为人民服务的根本宗旨，始终把人民放在心中最高位置，把人民拥护不拥护、赞成不赞成、高兴不高兴、答应不答应作为衡量一切工作得失的根本标准。中国特色社会主义进入新时代，以习近平同志为核心的党中央立足全面建成小康社会和开启全面建设社会主义现代化国家新征程的历史任务，提出以人民为中心的发展思想，强调"只有坚持以人民为中心的发展思想，坚持发展为了人民、发展依靠人民、发展成果由人民共享，才会有正确的发展观、现代化观"，明确提出人民对美好生活的向往就是我们的奋斗目标，阐明了中国特色社会主义发展的价值目标。

肯定人民群众在社会历史发展中的决定作用，是马克思主义的一个基本观点。马克思、恩格斯认为，人民群众是历史的创造者。习近平总书记深刻指出："坚持群众路线，就要坚持人民是决定我们前途命运的根本力量。坚持人民主体地位，充分调动人民积极性，始终是我们党立于不败之地的强大根基。"以人民为中心的发展思想，凸显了人民在推动国家经济社会发展中的主体作用。我们党坚持尊重群众首创精神，尊重人民群众在实践活动中所表达的意愿、所创造的经验、所拥有的权利、所发挥的作用，充分激发人民群众的积极性主动性创造性。

以人民为中心的发展思想彰显了发展手段与发展目标的有机统一。发展手段是实现发展目标的必要条件和保证，发展目标决定着发展手段的选择。以人民为中心的发展思想，不是一个抽象的概念，而要体现在经济社会发展各方面各环节。这一思想强调为最广大人民根本利益而奋斗，坚定不移增进民生福祉，不断满足人民美好生活需要。我们党提出创新、协调、绿色、开放、共享的新发展理念，始终指向以人民为中心的发展目标。要求通过发展社会生产力，不断提高人民生活水平，促进人的全面发展，最终实现全体人民共同富裕。

（《人民日报》2022年08月22日 第9版）

117

尊重人民首创精神

殷 烁

我们党为人民而生、因人民而兴,始终同人民在一起、为人民利益而奋斗。习近平总书记在省部级主要领导干部专题研讨班上指出:"前进道路上,全党要坚持全心全意为人民服务的根本宗旨,树牢群众观点,贯彻群众路线,尊重人民首创精神。"尊重人民首创精神,善于从人民群众中汲取智慧和力量,始终保持同人民群众的血肉联系,就能凝聚起众志成城的磅礴力量,团结带领人民共创历史伟业。

尊重人民首创精神,是由我们党的性质和宗旨决定的,也是我们党百年奋斗积累的宝贵经验,集中体现了马克思主义的历史观、价值观。唯物史观认为,人民群众是历史的主体,是社会物质财富和精神财富的创造者,是实现社会变革的决定性力量。在马克思、恩格斯看来,历史活动是群众的活动,随着历史活动的深入,必将是群众队伍的扩大。毛泽东同志强调:"人民,只有人民,才是创造世界历史的动力。"人民既是历史的"剧中人",也是历史的"剧作者"。回望百年党史,我们党领导人民经千难而前仆后继,历万险而锲而不舍,在列强侵略时顽强抗争、在山河破碎时浴血奋战、在一穷二白时奋发图强、在改革开放中与时俱进,战胜一个又一个艰难险阻,取得一个又一个辉煌胜利,靠的是始终得到人民群众的拥护和支持。人民是我们风雨无阻、高歌行进的根本力量,人民的参与和奋斗积蓄着推动历史进步的强大势能。

人民群众中蕴藏着无穷的创造潜力和聪明才智。习近平总书记指出:"在人民面前,我们永远是小学生,必须自觉拜人民为师,向能者求教,向智者问策"。人民群众的意志、愿望、要求和实践,反映着社会发展趋向,体现着社会发展规律。从"枫桥经验"到小岗村大包干,从塞罕坝植树造林到"小木耳、大产业",新生事物的产生和发展、思想认识的深化和突破、实践经验的创造和积累,无不来自亿万人民的实践和智慧。中国特色社会主义进入新时代,无论是打赢脱贫攻坚战、全面建成小康社会,还是开展抗击新冠肺炎疫情人民战争、总体战、阻击战;无论是围绕党的全国代表大会相关工作开展网络征求意见,还是基层治理中加强调查研究、畅通民意渠道,我们党都坚持以人民为中心,坚持问需于民、问计于民,充分激发蕴藏在人民群众中的创造伟力,在总结群众经验、汇聚群众智慧中获得新认识、作出新概括、形成新成果、推动新发展。

当今世界正经历百年未有之大变局,实现中华民族伟大复兴正处于关键时期,改革发展稳定任务之重、矛盾风险挑战之多、治国理政考验之大都前所未有。进行具有许多新的历史特点的伟大斗争，更加需要尊重人民首创精神，从人民那里获得应对风险挑战、不断开创事业发展新局面的智慧和力量。我们要坚持加强党的领导和尊重人民首创精神相结合，尊重劳动、尊重知识、尊重人才、尊重创造，鼓励人民群众大胆探索、勇于创新，使人民的创造热情得到激发、创造意愿得到尊重、创造实践得到支持、创造才能得到发挥。要及时发现、概括、总结人民群众创造出来的好做法、好经验，使之上升为理论和政策并指导新的实践。

群之所为事无不成，众之所举业无不胜。在全面建设社会主义现代化国家、向第二个百年奋斗目标进军的新征程上，我们必须始终站稳人民立场，坚持人民主体地位，尊重人民首创精神，充分激发人民群众的积极性、主动性、创造性，把亿万人民的智慧和力量凝聚到推动党和国家各项事业上来，紧紧依靠人民群众创造新的历史伟业。

(《人民日报》2022年08月23日　第11版)

118

把我们自己的事情做好

袁吉富

当前,世界百年未有之大变局加速演进,世界之变、时代之变、历史之变的特征更加明显。面对国内外形势的新变化,我们要站稳脚跟、立于不败之地,关键是坚定不移做好自己的事情。习近平总书记在省部级主要领导干部专题研讨班上指出:"全党必须增强忧患意识,坚持底线思维,坚定斗争意志,增强斗争本领,以正确的战略策略应变局、育新机、开新局,依靠顽强斗争打开事业发展新天地,最根本的是要把我们自己的事情做好。"我们要保持战略定力,坚定必胜信心,坚持用辩证思维看待形势发展变化,坚持把国家和民族发展放在自己力量的基点上、把中国发展进步的命运牢牢掌握在自己手中。

唯物辩证法认为,内因是事物变化的根据,外因是事物变化的条件,外因通过内因而起作用。人类历史上没有一个民族、一个国家可以通过依赖外部力量、照搬外国模式、跟在他人后面亦步亦趋实现强大和振兴。那样做的结果,不是必然遭遇失败，就是必然成为他人的附庸。独立自主是中华民族精神之魂，是我们立党立国的重要原则。坚持独立自主，是中国共产党百年奋斗的宝贵历史经验之一。党的十九届六中全会通过的《中共中央关于党的百年奋斗重大成就和历史经验的决议》指出："党历来坚持独立自主开拓前进道路，坚持把国家和民族发展放在自己力量的基点上，坚持中国的事情必须由中国人民自己作主张、自己来处理。"党和人民取得的一切成就，不是天上掉下来的，不是别人恩赐施舍的，而是通过不断斗争取得的，是广大人民群众在党的坚强领导下用勤劳、智慧、勇气干出来的，彰显着独立自主这一中华民族精神之魂。

越是接近民族复兴，越不会一帆风顺。习近平总书记指出："我们面临的各种斗争不是短期的而是长期的，至少要伴随我们实现第二个百年奋斗目标全过程。"越是斗争形势复杂，越要把我们自己的事情做好。要清醒认识国际国内各种不利因素的长期性、复杂性，强化系统观念、坚持底线思维，不断提高风险预见预判能力，严密防范化解各种风险挑战，办好发展安全两件大事，有效应对重大挑战、抵御重大风险、克服重大阻力、解决重大矛盾，战胜前进道路上的一切艰难险阻，在趋利避害中把我们自己的事情做好。

把我们自己的事情做好，需要坚定战略自信。习近平总书记指出："我国有独特的政治优势、制度优势、发展优势和机遇优势，经济社会发展依然有诸多有利条件，我们完全有信心、有底气、有能力谱写'两大奇迹'新篇章。"未来5年是全面建设社会主义现代化国家开局起步的关键时期,搞好这5年的发展对于实现第二个百年奋斗目标至关重要。我们要在党的坚强领导下,坚定战略自信,沿着中国特色社会主义道路这条康庄大道坚定不移走下去。

把我们自己的事情做好,必须把握好习近平新时代中国特色社会主义思想的世界观和方法论,坚持好、运用好贯穿其中的立场观点方法,始终把握历史主动,锚定奋斗目标,继续抓住并用好我国发展的重要战略机遇期。聚焦我国社会主要矛盾,紧紧抓住解决不平衡不充分的发展问题,着力在补短板、强弱项、固底板、扬优势上下功夫,研究提出解决问题的新思路、新举措。深入把握新发展阶段,完整、准确、全面贯彻新发展理念,加快构建新发展格局,着力推动高质量发展,进一步推进和拓展中国式现代化,坚持以中国式现代化推进中华民族伟大复兴。只要我们保持战略定力,坚定志不改、道不变的决心,不为任何风险所惧,不为任何干扰所惑,就一定能够实现既定目标,将中华民族伟大复兴推向前进。

(《人民日报》2022年08月24日 第9版)

119

科学把握战略机遇和风险挑战

许宝健

习近平总书记在省部级主要领导干部专题研讨班上强调："谋划和推进党和国家各项工作，必须深入分析国际国内大势，科学把握我们面临的战略机遇和风险挑战。"科学分析形势是想问题、作决策、办事情的重要前提，只有对前进道路上的机遇和挑战了然于胸，才能更好抓住机遇、妥善应对挑战，赢得优势、赢得主动、赢得未来。

善弈者谋势，善谋者致远。回顾历史，我们党总是善于站在时代前沿和战略全局的高度观察、思考和处理问题，深入研判形势，清醒认识机遇和挑战，从而不断开创党和国家事业发展新局面。党的十八大以来，以习近平同志为核心的党中央高度重视总结历史规律、分析判断历史方位、把握历史发展大势，不断提高抓住机遇、应对挑战的能力和本领。比如，作出"当今世界正处于百年未有之大变局"的重大判断，透过变幻莫测的国际风云把握世界格局演变趋势；作出"中国特色社会主义进入新时代"的重大判断，明确我国发展新的历史方位。新时代，我们党能够经受住来自政治、经济、意识形态、自然界等方面的风险挑战考验，与我们党对形势的正确判断、对机遇和挑战的科学把握密不可分。

当前，世界百年未有之大变局加速演进，世界之变、时代之变、历史之变的特征更加明显。我国发展面临新的战略机遇、新的战略任务、新的战略阶段、新的战略要求、新的战略环境。我们有中国共产党的坚强领导、中国特色社会主义制度的显著优势、持续快速发展积累的坚实基础、长期稳定的社会环境、自信自强的精神力量，我国发展仍具有诸多战略性有利条件，这是我国发展长期向好的巨大优势，是我们乘势而上的信心和底气所在。然而，难走的是上坡路。要清醒看到，我国改革发展任务艰巨繁重，发展不平衡不充分的问题仍然突出；国际环境日趋复杂，世界不稳定性不确定性增加。开顶风船、行逆水舟，我们需要应对的风险和挑战、需要解决的矛盾和问题更加错综复杂。

科学把握我们面临的战略机遇和风险挑战，就要增强机遇意识和风险意识，以辩证思维看待变与不变、机遇和挑战的关系，既看到变局之中有危，又看到变局之中有机，变不利因素为有利因素，善于从眼前的危机、困难中捕捉和创造机遇。深刻认识我国发展的战略性有利条件，将其抓住用好，把战略的坚定性和策略的灵活性结合起来，以正确的战略策略应变局、育新机、开新局。把困难估计得更充分一些，把风险思考得更深入一些，既高度警惕"黑天鹅"事件，也防范"灰犀牛"事件；既有防范风险的先手，也有应对和化解风险挑战的高招；既打好防范和抵御风险的有准备之战，也打好化险为夷、转危为机的战略主动战。

面对错综复杂的形势，最根本的是要把我们自己的事情做好。改革开放以来，我们遭遇过很多外部风险冲击，最终都能化险为夷，靠的就是办好自己的事、把发展立足点放在国内。要毫不动摇走中国特色社会主义道路，坚持推进中国式现代化，把中国发展进步的命运牢牢掌握在自己手中。未来5年是全面建设社会主义现代化国家开局起步的关键时期。要紧紧抓住解决不平衡不充分的发展问题，着力在补短板、强弱项、固底板、扬优势上下功夫，研究提出解决问题的新思路、新举措，以扎实行动、顽强毅力向既定奋斗目标前进。

（《人民日报》2022年08月25日 第11版）

120

敢于斗争　敢于胜利

裘　新

社会是在矛盾运动中前进的，有矛盾就会有斗争。习近平总书记在省部级主要领导干部专题研讨班上发表重要讲话指出："全党必须增强忧患意识，坚持底线思维，坚定斗争意志，增强斗争本领，以正确的战略策略应变局、育新机、开新局，依靠顽强斗争打开事业发展新天地，最根本的是要把我们自己的事情做好。"

敢于斗争、敢于胜利，是中国共产党不可战胜的强大精神力量。中国共产党一经成立，就把实现共产主义作为党的最高理想和最终目标，义无反顾肩负起实现中华民族伟大复兴的历史使命，团结带领人民进行了艰苦卓绝的斗争，谱写了气吞山河的壮丽史诗。党的百年奋斗史就是一部伟大斗争史。今天，我们比历史上任何时期都更接近中华民族伟大复兴的目标，比历史上任何时期都更有信心、有能力实现这个目标。但我们也要清醒认识到，中华民族伟大复兴不是轻轻松松、敲锣打鼓就能实现的，必须勇于进行具有许多新的历史特点的伟大斗争，准备付出更为艰巨、更为艰苦的努力。

新时代10年，我们遭遇的风险挑战风高浪急，有时甚至是惊涛骇浪，各种风险挑战接踵而至，其复杂性严峻性前所未有。我们坚定信心、迎难而上，一仗接着一仗打。我们党采取一系列战略性举措，推进一系列变革性实践，实现一系列突破性进展，取得一系列标志性成果，攻克了许多长期没有解决的难题，办成了许多事关长远的大事要事，经受住了来自政治、经济、意识形态、自然界等方面的风险挑战考验，党和国家事业取得历史性成就、发生历史性变革。我国脱贫攻坚战取得全面胜利，统筹经济发展和疫情防控取得世界上最好的成果，生态环境保护发生历史性、转折性、全局性变化……这些成就的取得，都是敢于斗争的结果，都是党和人民一道奋斗出来的。

我们面临的各种斗争不是短期的而是长期的，至少要伴随我们实现第二个百年奋斗目标全过程。习近平总书记强调："当前，世界百年未有之大变局加速演进，中华民族伟大复兴进入关键时期，我们面临的风险挑战明显增多，总想过太平日子、不想斗争是不切实际的。"世界之变、时代之变、历史之变的特征更加明显，我国发展面临新的战略机遇、新的战略任务、新的战略阶段、新的战略要求、新的战略环境，需要应对的风险和挑战、需要解决的矛盾和问题比以往更加错综复杂。我们党要团结带领人民有效应对重大挑战、抵御重大风险、克服重大阻力、解决重大矛盾，必须进行具有许多新的历史特点的伟大斗争，任何贪图享受、消极懈怠、回避矛盾的思想和行为都是错误的。全面从严治党、坚持马克思主义在意识形态领域的指导地位、全面深化改革开放、推进供给侧结构性改革、推动高质量发展、保障和改善民生、实现乡村振兴、应对重大自然灾害、全面依法治国、维护国家安全等，都要求我们坚定斗争意志、增强斗争本领，以滴水穿石的韧劲、善作善成的毅力，推动中国特色社会主义事业航船劈波斩浪、一往无前。

顽强斗争的本领不是与生俱来的。经受严格的思想淬炼、政治历练、实践锻炼、专业训练，才能在大是大非面前敢于亮剑，在矛盾冲突面前敢于迎难而上，在危机困难面前敢于挺身而出，在歪风邪气面前敢于坚持真理。党员干部要善于从战略上认识、分析、判断面临的斗争形势，以正确的战略策略应变局、育新机、开新局，以"时时放心不下"的责任感主动投身到各种斗争中去，在复杂严峻的斗争中经风雨、见世面、壮筋骨，真正锻造成为烈火真金。

(《人民日报》2022年08月30日　第11版)

不断强固当代中国文化根基

蒋金锵

当代中国是历史中国的延续和发展,当代中国思想文化也是中国传统思想文化的传承和升华。习近平总书记在主持十九届中央政治局第三十九次集体学习时指出:"中华文明源远流长、博大精深,是中华民族独特的精神标识,是当代中国文化的根基,是维系全世界华人的精神纽带,也是中国文化创新的宝藏。"作为当代中国文化根基的中华文明,深刻影响着当代中国发展进步,深刻影响着当代中国人的精神世界,既要薪火相传、代代守护,也要与时俱进、推陈出新。

中华民族创造的具有5000多年历史的灿烂文明,积淀凝聚着各个领域的思想精华。习近平总书记指出:"古人所说的'先天下之忧而忧,后天下之乐而乐'的政治抱负,'位卑未敢忘忧国''苟利国家生死以,岂因祸福避趋之'的报国情怀,'富贵不能淫,贫贱不能移,威武不能屈'的浩然正气,'人生自古谁无死,留取丹心照汗青''鞠躬尽瘁,死而后已'的献身精神等，都体现了中华民族的优秀传统文化和民族精神，我们都应该继承和发扬。"习近平总书记的重要论述，展现了中华文明的博大精深，明确了传承弘扬中华文明的使命和责任。新时代新征程，只有不忘本来，我们才能在世界文化激荡中坚守住以爱国主义为核心的民族精神和以改革创新为核心的时代精神；如果忘记了这些根本，数典忘祖、唯西方是从，势必被中国人民和时代潮流所抛弃。

在长期发展过程中，中华文明展示出独特魅力。例如，《论语·学而》倡导的"礼之用，和为贵"，《论语·颜渊》讲的"己所不欲，勿施于人"，这些思想出自儒家的道德实践，也与道家思想息息相通，得到了世界人民的广泛认同。再如，包括诗经、楚辞、汉赋、唐诗、宋词、元曲、明清小说以及绘画艺术、建筑艺术等在内的辉煌灿烂的中华文化艺术，不仅为中国人民所喜爱，而且得到国际社会的广泛推崇。这些就是更有力量、更入人心的软实力，是我们不断强固当代中国文化根基的着力点。

不断强固当代中国文化根基，还要加强文明交流互鉴。在历史上，西汉张骞出使西域，"凿空之旅"开启了中国同西域各国和平交往的大门，开辟出一条横贯东西、联结欧亚的古丝绸之路。这是一条互尊互信之路、一条合作共赢之路，也是一条文明互鉴之路，为今天共建"一带一路"提供了丰富的历史养料。唐代高僧玄奘西行求经取法，往返17个春秋，行程5万里，翻译的佛经被译成多国文字。明代郑和七下西洋，访问过

30多个国家和地区，远达非洲东海岸，极大促进了中外文明友好交流。我们党继承和弘扬中华民族"以和为贵""和平交往"等历史传统，推动同世界其他文明交流互鉴，不断提升中华文明影响力和感召力，使当代中国文化根基更加强固。

创新是一个民族进步的灵魂，是一个国家兴旺发达的不竭动力，也是中华文明不断前进的强大动力。不断强固当代中国文化根基，要积极推动中华优秀传统文化创造性转化、创新性发展。习近平新时代中国特色社会主义思想既立足于现实的中国，又植根于历史的中国，以中华文明为源头活水，从5000多年璀璨文明中承继人文精神、道德价值、历史智慧的精华养分，把马克思主义的思想精髓与中华优秀传统文化的精神特质融会贯通起来。新时代新征程，要坚持以习近平新时代中国特色社会主义思想为指导，按照时代特点和要求，赋予中华优秀传统文化新的时代内涵和现代表达形式，激活其生命力；按照时代的新进步新进展，对中华优秀传统文化的内涵加以补充、拓展、完善，增强其影响力和感召力。

(《人民日报》2022年08月31日　第9版)

122

坚持以马克思主义中国化时代化最新成果为指导

肖伟光

思想就是力量。一个民族要走在时代前列,就一刻不能没有理论思维,一刻不能没有正确思想指引。习近平总书记在省部级主要领导干部专题研讨班上指出,"拥有马克思主义科学理论指导是我们党鲜明的政治品格和强大的政治优势",强调全党必须"坚持以马克思主义中国化时代化最新成果为指导"。习近平新时代中国特色社会主义思想是当代中国马克思主义、21世纪马克思主义,我们要把握好其世界观和方法论,坚持好、运用好贯穿其中的立场观点方法,自觉用这一重要思想武装头脑、指导实践、推动工作,为实现第二个百年奋斗目标、实现中华民族伟大复兴的中国梦不懈奋斗。

马克思主义为人类社会发展进步指明了方向,是认识世界、把握规律、追求真理、改造世界的强大思想武器,是我们立党立国、兴党强国的根本指导思想。马克思主义信仰、共产主义远大理想、中国特色社会主义共同理想,是中国共产党人的精神支柱和政治灵魂,也是保持党的团结统一的思想基础。正是因为有马克思主义的指导,我们党才能在历史的反复比较中、在各种政治力量的反复较量中脱颖而出,才能创造新民主主义革命的伟大成就、社会主义革命和建设的伟大成就、改革开放和社会主义现代化建设的伟大成就、新时代中国特色社会主义的伟大成就。党的百余年奋斗历程充分证明,中国共产党为什么能,中国特色社会主义为什么好,归根到底是马克思主义行。马克思主义的科学性和真理性在中国得到了充分检验,人民性和实践性在中国得到了充分贯彻,开放性和时代性在中国得到了充分彰显。

马克思主义深刻改变了中国,中国也极大丰富和发展了马克思主义。中国共产党人坚持解放思想、实事求是、守正创新,把坚持马克思主义和发展马克思主义统一起来,不断开辟马克思主义新境界。党的十八大以来,以习近平同志为主要代表的中国共产党人坚持把马克思主义基本原理同中国具体实际相结合、同中华优秀传统文化相结合,深刻总结并充分运用党成立以来的历史经验,从新的实际出发,创立了习近平新时代中国特色社会主义思想,实现了马克思主义中国化新的飞跃。习近平新时代中国特色社会主义思想科学回答了中国之问、世界之问、人民之问、时代之问,以全新视野深化了对共产党执政规律、社会主义建设规律、人类社会发展规律的认识,形成了系统全面、逻辑严密、内涵丰富、内在统一的科学理论体系，是推动新时代党和国家事业不断向前发展的科学指南。在当代中国，坚持和发展习近平新时代中国特色社会主义思想，就是真正坚持和发展马克思主义。

习近平总书记指出："当代中国正在经历人类历史上最为宏大而独特的实践创新，改革发展稳定任务之重、矛盾风险挑战之多、治国理政考验之大都前所未有，世界百年未有之大变局深刻变化前所未有，提出了大量亟待回答的理论和实践课题。"我们要坚持解放思想、实事求是、守正创新，更好把坚持马克思主义和发展马克思主义统一起来，坚持用马克思主义之"矢"去射新时代中国之"的"。必须全面贯彻习近平新时代中国特色社会主义思想，深刻认识和领会其时代意义、理论意义、实践意义、世界意义，深刻理解其核心要义、精神实质、丰富内涵、实践要求，坚持全面系统学、及时跟进学、深入思考学、联系实际学，坚持学以致用、知行合一，不断研究解决实际问题，在新时代新征程上展现新气象新作为，继续把中华民族伟大复兴的历史伟业推向前进。

（《人民日报》2022年09月01日 第12版）

123

牢牢掌握发展主动权

赵凌云

2022年8月17日，沈阳新松机器人自动化股份有限公司的生产车间内，工业机器人、协作机器人、特种机器人等正在进行测试。习近平总书记来到这里，考察公司的生产经营、自主创新情况，与企业员工交流，强调要坚持自力更生，把国家和民族发展放在自己力量的基点上，牢牢掌握发展主动权。

唯物辩证法认为，历史发展有其规律，但人在其中不是完全消极被动的。这体现的是一种历史主动精神。一个国家能不能富强，一个民族能不能振兴，关键要看这个国家、这个民族能不能顺应时代潮流，掌握发展主动权。只要把握住历史发展规律和大势，抓住历史变革时机，顺势而为，奋发有为，我们就能够更好前进。

我们党历来坚持独立自主开拓前进道路，坚持中国的事情必须由中国人民自己作主张、自己来处理，把中国发展进步的命运牢牢掌握在自己手中。百年来，不管形势和任务如何变化，不管遇到什么样的惊涛骇浪，我们党都始终把握历史主动、锚定奋斗目标，沿着正确方向坚定前行。从找到农村包围城市、武装夺取政权的正确革命道路，到在一穷二白基础上建设新中国；从拉开改革开放历史巨幕到打赢脱贫攻坚战，我们党始终领导人民独立自主探索适合中国国情的道路，抓住和用好各种历史机遇，在历史前进的逻辑中前进、在时代发展的潮流中发展，准确识变、科学应变、主动求变。

党的十八大以来的十年，是党和国家事业发展极不平凡的十年。以习近平同志为核心的党中央，以伟大的历史主动精神、巨大的政治勇气、强烈的责任担当，统筹中华民族伟大复兴战略全局和世界百年未有之大变局，推动党和国家事业取得历史性成就、发生历史性变革，以奋发有为的精神把新时代中国特色社会主义推向前进。我们锚定奋斗目标不放松，在中华大地上全面建成小康社会。面对突如其来的新冠肺炎疫情，我们开展抗击疫情人民战争、总体战、阻击战，统筹经济发展和疫情防控取得世界上最好的成果。以长远的战略眼光，立足新发展阶段、贯彻新发展理念、构建新发展格局、推动高质量发展。面对接踵而至的各种风险挑战，我们坚持敢于斗争、敢于胜利，坚定维护国家尊严和核心利益。实践证明，坚持走自己的路，发挥历史主动精神，集中精力办好自己的事情，才能在危机中育先机、于变局中开新局，赢得发展的主动。

习近平总书记深刻指出："我国发展面临新的战略机遇、新的战略任务、新的战略阶段、新的战略要求、新的战略环境，需要应对的风险和挑战、需要解决的矛盾和问题比以往更加错综复杂。"当前，我国已进入新发展阶段，继续发展具有多方面优势和条件，同时我国发展不平衡不充分问题仍然突出，重点领域关键环节改革任务仍然艰巨，创新能力还不适应高质量发展要求，等等。我们正处在一个愈进愈难、愈进愈险而又不进则退、非进不可的时候，更加深刻地感受到"船到中流、人到半山"的艰险。

精感石没羽，岂云惮险艰。当此实现中华民族伟大复兴的关键时期，我们更要有道不变、志不改的决心，保持定力、增强信心，集中精力办好自己的事情。聚焦人民群众对美好生活的新向往新期待，着力解决不平衡不充分的发展问题，在补短板、强弱项、固底板、扬优势上下功夫，研究提出解决问题的新思路、新举措。把握历史规律，认清世界大势，面对深刻复杂变化的国内外环境带来的各种严峻挑战，提出因应的战略策略，增强工作的系统性、预见性、创造性。新时代的蓝图是宏伟的，新时代的奋斗是艰巨的。新征程上，我们要始终坚定历史自信，牢牢把握历史主动，迎难而上，砥砺前行，坚定不移推进中华民族伟大复兴历史进程。

(《人民日报》2022年09月06日　第11版)

124

始终同人民同呼吸共命运心连心

罗　峰

在"中国这十年"系列主题新闻发布会上，一组组民生数据引人注目：在宁夏，75%以上财力用于民生事业，累计支出9300多亿元，办成了一批利民惠民的实事好事；在湖南，全省所有县市区半小时可上高速公路，25户及100人以上的自然村实现了村村通硬化路；在河北，全省累计改造各类棚户区143万套，改造老旧小区10634个……新时代的宏阔画卷中，人民群众的幸福生活是最动人的风景，我们党以人民为中心的发展思想彰显出强大实践伟力。

习近平总书记在省部级主要领导干部专题研讨班上指出："前进道路上，全党要坚持全心全意为人民服务的根本宗旨""始终同人民同呼吸、共命运、心连心"。党的根基在人民、血脉在人民、力量在人民，始终坚持人民至上，同人民群众保持血肉联系。以往一切辉煌业绩，都是党团结带领人民共同奋斗取得的。新征程上，我们党要同人民同呼吸、共命运、心连心，共同创造新的更大成就。

"历史活动是群众的活动，随着历史活动的深入，必将是群众队伍的扩大。"马克思主义揭示了人民群众是历史创造者的原理和规律。实现中华民族伟大复兴，是关系亿万人民福祉的宏伟事业。只有聚合人民群众的智慧和力量，才能为这项事业提供永不枯竭的力量源泉。我们党之所以能从弱小走向强大，不断取得胜利，正是因为始终依靠人民。中华民族伟大复兴展现出前所未有的光明前景，正是党带领亿万人民群众干出来的。面对风高浪急的外部环境，面对艰巨繁重的改革发展任务，习近平总书记强调："人民是我们党执政的最大底气"。只要有人民群众的支持和参与，就没有克服不了的困难，我们党就能始终立于不败之地。要切实贯彻群众路线，尊重人民首创精神，坚持一切为了人民、一切依靠人民，把人民的智慧和力量凝聚到党和国家事业中来，化作攻坚克难、开拓进取的强大动力。

作为马克思主义政党，中国共产党从诞生之日起，就确立了为中国人民谋幸福、为中华民族谋复兴的初心使命，无论顺境逆境，始终把人民放在心中最高位置，为让人民过上好日子而奋勇前行。谷文昌带领全县人民拼搏奋战，把荒漠化的孤岛变成海上绿洲，让当地群众摆脱了苦日子，也为后来的发展打下了好基础。为带领独龙族群众脱贫，高德荣一天跑6个村、看10多个项目建设点、走上百里山路，打通独龙江乡通往山外的唯一公路……共产党人同人民想在一起、干在一起，书写了一页页为人民利益和幸福而拼搏奋斗的动人篇章。

小康梦、强国梦、中国梦，归根到底是老百姓的"幸福梦"。党的十八大以来，我们党把人民对美好生活的向往作为奋斗目标，不仅努力满足人民物质文化生活需要，而且着力满足人民在民主、法治、公平、正义、安全、环境等方面日益增长的需求，增进人民福祉，为人民解决急难愁盼问题。从全面打赢脱贫攻坚战，不让一个群众在全面小康路上掉队，到狠抓生态文明建设，让天更蓝、水更清、空气更清新；从坚持房子是用来住的、不是用来炒的定位，改善城乡居民住房条件，到构筑世界上规模最大的社会保障体系，为民生更好托底……我们党想人民所想、急人民所急，不懈努力、久久为功，让人民群众的获得感、幸福感、安全感更加充实、更有保障、更可持续。

中国式现代化是全体人民共同富裕的现代化，不能只是少数人富裕，而是要全体人民共同富裕。从全面小康到全体人民共同富裕，我们党为人民幸福而奋斗的脚步从未停歇。前进道路上，只要始终坚持全心全意为人民服务的根本宗旨，始终与人民群众风雨同舟、血脉相通、共同奋斗，我们就一定能在全体人民共同富裕上不断取得新进展，推动中国特色社会主义事业不断开创新局面。

（《人民日报》2022年09月07日 第9版）

125

建设高素质专业化教师队伍

拓俊杰

遇到好老师是人生的幸运。习近平总书记曾经深情回忆他初中一年级上政治课时的情景:"我的政治课老师在讲述焦裕禄的事迹时数度哽咽,一度讲不下去了,捂着眼睛抽泣,特别是讲到焦裕禄肝癌最严重时把藤椅给顶破了,我听了很受震撼。"

教师是人类灵魂的工程师,是人类文明的传承者,承载着传播知识、传播思想、传播真理,塑造灵魂、塑造生命、塑造新人的时代重任。好老师既能教给学生知识技能本领,又能启迪学生心灵、影响学生德行。习近平总书记在中国人民大学考察时指出:"培养社会主义建设者和接班人,迫切需要我们的教师既精通专业知识、做好'经师',又涵养德行、成为'人师',努力做精于'传道授业解惑'的'经师'和'人师'的统一者。"

做好"经师",就要精通专业知识。传授知识是教师的基本职责。作为知识的传播者，教师本人也必须坚持学习，在专业领域潜心钻研，不断充实提高。语文特级教师于漪大学毕业后先教历史，后来转岗教语文。"那时候，我每晚9点前工作，9点后学习，两三年下来，把中学语文教师该具备的语法、修辞、逻辑知识，该具备的文、史、哲知识，该了解的中外名家名著过了一遍。"于漪从"不入门"到很快成为骨干教师，再到成为"人民教育家"，都离不开刻苦钻研。除了本专业知识，好老师还要有各方面丰厚的知识储备，特别是要具有扎实的马克思主义理论功底，还要涉猎其他哲学社会科学以及自然科学知识，这样才能正确解答学生提出的问题，消除学生的思想困惑，并在教学中拓宽学生视野、启发学生心智。教师不仅要具备丰富的知识，还要善于传授知识。用生动的语言、灵活的形式引导学生学习，将课堂教学和实践教学有机结合起来，让学生把知识学深、学透、学活。

成为"人师"，对涵养德行提出更高要求。习近平总书记指出："教师不能只做传授书本知识的教书匠，而要成为塑造学生品格、品行、品味的'大先生'。""大先生"之"大"，不仅在于专业领域学有专长，还在于能够以德立身、以德立学，在做人做事上为学生作表率。心有大我、至诚报国的黄大年，淡泊名利、甘于奉献，为了国家，一切都可以舍弃。"植绿富民"的李保国，坚韧不拔、不畏辛劳，把科技成果和论文写在太行山上。扎根山乡、教书育人的张桂梅，忍受病痛、倾尽所有，帮助女孩子走出大山、走入大学。这些教师不仅教书育人、恪尽职守，还以自己的模范行为、人格力量影响和带动学生，弘扬向上向善的社会风气。对教师来说，想把学生培养成什么样的人，自己首先就应该成为什么样的人。教师应有言为士则、行为世范的自觉，不断提高自身道德修养，以模范行为引导学生，做学生为学、为事、为人的"大先生"，成为被社会尊重的楷模，成为世人效法的榜样。

国将兴，必贵师而重傅。尊师重教是中华民族的优良传统。培养社会主义建设者和接班人，迫切需要一支高素质专业化教师队伍。人民教师无上光荣，每个教师都要珍惜这份光荣，爱惜这份职业，严格要求自己，不断完善自己，成为有理想信念、道德情操、扎实知识、仁爱之心的好老师，成为学生锤炼品格的引路人、学习知识的引路人、创新思维的引路人、奉献祖国的引路人，以人格魅力呵护学生心灵，以学术造诣开启学生智慧，为国家培养更多栋梁之才。

(《人民日报》2022年09月08日 第11版)

126

春风化雨　以美育人

朱立元

美育是提升审美素养、陶冶情操、温润心灵、激发创新创造活力的教育。在德智体美劳"五育"中，美育与其他"四育"紧密联系、互相促进。习近平总书记指出："美术、艺术、科学、技术相辅相成、相互促进、相得益彰""要全面加强和改进学校美育，坚持以美育人、以文化人，提高学生审美和人文素养"。党的十八大以来，以习近平同志为核心的党中央高度重视学校美育工作，把学校美育工作摆在更加突出位置，推动学校美育实现了跨越式发展。我们要把美育纳入各级各类学校人才培养全过程，贯穿学校教育各学段，通过美育提高学生审美能力和人文素养，引导全社会重视美育价值。

美育是一种独特的教育方式，它融情操教育、心灵教育、人格教育等于一体，潜移默化地影响人、陶冶人，促进身心和谐统一和健康发展。美育通过审美的方式，帮助学生陶冶人生，培养高尚健康的品格，启迪思想智慧、激发创造活力，全面提升学生的人文素养。

美育与德育密切相关。中外许多思想家、美学家都注意发掘审美中的伦理价值。蔡元培提出："美育之目的，在陶冶活泼敏锐之心灵，养成高尚纯洁之人格。"审美具有引导人们向善的德育功能，美育能帮助人们形成健康的观念、趣味和理想，让人超越个人私利、私欲，培养高尚的人格，提升人生的境界。可见，美育在促进德育发展方面有得天独厚的长处，而德育也可以为美育明确规范和内容，让美育确立正确的方向。

美育与智育相辅相成。有的人可能会认为，美育仅仅局限在艺术教育领域，美育搞得多了会影响智育的开展。这其实是一种认识误区。美育与智育不但不矛盾，还能有效促进智育。这集中体现在美育对创新思维的激发和培养上。创新思维的核心是想象力，而美育是培养人们丰富想象力的有效途径。艺术创作、审美等活动，能极大激发和调动人的想象力和创造力，培养创新思维和创新能力。美育的这一特性，对各专业、行业都有适用性。也就是说，美育能够促进创新思维的培育进而促进智育，而智育则能够提高人们认识和把握事物发展规律的能力，也能促进美育。

美育与体育相互融合。绝大多数体育运动都遵循美学原理，都与美育交叉融合。体育训练可以促进人的身心健康，使人具有发达的肌肉、健美的形体。因此，体育是实施美育的重要方式之一，而美育则是体育的内在追求和目标之一。绝大多数体育运动，如体操运动、冰上运动、田径运动、水上运动、球类运动等，都具有各自的审美追求，甚至拳击、摔跤、击剑等激烈对抗的运动也不例外。

美育与劳动教育也是紧密联系的。马克思在批判资本主义异化劳动的同时，揭示出"劳动创造了美"的真谛。人的一切劳动都遵循美的规律，从某种意义上说，美的规律也就是劳动的规律。从根本目的上说，劳动教育与审美教育完全一致，都是为了促进健康人格的发展。引导青少年积极参加劳动，会使他们在接受劳动教育、取得劳动成果的同时，潜移默化地感受到审美的愉悦，进而提高审美素养。

（《人民日报》2022年09月13日　第11版）

127

把国家和民族发展放在自己力量的基点上

汪明义

独立自主是中华民族精神之魂,是我们立党立国的重要原则。我们党刚成立的时候,全国只有50多名党员,没有自己的武装力量,正是靠着顽强拼搏、艰苦奋斗逐步发展壮大,发动广大人民群众,不断战胜强大敌人和各种艰难险阻,不断取得伟大胜利和辉煌成就。新中国刚成立的时候,我们一辆汽车、一架飞机、一辆坦克、一辆拖拉机都不能造。也正是靠着一代代中国人自力更生、自强不息,改变国家面貌,让中国成为工业门类齐全的国家,综合制造能力领先全球。

经过不懈奋斗,我国发展取得辉煌成就,但部分领域还存在一些短板、弱项,比如科技领域仍有不少"卡脖子"问题。中国人民始终相信,要获得发展,最终要靠自己。越是伟大的事业,越需要艰苦奋斗,越需要开拓创新。"核心技术、关键技术,化缘是化不来的,要靠自己拼搏。"广大科技工作者在党的领导下,时不我待推进高水平科技自立自强,抢占科技创新制高点。如今，国产大型客机C919完成国内取证试飞，墨子号、祖冲之号、九章等国之重器惊艳世界，"人造太阳"领先全球核聚变……一项项傲人成就，增强了我们自立自强的信心。

习近平总书记强调："不论过去、现在和将来，我们都要把国家和民族发展放在自己力量的基点上，坚持民族自尊心和自信心，坚定不移走自己的路。"改革开放以来，我们虚心学习借鉴国外的有益经验，但从没有依赖外部力量、跟在他人后面亦步亦趋，而是坚持独立自主、自力更生。我们党坚持从我国国情出发，激发广大人民群众的积极性、主动性、创造性，带领人民成功开辟中国特色社会主义道路，中国特色社会主义伟大事业取得举世瞩目的成就。

党的十八大以来，以习近平同志为核心的党中央以伟大的历史主动精神、巨大的政治勇气、强烈的责任担当，团结带领全党全国各族人民自信自强、守正创新，创造了新时代中国特色社会主义的伟大成就。脱贫攻坚战取得全面胜利，成功解决困扰中华民族几千年的绝对贫困问题，靠的是独立自主、自力更生；面对突如其来的新冠肺炎疫情，开展抗击疫情人民战争、总体战、阻击战，最大限度保护人民生命安全和身体健康，统筹经济发展和疫情防控取得世界上最好的成果，靠的也是独立自主、自力更生。我们取得的一切成就，不是天上掉下来的，不是别人恩赐施舍的，都是党和人民一道奋斗出来的。

把国家和民族发展放在自己力量的基点上，必须凝聚起全体中华儿女共同奋斗的磅礴伟力，集中精力办好自己的事。在我们这样一个有着14亿多人口的国家，每个人出一份力就能汇聚成排山倒海的磅礴力量，每个人做成一件事、干好一件工作，党和国家事业就能向前推进一步。我们沿着自己选择的正确道路坚定走下去，把中国发展进步的命运牢牢掌握在自己手中，坚持为了人民、依靠人民，把人民群众中蕴藏着的智慧和力量充分激发出来，就一定能够不断创造出更多令人刮目相看的人间奇迹。

（《人民日报》2022年09月15日 第11版）

128 弘扬向上向善的文化

曾建平

云南丽江华坪女子高中校长张桂梅扎根边疆教育一线40余年，给大山里的女孩带去知识和希望；扶贫干部黄文秀以"不获全胜、决不收兵"的信念带领乡亲们苦干实干，把最美青春年华无私奉献给脱贫事业；黄山风景区的工作人员李培生、胡晓春长年在山崖间清洁环境，日复一日呵护着千年迎客松，用心用情守护美丽黄山……我们的身边，总有这样舍小我、求大我的人，他们在奉献中传递大爱、在坚守中成就不凡，彰显向上向善的社会正能量。

近日，习近平总书记给"中国好人"李培生、胡晓春回信，勉励他们积极传播真善美、传递正能量，带动更多身边人向上向善。向上向善是真善美价值追求、正能量价值取向的具象化表达。新时代弘扬向上向善的文化，对于弘扬社会主义核心价值观、推进社会主义道德建设、坚定文化自信具有重要意义。

国无德不兴，人无德不立。中华优秀传统文化中蕴含着很多劝导人向上向善的思想理念，如"己所不欲，勿施于人""与人为善""推己及人""兼善天下""利济苍生"等。向上向善的文化传承中华优秀传统文化的基因，反映社会主义核心价值观的内在要求，体现思想向上、行动向前、心中向善的自觉与自省，不仅可以激发人们内心深处的道德责任感，而且有助于涵育家庭美德，带动社风民风积极向上，凝神聚气、凝心聚力，聚合推动民族发展和社会进步的力量。

党的十八大以来，以习近平同志为核心的党中央高度重视社会主义精神文明建设，坚持从大处着眼、小处着手，弘扬向上向善的文化，全社会道德建设蔚然成风，为中国特色社会主义事业提供了丰沛道德滋养。从推动形成爱国爱家、相亲相爱、向上向善、共建共享的社会主义家庭文明新风尚，到培育积极健康、向上向善的网络文化，我们从治家、治网等多方面培育向上向善的文化。从全国道德模范、"中国好人"到"时代楷模""最美人物""最美奋斗者"等，我们充分发挥榜样示范作用，一个个可信可学的榜样感召人、影响人，激励人们见贤思齐、择善而从，在全社会营造奋发向上、崇德向善、德行天下的浓厚氛围。

习近平总书记指出："我们要建设的社会主义现代化强国，不仅要在物质上强，更要在精神上强。精神上强，才是更持久、更深沉、更有力量的。"构筑中华民族精神大厦，是建设社会主义现代化国家的应有之义和坚实支撑。我们正处在全面建设社会主义现代化国家开局起步的关键时期，完成艰巨繁重的改革发展任务、应对复杂严峻的风险挑战，需要全社会以积极进取的姿态去开拓奋斗，需要进一步弘扬向上向善的文化，为党和国家事业发展提供源源不断的精神动力和道德滋养。只要我们一代接着一代追求美好崇高的道德境界，我们的民族就会永远健康向上、永远充满希望。

新时代进一步弘扬向上向善的文化，要坚持日日为继、久久为功，坚持春风化雨、润物无声。既要以文化人，充分挖掘中华优秀传统文化中适合于调理社会关系和鼓励人们向上向善的内容，结合时代条件加以继承和发扬，赋予其新的内涵，使之成为涵养向上向善德行的重要资源；又要以榜样引领，进一步培育和弘扬全社会向英雄模范致敬、向先进楷模学习的良好氛围，进一步完善和细化德者有得、好人好报的政策和制度保障，让先进人物的事迹和品德成为激励人们积极进取和崇德向善的动力；还要注重实践养成，引导人们把对高尚道德的追求外化为自觉行动，争做社会的好公民、单位的好员工、家庭的好成员，为中华民族伟大复兴奉献自己的光和热。

(《人民日报》2022年09月20日 第11版)

129

坚定信心　迎难而上

刘　学

习近平总书记在省部级主要领导干部专题研讨班上的重要讲话中指出:"10年来,我们遭遇的风险挑战风高浪急,有时甚至是惊涛骇浪,各种风险挑战接踵而至,其复杂性严峻性前所未有。我们坚定信心、迎难而上,一仗接着一仗打。我们取得的一切成就,都是党和人民一道奋斗出来的。"当前,实现中华民族伟大复兴进入了不可逆转的历史进程。但也要清醒认识到,中华民族伟大复兴不是轻轻松松、敲锣打鼓就能实现的,必须勇于进行具有许多新的历史特点的伟大斗争,准备付出更为艰巨、更为艰苦的努力。新征程上,我们更要坚定信心、迎难而上,增强"一仗接着一仗打"的意识、决心和智慧。

强化"一仗接着一仗打"的意识,常怀远虑、居安思危。习近平总书记指出:"全党必须增强忧患意识,坚持底线思维"。历史启示我们,越是前景光明、越是取得成绩的时候,越是要有如履薄冰的谨慎,越是要有居安思危的忧患意识。当前,世界百年未有之大变局加速演进,世界之变、时代之变、历史之变的特征更加明显。我国发展面临新的战略机遇、新的战略任务、新的战略阶段、新的战略要求、新的战略环境,需要应对的风险和挑战、需要解决的矛盾和问题比以往更加错综复杂。我们要强化"一仗接着一仗打"的意识,增强忧患意识、坚持底线思维,把困难估计得更充分一些,把风险思考得更深入一些,特别是对于危及党的执政地位、国家政权稳定,危害国家核心利益,危害人民根本利益,有可能迟滞甚至打断中华民族复兴进程的重大风险挑战,要毫不犹豫、断然出手,下好先手棋、打好主动仗。

坚定"一仗接着一仗打"的决心,迎难而上、敢于斗争。习近平总书记指出,全党必须"坚定斗争意志,增强斗争本领""依靠顽强斗争打开事业发展新天地"。新时代坚持和发展中国特色社会主义是一场艰巨而伟大的社会革命。新征程上,我们面临的各种斗争不是短期的而是长期的,将伴随实现第二个百年奋斗目标全过程。我们党依靠斗争创造历史,更要依靠斗争赢得未来。在重大风险、强大对手面前,总想过太平日子、不想斗争是不切实际的,唯有主动迎战、坚决斗争才有生路出路,才能赢得尊严、求得发展。我们要坚定"一仗接着一仗打"的决心,发扬斗争精神、坚定斗争意志、掌握斗争规律、增强斗争本领,有效应对重大挑战、抵御重大风险、克服重大阻力、解决重大矛盾,战胜前进道路上的一切艰难险阻。

增加"一仗接着一仗打"的智慧,重视战略策略问题。习近平总书记指出,全党必须"以正确的战略策略应变局、育新机、开新局"。做到敢于斗争、善于斗争,必须重视战略策略问题。在重大历史关头从战略上认识、分析、判断面临的重大历史课题,制定正确的政治战略策略,这是党战胜无数风险挑战、不断从胜利走向胜利的有力保证。毛泽东同志指出:"为了同敌人作斗争,我们在一个长时间内形成了一个概念,就是说,在战略上我们要藐视一切敌人,在战术上我们要重视一切敌人。"正确的战略需要正确的策略来落实。我们要增加"一仗接着一仗打"的智慧,加强战略谋划,把握策略方法,把战略的坚定性和策略的灵活性结合起来,既要把方向、抓大事、谋长远,又要抓准抓好工作的切入点和着力点,切实把大账总账算好、把小账细账算准,以战略定力和策略活力应变局、育新机、开新局,不断夺取新时代中国特色社会主义新的伟大胜利。

(《人民日报》2022年09月21日 第9版)

130

传承红色基因　凝聚奋进力量

孟月明

在辽沈战役纪念馆的英烈馆内，悬挂着一面"仁义之师"锦旗。锦旗记录着人民解放军钢铁纪律的故事。那是辽沈战役期间，锦州乡间的苹果已经熟了，行军路过的解放军战士虽然饥渴难耐，但一个苹果都没有摘。"仁义之师"赢得了民心，东北人民全力支援，辽沈战役拼出胜利。如今，硝烟散去，精神永存。

2022年8月，习近平总书记在辽宁考察时指出："红色江山来之不易，守好江山责任重大。要讲好党的故事、革命的故事、英雄的故事，把红色基因传承下去，确保红色江山后继有人、代代相传。"红色是中国共产党、中华人民共和国最鲜亮的底色。红色基因蕴含着中国共产党人的精神密码，是中华民族宝贵的精神财富。伟大建党精神是中国共产党的精神之源。我们传承红色基因，要坚持真理、坚守理想，坚持和发展马克思主义，向着共产主义远大目标一棒接着一棒跑、一茬接着一苴干；要践行初心、担当使命，为了人民幸福、民族复兴而艰苦奋斗、无私奉献、砥砺前行；要不怕牺牲、英勇斗争，面对各种困难和挑战敢于斗争、敢于胜利，依靠顽强斗争打开事业发展新天地；要对党忠诚、不负人民，坚定不移听党话、矢志不渝跟党走，始终与人民同呼吸共命运心连心，为人民利益不懈奋斗。红色基因已经深深融入中华民族的血脉，成为鼓舞和激励中国人民攻坚克难、不断前进的强大精神动力。

吃水不忘挖井人。习近平总书记指出："我们的红色江山是千千万万革命烈士用鲜血和生命换来的。江山就是人民，人民就是江山。我们决不允许江山变色，人民也绝不答应。"缅怀革命先烈、崇尚人民英雄，本身就是对红色基因的传承。我们不能忘记理想信念，不能忘记初心使命，不能忘记革命精神。要用历史映照现实、远观未来，看清楚过去我们为什么能够成功、弄明白未来我们怎样才能继续成功，用党的奋斗历程鼓舞斗志，用党的光荣传统和优良作风坚定信念，用党的实践创造启迪智慧，在新征程上更好担负起我们这一代人的使命。

红色基因镌刻在红色印记中，沉淀在红色故事里。我国革命博物馆、纪念馆、党史馆、烈士陵园等红色资源星罗棋布，保存着许多珍贵文物、遗址、遗迹。每一件革命文物、每一个红色故事，都是理想信念的生动教材。传承红色基因，要用心用情用力保护好、管理好、运用好宝贵的红色资源，把红色资源中蕴含的精神价值展现出来。特别是要向青少年讲好党的故事、革命的故事、英雄的故事，建设富有特色的革命传统教育、爱国主义教育、青少年思想道德教育基地，引导广大青少年在红色历史学习中树立正确世界观人生观价值观。推动党史学习教育常态化长效化，引导广大党员干部把学习党史作为必修课和常修课，不断从党的奋斗历程中汲取智慧和力量。我们要把党的宝贵经验传承好、发扬好，让革命传统和优良作风薪火相传，凝聚起奋进新征程的磅礴力量，努力创造无愧于新时代的新业绩。

（《人民日报》2022年09月26日　第9版）

131

充分发挥科学理论指导的强大政治优势

邓一非

理论是实践的先导,思想是行动的指南。习近平总书记在省部级主要领导干部专题研讨班上发表重要讲话强调:"拥有马克思主义科学理论指导是我们党鲜明的政治品格和强大的政治优势。"马克思主义科学理论指导这一强大的政治优势,是我们党百年来战胜无数艰难险阻、从胜利走向胜利的重要密码。新征程上,凝聚全党全国各族人民的智慧和力量,谱写新的时代篇章、铸就新的历史伟业,更加需要充分发挥科学理论指导的强大政治优势。

一个民族要走在时代前列,就一刻不能没有理论思维,一刻不能没有正确思想指引。毛泽东同志说:"主义譬如一面旗子,旗子立起了,大家才有所指望,才知所趋赴""代表先进阶级的正确思想,一旦被群众掌握,就会变成改造社会、改造世界的物质力量"。马克思主义是我们立党立国、兴党强国的根本指导思想,凝聚党心民心,照亮奋进征途。中国共产党为什么能,中国特色社会主义为什么好,归根到底是因为马克思主义行。党的历史也是一部不断推进理论创新、进行理论创造的历史。我们党把坚持马克思主义和发展马克思主义统一起来,不断推进马克思主义中国化时代化并用以指导实践,形成并充分发挥科学理论指导的强大政治优势。

党的十八大以来,以习近平同志为主要代表的中国共产党人,坚持把马克思主义基本原理同中国具体实际相结合、同中华优秀传统文化相结合,深刻总结并充分运用党成立以来的历史经验,从新的实际出发,创立了习近平新时代中国特色社会主义思想。新时代,我们能够攻克许多长期没有解决的难题,办成许多事关长远的大事要事,经受住来自政治、经济、意识形态、自然界等方面的风险挑战考验,推动党和国家事业取得历史性成就、发生历史性变革,根本在于有习近平总书记作为党中央的核心、全党的核心掌舵领航,在于有习近平新时代中国特色社会主义思想科学指引。新时代10年的伟大变革再次证明,只有充分发挥科学理论指导的强大政治优势,才能增强党的创造力凝聚力战斗力,增强全体人民的凝聚力和向心力,形成万众一心、无坚不摧的磅礴力量。

理论来源于实践,又用于指导实践。实践发展永无止境,理论创新也永无止境。发挥科学理论指导的强大政治优势,贯穿着对理论与实践辩证关系的深刻把握。习近平新时代中国特色社会主义思想之所以具有强大真理力量和实践力量,就在于紧密结合新的时代条件和实践要求,以全新的视野深化对共产党执政规律、社会主义建设规律、人类社会发展规律的认识，科学回答了中国之问、世界之问、人民之问、时代之问。这一重要思想一以贯之坚持马克思主义，与时俱进发展马克思主义，是当代中国马克思主义、二十一世纪马克思主义，是中华文化和中国精神的时代精华，实现了马克思主义中国化新的飞跃。

理论上越清醒，政治上就越坚定；理论上越自觉，行动上就越主动。发挥科学理论指导的强大政治优势，必须紧跟党的理论创新步伐，用习近平新时代中国特色社会主义思想武装头脑、指导实践、推动工作。坚持读原著、学原文、悟原理，把握好习近平新时代中国特色社会主义思想的世界观和方法论，坚持好、运用好贯穿其中的立场观点方法。紧密结合新时代新实践新要求，更加自觉地用这一重要思想指导解决改革发展稳定的重大问题、人民群众反映强烈的突出问题、党的建设面临的紧迫问题，切实把理论学习成果转化为干事创业的新观念新思路新举措，把科学理论指导的强大政治优势转化为开创工作新局面的实际成效。

(《人民日报》2022年09月30日　第7版)

132

坚持底线思维

胡长栓

习近平总书记在省部级主要领导干部专题研讨班上强调:"全党必须增强忧患意识,坚持底线思维,坚定斗争意志,增强斗争本领,以正确的战略策略应变局、育新机、开新局,依靠顽强斗争打开事业发展新天地。"底线思维是新时代新征程应对各种风险挑战必须不断提高的科学思维能力。

底线思维是一种富有哲学智慧的思维能力,是对中华优秀传统文化中相关思想观念的继承和发展。比如,孔子讲的"人无远虑,必有近忧",孟子讲的"生于忧患而死于安乐",都强调要增强忧患意识、防范化解风险,体现了底线思维。底线思维还是对唯物辩证法的坚持和运用。现实生活中矛盾无处不在、无时不有,要从矛盾的两个方面一分为二地看事物,不能只看有利的一面、忽视不利的一面,而是要通盘考虑各种因素,居安思危、未雨绸缪。

增强忧患意识、坚持底线思维,是我们党的优良传统和宝贵经验。在党的七大上，毛泽东同志提出全党要"准备吃亏"，强调"要在最坏的可能性上建立我们的政策"。改革开放后，邓小平同志强调："我们要把工作的基点放在出现较大的风险上，准备好对策。"党的十八大以来，习近平总书记反复强调坚持底线思维，告诫全党要"坚持底线思维、增强忧患意识，有效防范和化解前进道路上的各种风险"。

坚持底线思维，是有效应对我国发展环境深刻复杂变化的必然要求。回望新时代10年，我们遭遇的风险挑战风高浪急，有时甚至是惊涛骇浪，各种风险挑战接踵而至，其复杂性严峻性前所未有。在以习近平同志为核心的党中央坚强领导下，我们坚持底线思维，发扬斗争精神，攻克了许多长期没有解决的难题，办成了许多事关长远的大事要事，经受住了来自政治、经济、意识形态、自然界等方面的风险挑战考验。

坚持底线思维并不是保守被动，被风险吓住不敢作为，而是要心中有数、处变不惊，做到"有守"和"有为"有机统一。危和机总是同生并存的，克服了危即是机。我们要增强忧患意识，对可能出现的问题有充分的预见和准备，把应对预案准备得更充分更具体，同时又要抓住机遇，促进事物向更好方向发展。

远眺前行路，我国发展面临新的战略机遇、新的战略任务、新的战略阶段、新的战略要求、新的战略环境，需要应对的风险和挑战、需要解决的矛盾和问题比以往更加错综复杂。我们要坚持底线思维，对那些可能迟滞甚至中断中华民族伟大复兴进程的重大风险加强研判、全力防范,把底线牢牢守住。既打好防范和抵御风险的有准备之战,也打好化险为夷、转危为机的战略主动战,不断夺取伟大斗争新胜利。

(《人民日报》2022年10月11日　第17版)

133

始终贯彻党的群众路线

夏锦文

为什么人的问题,是检验一个政党、一个政权性质的试金石。"站在最大多数劳动人民的一面""把屁股端端地坐在老百姓的这一面"。2021年9月,正在陕西榆林考察的习近平总书记来到中共绥德地委旧址,在看到展厅里这两行醒目的字时指出:"中国共产党领导人民取得革命胜利,是赢得了民心,是亿万人民群众坚定选择站在我们这一边。"

始终贯彻党的群众路线,同人民风雨同舟、血脉相通、生死与共,是我们党战胜一切困难和风险的根本保证。风雨如磐的长征路上,3位红军女战士把自己仅有的一条被子剪下半条留给穷苦乡亲。焦裕禄"心里装着全体人民、唯独没有他自己",带领干部群众治理"三害"。"帮老百姓干活、保障群众利益,怎么干都不过分"的廖俊波,为百姓打拼到生命最后一刻。群众路线是我们党的生命线和根本工作路线,是我们党永葆青春活力和战斗力的重要传家宝。

党的十八大以来，我们党坚持以人民为中心，牢记"江山就是人民，人民就是江山"，无论作决策还是抓工作、促落实，都始终坚持贯彻党的群众路线。在脱贫攻坚战中，广大扶贫干部舍小家为大家，同贫困群众结对子、认亲戚，把心血和汗水洒遍千山万水、千家万户，发挥群众的聪明才智，以前所未有的力度彻底解决绝对贫困问题。回应群众期待，从群众深恶痛绝、反映最强烈的形式主义、官僚主义、享乐主义和奢靡之风这"四风"问题抓起，惩治群众身边的腐败，让广大人民群众拍手称快。正是因为广大党员干部从思想深处深化了对群众路线的认识，以实际行动密切党同人民群众的血肉联系，我们党团结带领人民群众创造了新时代中国特色社会主义的伟大成就。

贯彻党的群众路线，就要切实为群众办实事、解难题。习近平总书记指出："要面对面、心贴心、实打实做好群众工作，把人民群众安危冷暖放在心上，雪中送炭，纾难解困，扎扎实实解决好群众最关心最直接最现实的利益问题、最困难最忧虑最急迫的实际问题。"检验我们一切工作的成效，最终都要看人民是否真正得到了实惠，人民生活是否真正得到了改善，人民权益是否真正得到了保障。要坚持把群众利益放在第一位，不断增强人民群众的获得感、幸福感、安全感。贯彻党的群众路线，还要汇聚群众的智慧和力量谋发展、干事业。要努力探索密切联系群众的新路径、新办法，了解群众意愿、征求群众意见、倾听群众呼声、汇聚群众智慧，充分激发蕴藏在人民群众中的创造伟力。

人民,在中国共产党人心中位置最高、分量最重。不论形势如何变化,我们党所坚守的群众路线始终不变。只要我们始终同人民站在一起、想在一起、干在一起,充分激发广大人民群众的积极性主动性创造性,就没有克服不了的困难,就没有成就不了的宏图大业。

(《人民日报》2022年10月12日 第18版)

134

始终把握历史主动

连李生

习近平总书记在党的二十大报告中指出,拥有马克思主义科学理论指导是我们党坚定信仰信念、把握历史主动的根本所在。在百年奋斗历程中,我们党坚持以马克思主义为指导,善于把握历史发展规律和大势,牢牢把握历史主动。党的十八大以来,以习近平同志为核心的党中央以伟大的历史主动精神、巨大的政治勇气、强烈的责任担当,推动党和国家事业取得历史性成就、发生历史性变革。在向着第二个百年奋斗目标迈进的新征程上,我们要坚持以马克思主义为指导,大力发扬历史主动精神,始终把握历史主动。

把握新征程上的历史主动,首先要有坚定的历史自信。当今世界,要说哪个政党、哪个国家、哪个民族能够自信的话,那中国共产党、中华人民共和国、中华民族是最有理由自信的。我们党团结带领人民开辟伟大道路、创造伟大事业、取得伟大成就,不断从胜利走向胜利。在党和人民接续奋斗的基础上,经过新时代10年的顽强拼搏,我们书写了在党史、新中国史、改革开放史、社会主义发展史、中华民族发展史上具有里程碑意义的辉煌篇章。江山壮丽、人民豪迈、前程远大,当代中国以更加欣欣向荣的姿态屹立于世界东方。成就举世瞩目、奋斗激荡人心,在新征程上把握历史主动、创造历史伟业,我们更有信心、更有力量。

辨明历史方位、把准历史脉动,科学把握战略机遇和挑战,才能把握新征程上的历史主动。党的十八大以来,我们党作出中国特色社会主义进入新时代的重大判断,明确我国发展新的历史方位,为在新的历史条件下深刻把握当代中国发展变革的新特征提供了时代坐标和基本依据。在全面建成小康社会、实现第一个百年奋斗目标后,作出我国进入新发展阶段的重大判断,为与时俱进制定正确政策和策略提供重要前提。党的二十大深入分析国际国内形势,全面把握新时代新征程党和国家事业发展新要求、人民群众新期待,制定行动纲领和大政方针。新征程上,在党的坚强领导下,坚持以习近平新时代中国特色社会主义思想为指导,我们就能抓住机遇、应对挑战,在时代洪流中牢牢把握事业发展主动权。

历史是由人民群众创造的,人民群众是历史活动的主体。来自人民、为了人民、依靠人民,这是我们党把握历史主动的力量源泉。只要我们党始终保持同人民群众的血肉联系,始终接受人民批评和监督,始终同人民同呼吸、共命运、心连心,就能攻坚克难,不断创造新的更大的奇迹。

历史只会眷顾坚定者、奋进者、搏击者。只有奋勇当先、奋楫笃行，才能把握历史主动。新时代新征程，我们要切实增强历史担当、践行历史使命，在机遇面前主动出击，在挑战面前迎难而上，在把握历史主动中创造不负历史、不负时代、不负人民的业绩。

（《人民日报》2022年10月18日　第17版）

135

坚持中国特色社会主义道路

马　峰

习近平总书记在参加党的二十大广西代表团讨论时强调："实践证明，党的十八大以来党中央的大政方针和工作部署是完全正确的，中国特色社会主义道路是符合中国实际、反映中国人民意愿、适应时代发展要求的，不仅走得对、走得通，而且走得稳、走得好。"中国特色社会主义道路是被实践证明符合中国国情的正确道路，是创造人民美好生活、实现中华民族伟大复兴的康庄大道。深入学习贯彻党的二十大精神，就要坚持中国特色社会主义道路。

旗帜指引方向，方向决定道路，道路决定命运。中国发生了翻天覆地变化，其根本原因在于我们找到了一条符合中国国情、顺应时代潮流、得到人民群众拥护支持的正确道路，这就是中国特色社会主义。我们坚持中国特色社会主义道路，用几十年时间走完了发达国家几百年走过的工业化历程，国家经济实力、科技实力、综合国力显著增强，国际地位空前提高，人民生活水平不断跃上新的台阶，创造了经济快速发展和社会长期稳定两大奇迹。历史和现实充分证明，只有中国特色社会主义道路而没有别的道路，能够引领中国进步、增进人民福祉、实现民族复兴。

中国特色社会主义道路是为了人民的道路，始终坚持以人民为中心，努力实现好、维护好、发展好最广大人民根本利益。以习近平同志为核心的党中央把人民对美好生活的向往作为奋斗目标，团结带领全党全国各族人民如期打赢脱贫攻坚战，全面建成小康社会，不仅努力满足人民物质文化生活需要，而且着力满足人民在民主、法治、公平、正义、安全、环境等方面日益增长的要求，人民群众的获得感、幸福感、安全感更加充实、更有保障、更可持续。正是因为这条道路坚持以人民为中心，不断满足人民对美好生活的向往，从而得到广大人民群众的衷心拥护和支持。

随着中国特色社会主义不断发展，我们的制度必将越来越成熟，我国社会主义制度的优越性必将进一步显现，我们的道路必将越走越宽广。中国特色社会主义道路植根中国大地、深得人民拥护，具有强大生命力和巨大优越性。这条道路，看准了、认定了，就要坚定不移走下去。我们要始终保持清醒坚定，保持强大前进定力，既不走封闭僵化的老路，也不走改旗易帜的邪路，不为任何风险所惧，不为任何干扰所惑，真正做到"千磨万击还坚劲,任尔东西南北风"。沿着中国特色社会主义道路坚定不移走下去,我们就一定能实现中华民族伟大复兴。

(《人民日报》2022年10月19日　第17版)

136

归根到底是老百姓的"幸福梦"

何民捷

习近平总书记在党的二十大报告中指出,中国共产党领导人民打江山、守江山,守的是人民的心。治国有常,利民为本。为民造福是立党为公、执政为民的本质要求。深入贯彻落实党的二十大精神,要求我们坚持在发展中保障和改善民生,鼓励共同奋斗创造美好生活,不断实现人民对美好生活的向往。

心底无私天地宽。一个能够跳出个人局限的人,就能够舍小利为大义,不计较自身得失而甘于奉献。对于一个政党来说也是这样。与西方资产阶级政党为资本利益集团服务不同,中国共产党是马克思主义政党,是为人民谋利益的党,始终代表中国最广大人民根本利益,与人民休戚与共、生死相依,没有任何自己特殊的利益,从来不代表任何利益集团、任何权势团体、任何特权阶层的利益。中国共产党一经诞生,就把为中国人民谋幸福、为中华民族谋复兴确立为自己的初心和使命。

一百多年来，我们党团结带领人民进行革命、建设、改革，根本目的就是为了让人民过上好日子，让老百姓幸福。

习近平总书记指出，小康梦、强国梦、中国梦，归根到底是老百姓的"幸福梦"。从长征途中的半条被子到"把有限的生命投入到无限的为人民服务中去"，从小康路上"一个都不能少"到"坚持人民至上、生命至上"，"人民"二字在中国共产党人心中位置最高、分量最重。为人民而生，因人民而兴，始终同人民在一起，为人民利益而奋斗，是我们党立党兴党强党的根本出发点和落脚点。中国共产党百年来所付出的一切努力、进行的一切斗争、作出的一切牺牲，都是为了人民幸福和民族复兴。中国共产党人始终为了人民幸福而前赴后继、不懈奋斗，全心全意为人民服务。

一枝一叶总关情。对老百姓的事情，习近平总书记看得重、问得细、记得牢。在辽宁沈阳市皇姑区三台子街道牡丹社区的老年餐厅，习近平总书记向正在用餐的老人们询问饭菜价格贵不贵、社区服务好不好、生活上还有什么困难。在新疆乌鲁木齐市天山区固原巷社区，习近平总书记来到居民阿布来提·吐尔逊家中，仔细察看客厅、卧室、厨房等，同一家人围坐在一起拉家常。习近平总书记要求："要始终把人民安危冷暖放在心上，帮助群众解决就业、收入、就学、社保、医保、住房等方面的实际困难，扎扎实实做好保障和改善民生各项工作。"

我们党以人民的幸福为幸福，把以人民为中心贯彻落实到党和国家事业发展各方面全过程。党的十八大以来，近1亿农村贫困人口全部脱贫，历史性地解决了绝对贫困问题。2012年到2021年，全国居民人均可支配收入从16510元增至35128元，中等收入群体超过4亿人。我国建成世界上规模最大的社会保障体系，基本医疗保险覆盖13.6亿人，基本养老保险覆盖超过10亿人。新时代10年，中国人民生活水平迈上了一个新台阶，向着共同富裕的目标坚定前行，人民日益增长的美好生活需要不断得到满足，获得感、幸福感、安全感更加充实、更有保障、更可持续。谁把人民放在心上，人民就把谁放在心上。我们党始终坚持人民立场，赢得最广大人民衷心拥护，凝聚起众志成城的磅礴伟力，无往而不胜。

幸福都是奋斗出来的。人民对美好生活的向往，就是中国共产党人的奋斗目标。今天，我们党团结带领人民迈上实现第二个百年奋斗目标新征程，朝着实现中华民族伟大复兴的宏伟目标继续前进。人民对美好生活的向往体现在方方面面。我们要撸起袖子加油干，从人民群众普遍关注的问题出发，继续把就业、教育、医疗、社保、住房、养老等问题一个一个解决得更好，为人民幸福生活接续奋斗，在为人民服务中不断创造新业绩。

(《人民日报》2022年10月20日 第19版)

137

用新的伟大奋斗创造新的伟业

刘建平

习近平总书记在党的二十大报告中指出:"时代呼唤着我们,人民期待着我们,唯有矢志不渝、笃行不怠,方能不负时代、不负人民。""党用伟大奋斗创造了百年伟业,也一定能用新的伟大奋斗创造新的伟业。"深入学习贯彻党的二十大精神,必须高举中国特色社会主义伟大旗帜,全面贯彻习近平新时代中国特色社会主义思想,弘扬伟大建党精神,自信自强、守正创新,踔厉奋发、勇毅前行,为全面建设社会主义现代化国家、全面推进中华民族伟大复兴而团结奋斗。

恩格斯指出:"一个知道自己的目的,也知道怎样达到这个目的的政党,一个真正想达到这个目的并且具有达到这个目的所必不可缺的顽强精神的政党——这样的政党将是不可战胜的。"我们党之所以历经百年而风华正茂、饱经磨难而生生不息,就是凭着那么一股革命加拼命的强大精神。回顾我们党百年波澜壮阔的奋斗历程,在风雨如磐的革命岁月、筚路蓝缕的建设时期、春潮澎湃的改革年代,在中国特色社会主义新时代,一代又一代中国共产党人不畏艰难险阻、直面风险挑战,顽强拼搏、不懈奋斗,展现出伟大的历史主动精神。在"万水千山只等闲"的长征路上,在"拼命也要拿下大油田"的建设者身上,在许许多多扶贫干部的事迹中,都彰显着中国共产党人永不懈怠、奋发有为的精神状态。一百多年来,在伟大建党精神的激励鼓舞下,不管形势和任务如何变化,不管遇到什么样的惊涛骇浪,中国共产党人都始终锚定奋斗目标,团结带领人民披荆斩棘、勇毅前行,为实现中华民族伟大复兴而不懈奋斗。

党的十八大以来,面对错综复杂的国际形势和艰巨繁重的国内改革发展稳定任务,以习近平同志为核心的党中央团结带领全党全军全国各族人民进行具有许多新的历史特点的伟大斗争,有效应对重大挑战、抵御重大风险、克服重大阻力、化解重大矛盾,攻克了许多长期没有解决的难题,办成了许多事关长远的大事要事,经受住了来自政治、经济、意识形态、自然界等方面的风险挑战考验,党和国家事业取得历史性成就、发生历史性变革。十年来,我们遭遇的风险挑战风高浪急,有时甚至是惊涛骇浪,各种风险挑战接踵而至,其复杂性严峻性前所未有。我们坚定信心、迎难而上,一仗接着一仗打。新时代十年的伟大变革,不是天上掉下来的,而是通过不断斗争取得的。我们取得的一切成就,都是党和人民一道奋斗出来的。

奋斗永无止境。习近平总书记指出:"民族复兴的使命要靠奋斗来实现，人生理想的风帆要靠奋斗来扬起。"前进道路不可能是一片坦途，我国发展面临新的战略机遇、新的战略任务、新的战略阶段、新的战略要求、新的战略环境，需要应对的风险和挑战、需要解决的矛盾和问题比以往更加错综复杂。我们必须勇于进行具有许多新的历史特点的伟大斗争，准备付出更为艰巨、更为艰苦的努力。只有奋勇拼搏，才能战胜各种困难和挑战，才能继往开来推进伟大事业，不断满足人民日益增长的美好生活需要。我们要激扬起精气神，汇聚更强大的力量，以越是艰险越向前的精神奋勇搏击、迎难而上，以昂扬的精神状态攻坚克难、闯关夺隘，扎扎实实做好各项工作，把新时代中国特色社会主义事业不断推向前进，在新征程上创造新的辉煌。

（《人民日报》2022年10月25日　第9版）

138

团结就是力量　团结才能胜利

肖远平

习近平总书记在党的二十大报告中指出:"团结就是力量,团结才能胜利。全面建设社会主义现代化国家,必须充分发挥亿万人民的创造伟力。"全面建设社会主义现代化国家、全面推进中华民族伟大复兴,必须不断巩固全国各族人民大团结,加强海内外中华儿女大团结,形成同心共圆中国梦的强大合力。

中国人民是具有伟大团结精神的人民。在漫长的历史长河中,中国人民团结一心、同舟共济,建立了统一的多民族国家,发展了56个民族多元一体、交织交融的融洽民族关系,形成了守望相助的中华民族大家庭。各族人民共同书写悠久历史,共同创造灿烂文化,共同培育伟大精神。特别是近代以后,在反对外来侵略战争中,我国各族人民手挽着手、肩并着肩,英勇奋斗,浴血奋战,共同书写了中华民族保卫祖国、抵御外侮的壮丽史诗。

中国共产党成立后，实现中华民族伟大复兴有了坚强领导核心。中国共产党团结带领中国人民不懈奋斗，从根本上扭转了近代以后中国人民和中华民族的历史命运。我们党团结一切可以团结的力量、调动一切可以调动的积极因素，最大限度凝聚起团结奋斗的力量。依靠团结奋斗，我们推翻了三座大山，创造了世所罕见的经济快速发展奇迹和社会长期稳定奇迹，全面建成小康社会，开启了全面建设社会主义现代化国家新征程。历史和现实充分证明，团结就是力量，团结才能胜利。团结奋斗是中国人民创造历史伟业的必由之路，党和人民取得的一切成就都是团结奋斗的结果，团结奋斗是中国共产党和中国人民最显著的精神标识。

党的十八大以来，以习近平同志为核心的党中央审时度势、果敢抉择，锐意进取、攻坚克难，团结带领全党全军全国各族人民撸起袖子加油干、风雨无阻向前行，义无反顾进行具有许多新的历史特点的伟大斗争。十年来，我们采取一系列战略性举措，推进一系列变革性实践，实现一系列突破性进展，取得一系列标志性成果，经受住了来自政治、经济、意识形态、自然界等方面的风险挑战考验，党和国家事业取得历史性成就、发生历史性变革，推动我国迈上全面建设社会主义现代化国家新征程。

中国共产党是我们成就伟业最可靠的主心骨。中国共产党领导是中国特色社会主义最本质的特征，是中国特色社会主义制度的最大优势，是党和国家的根本所在、命脉所在，是全国各族人民的利益所系、命运所系。习近平总书记在参加党的二十大广西代表团讨论时强调，全党全国各族人民要在党的旗帜下团结成"一块坚硬的钢铁"，心往一处想、劲往一处使，推动中华民族伟大复兴号巨轮乘风破浪、扬帆远航。历史和现实已经并将继续证明，只要在党的领导下全国各族人民团结一心、众志成城，我们就一定能够战胜前进道路上的一切困难挑战，创造令人刮目相看的奇迹。

团结奋斗需要不断巩固共同思想基础。习近平新时代中国特色社会主义思想是当代中国马克思主义、二十一世纪马克思主义，是中华文化和中国精神的时代精华。这一重要思想用马克思主义的立场观点方法观察时代、把握时代、引领时代，从理论和实践的结合上深入回答关系党和国家事业发展、党治国理政的一系列重大时代课题，是全党全国各族人民为实现中华民族伟大复兴而奋斗的行动指南。我们要坚持用习近平新时代中国特色社会主义思想武装全党、教育人民、指导实践，不断巩固全党全国各族人民团结奋斗的共同思想基础，坚定信心、同心同德，埋头苦干、奋勇前进，为全面建设社会主义现代化国家、全面推进中华民族伟大复兴而团结奋斗。

（《人民日报》2022年10月26日　第13版）

139

团结才能胜利　奋斗才会成功

刘　学

习近平总书记在参加党的二十大广西代表团讨论时强调："团结才能胜利，奋斗才会成功。"能团结奋斗的民族才有前途，能团结奋斗的政党才能立于不败之地。回首过去，中国共产党团结带领中国人民用伟大奋斗创造了百年伟业。放眼未来，中国共产党一定能团结带领中国人民用新的伟大奋斗创造新的伟业。

党的十八大以来，中国特色社会主义进入新时代，这个新时代是全国各族人民团结奋斗、不断创造美好生活、逐步实现全体人民共同富裕的时代，是全体中华儿女勠力同心、奋力实现中华民族伟大复兴中国梦的时代。以习近平同志为核心的党中央团结带领全党全军全国各族人民风雨无阻向前行，在竞相奋斗、团结奋斗的生动局面中，稳经济、促发展、战贫困、建小康，控疫情、抗大灾，应变局、化危机，攻克了一个个看似不可攻克的难关险阻，创造了一个个令人刮目相看的人间奇迹。习近平总书记在党的二十大报告中指出："十年来，我们经历了对党和人民事业具有重大现实意义和深远历史意义的三件大事""这是中国共产党和中国人民团结奋斗赢得的历史性胜利""新时代的伟大成就是党和人民一道拼出来、干出来、奋斗出来的"。

团结奋斗是中国人民创造历史伟业的必由之路，这是我们在长期实践中得出的至关紧要的规律性认识。古人云："积力之所举，则无不胜也；众智之所为，则无不成也。"我们靠团结奋斗创造了辉煌历史，还要靠团结奋斗开辟美好未来。习近平总书记指出："围绕明确奋斗目标形成的团结才是最牢固的团结，依靠紧密团结进行的奋斗才是最有力的奋斗。"党的二十大明确了党现在的中心任务："团结带领全国各族人民全面建成社会主义现代化强国、实现第二个百年奋斗目标，以中国式现代化全面推进中华民族伟大复兴。"全面建设社会主义现代化国家，必须充分发挥亿万人民的创造伟力，而团结正是凝聚人心、成就伟业的重要保证，是战胜一切困难的强大力量。要使全党全国各族人民在党的旗帜下团结成"一块坚硬的钢铁"，心往一处想、劲往一处使，靠团结奋斗开辟美好未来、创造历史伟业。同时，我们应看到，全面建设社会主义现代化国家前景一片光明，但前路不会一帆风顺。当前世界之变、时代之变、历史之变正以前所未有的方式展开，我国发展进入战略机遇和风险挑战并存、不确定难预料因素增多的时期，各种"黑天鹅""灰犀牛"事件随时可能发生，我们要准备经受风高浪急甚至惊涛骇浪的重大考验。面对复杂的国内外形势，我们更要万众一心、团结奋斗，确保中国发展的巨轮胜利前进。

一分部署，九分落实。习近平总书记指出："当前最重要的任务，就是撸起袖子加油干，一步一个脚印把党的二十大作出的重大决策部署付诸行动、见之于成效。"党的二十大科学谋划了未来五年乃至更长时期党和国家事业发展的目标任务和大政方针。我们要更加紧密地团结在以习近平同志为核心的党中央周围，把思想和行动凝聚到党的二十大作出的重大决策部署上来，凝聚到深入贯彻落实党的二十大精神上来。站在新的历史起点上眺望未来，我们深信：只要14亿多中国人民始终手拉着手一起向未来，只要9600多万中国共产党人始终与人民心连着心一起向未来，就一定能凝聚起全体人民的智慧和力量，激发出全社会的创造活力和发展动力，在全面建设社会主义现代化国家、全面推进中华民族伟大复兴的伟大历史征程中，不断夺取新的胜利、收获新的成功。

（《人民日报》2022年10月27日　第10版）

140

培养担当民族复兴大任的时代新人

田海林

教育是国之大计、党之大计。党的二十大报告对办好人民满意的教育作出部署、提出要求。习近平总书记要求"在加快推进教育现代化的新征程中培养担当民族复兴大任的时代新人",强调"促进学生德智体美劳全面发展,培养学生爱国情怀、社会责任感、创新精神、实践能力"。新征程上,培养德智体美劳全面发展的社会主义建设者和接班人,对于服务国家战略需要、加快建设人才强国、实现中华民族伟大复兴至关重要。

爱国主义是中华民族精神的核心,是中华民族团结奋斗、自强不息的精神纽带。习近平总书记强调:"要在厚植爱国主义情怀上下功夫,让爱国主义精神在学生心中牢牢扎根,教育引导学生热爱和拥护中国共产党,立志听党话、跟党走,立志扎根人民、奉献国家。"要坚持用习近平新时代中国特色社会主义思想铸魂育人,统筹推进大中小学思政课一体化建设,从中华优秀传统文化中寻找爱国主义教育的源头活水，引导学生树立和坚持正确的历史观、民族观、国家观、文化观，自觉坚定爱国之心、砥砺报国之志，听党话、跟党走，自觉把个人成长与党和国家事业发展统一起来。要遵循青少年成长规律，紧密结合时代特征丰富教育内容、拓展教育途径，让学生在丰富多彩的校园活动中接受爱国主义教育。

"先天下之忧而忧，后天下之乐而乐""天下兴亡，匹夫有责"，中华优秀传统文化素来强调勇于担当、敢于担责。党的十八大以来，习近平总书记多次寄语广大青少年，勉励他们担当社会责任、担负时代使命，要求他们"怀着一颗感恩的心，珍惜时光，努力学习，将来做对国家、对人民、对社会有用的人"。广大教育工作者要着力培养学生社会责任感，鼓励并支持学生更加自信、更加主动地适应社会、融入社会，参与社会发展进程。要用社会主义核心价值观引导学生勇担责任，鼓励学生做有理想、敢担当、能吃苦、肯奋斗的时代新人。

创新是一个民族进步的灵魂，是一个国家兴旺发达的不竭源泉。习近平总书记指出："青年是社会中最有生气、最有闯劲、最少保守思想的群体，蕴含着改造客观世界、推动社会进步的无穷力量""我们要用欣赏和赞许的眼光看待青年的创新创造，积极支持他们在人生中出彩"。广大教育工作者要精心呵护学生的创新意识，培养学生的创新精神，提升学生的创新能力。推动教育教学方式改革创新，尊重和保护学生的创新意识，激发学生的创新兴趣，鼓励学生开展个性化、探究式的学习探索，鼓励学生面对问题时解放思想、开阔思路、突破常规，提出切实有效、与众不同的解决方案。

实践出真知，实践长真才。习近平总书记指出："做人做事，最怕的就是只说不做，眼高手低。不论学习还是工作，都要面向实际、深入实践，实践出真知；都要严谨务实，一分耕耘一分收获，苦干实干。"广大教育工作者要引导学生在实践锻造中不断成长，坚持教育与生产劳动相结合，把劳动精神和实践意识的种子深植学生心中，教育学生崇尚劳动、尊重实践，懂得"劳动最光荣、劳动最崇高、劳动最伟大、劳动最美丽""社会主义是干出来的"等道理，持续系统地锻造学生的劳动素养和社会实践能力。要在培养学生的奋斗精神上下功夫，引导学生树立远大志向，敢想敢干、勇于实践、不懈奋斗。

(《人民日报》2022年10月28日　第9版)

141

坚定历史自信

粟用湘

习近平总书记在党的二十大报告中强调:"全党同志务必不忘初心、牢记使命,务必谦虚谨慎、艰苦奋斗,务必敢于斗争、善于斗争,坚定历史自信,增强历史主动,谱写新时代中国特色社会主义更加绚丽的华章。"一百多年来,我们党致力于为中国人民谋幸福、为中华民族谋复兴,致力于为人类谋进步、为世界谋大同,天下为公,人间正道,这是我们党具有历史自信的最大底气,是我们党在中国执政并长期执政的历史自信,也是我们党团结带领人民继续前进的历史自信。

中国共产党之所以能赢得人民信任,是因为始终坚持以人民为中心。哈佛大学民调显示,中国民众对政府的支持率长期保持在90%以上。全球知名公关咨询公司爱德曼发布的报告显示,2021年中国民众对政府信任度高达91%,蝉联全球第一。这些调查数据印证了我们党赢得人民信任、得到人民支持的事实,从一个侧面反映了中国共产党能够带领人民创造一个又一个彪炳史册人间奇迹的原因。天地之大，黎元为本。以百姓心为心，与人民同呼吸、共命运、心连心，是党的初心，也是党的恒心。我们党干革命、搞建设、抓改革，在救国、兴国、强国的伟大历史进程中始终坚持以人民为中心，与人民有福同享、有难同当，有盐同咸、无盐同淡。人民是我们党执政的最大底气。无论遇到任何困难和挑战，只要有人民支持和参与，就没有克服不了的困难，就没有越不过的坎。

中国共产党人的历史自信，源于手中的真理、心中的信念。毛泽东同志指出："我们敢想、敢说、敢做、敢为的理论基础是马列主义。"习近平总书记强调："中国共产党为什么能，中国特色社会主义为什么好，归根到底是马克思主义行，是中国化时代化的马克思主义行。"正是在马克思主义及其中国化时代化成果科学指引下，中国共产党人在长期奋斗中深刻总结历史经验、正确运用历史规律、准确把握历史大势，在关键抉择面前不摇摆，在艰难困苦面前不畏缩，在危机重重面前不消沉，迸发出压倒一切敌人而不被敌人所压倒的大无畏精神，永葆"越是艰险越向前"的英雄气概和"敢教日月换新天"的昂扬斗志，信心百倍走向一个又一个胜利。

脚踏人间正道，何惧世事沧桑。始终站在历史正确的一边、站在人类进步的一边，在中国特色社会主义这条人间正道上，我们党团结带领人民用几十年时间走完了发达国家几百年走过的工业化历程，推动我国跃升为世界第二大经济体、第一大工业国、第一大货物贸易国、第一大外汇储备国，迎来了从落后时代、跟上时代再到引领时代的伟大跨越，创造了彪炳史册的人间奇迹。脚踏这条人间正道，我们党团结带领中国人民成功走出了中国式现代化道路，创造了人类文明新形态，为人类实现现代化提供了新的选择，为解决人类面临的共同问题提供了中国智慧、中国方案、中国力量。

今天，我们比历史上任何时期都更接近、更有信心和能力实现中华民族伟大复兴的目标，同时，前进道路上的风险挑战依然严峻复杂。在新征程上坚定历史自信，必须坚定"长风破浪会有时"的信心，保持"千磨万击还坚劲"的定力，激发"勇气先登势无敌"的胆魄，自信自强、守正创新，踔厉奋发、勇毅前行，不断创造更多世界瞩目的人间奇迹。

（《人民日报》2022年11月01日　第9版）

142

在新的赶考之路上交出优异答卷

曹 平

西柏坡纪念馆里,陈列着西柏坡今日照片和旧景照片,新旧对比让参观的人心生感慨。告别土坯房,住进新楼房;依托红色旅游、绿色发展,人均年收入过万元……在"进京赶考"的出发地,中国共产党人交出了让革命故土展新颜、让人民群众展笑颜的答卷。新时代新征程,大江南北、长城内外,一张张亮丽答卷正在不断书写。

习近平总书记在参加党的二十大广西代表团讨论时强调:"我们要坚定历史自信、增强历史主动,在新的赶考之路上向历史和人民交出新的优异答卷。"从"进京赶考"到踏上新的赶考之路,岁月见证中国共产党一路走来的艰辛奋斗、辉煌成就。新的赶考之路上,我们必须时刻保持赶考的清醒和谨慎,以党的自我革命引领社会革命,以新的伟大奋斗书写新的优异答卷。

我们党是世界上最大的马克思主义执政党,要巩固长期执政地位、始终赢得人民衷心拥护，必须时刻保持强烈的忧患意识和昂扬的进取精神。习近平总书记多次强调"党面临的'赶考'远未结束"。从2012年在十八届中共中央政治局常委同中外记者见面时强调"我们自豪而不自满，决不会躺在过去的功劳簿上"，2021年在党的十九届六中全会第二次全体会议上强调"在建党百年之际，我们要居安思危"，到在党的二十大上再次强调"决不能有松劲歇脚、疲劳厌战的情绪"，习近平总书记以高度历史自觉和强烈忧患意识思考和把握党的建设问题。党的十八大以来，共查处违反中央八项规定精神问题76.1万多件，全国纪检监察机关共立案464.8万余件；现行近4000部有效党内法规中，近十年新制定修订的占70%以上……我们党以前所未有的勇气和定力全面从严治党，打出一套自我革命的"组合拳"，形成一整套党自我净化、自我完善、自我革新、自我提高的制度规范体系。时刻保持清醒和谨慎，就要增强全面从严治党永远在路上、自我革命永远在路上的政治自觉，把新时代党的建设新的伟大工程向纵深推进，确保党不变质、不变色、不变味，始终成为中国特色社会主义事业的坚强领导核心。

时代是出卷人，我们是答卷人，人民是阅卷人。中国共产党的"赶考"，出发点和落脚点都是为人民谋幸福。我们党坚持以人民为中心的发展思想，紧紧抓住人民最关心最直接最现实的利益问题，从人民群众关心的事情做起，从让人民满意的事情抓起，不断实现人民对美好生活的向往。打赢脱贫攻坚战、建成世界上规模最大的社会保障体系、极大改善人民生活环境质量……沉甸甸的成绩单，映照着新时代中国共产党人深厚的人民情怀。走过漫漫奋斗路，我们党对人民是党的生命之根、执政之基、力量之源的认识越发深刻。只要把根深深扎在人民群众之中，始终同人民同呼吸、共命运、心连心，再大的风险挑战也能克服。

习近平总书记指出："我们的现代化既是最难的，也是最伟大的。"惟其艰巨，所以伟大；惟其艰巨，更显荣光。新的赶考之路上，要交出新的优异答卷，必须始终保持奋发有为、永不懈怠的革命精神，敢于迎难而上、攻坚克难，敢于走上坡路、开顶风船，坚定与人民站在一起、干在一起，不断鼓起奋进新征程、建功新时代的精气神。

（《人民日报》2022年11月03日　第9版）

143

文化自信明显增强

姜圣瑜

2022年中秋,河南卫视推出的"中国节日"系列节目《2022中秋奇妙游》,以一场古今相融、虚实相生的科技国潮文化盛宴,弘扬中华优秀传统文化,展现中华节日之美,生动诠释了传统中秋佳节的文化内涵,引起观众共情共鸣。近年来,随着文化市场的繁荣、文化产业的发展,传统节日热、文物热、博物馆热持续升温,广大人民群众的精神文化生活更加丰富。党的二十大报告指出,全党全国各族人民文化自信明显增强、精神面貌更加奋发昂扬。

文化是民族的精神命脉。古往今来,一个国家、一个民族的强盛总是以文化兴盛为支撑的。中华民族历经磨难而生生不息、饱受挫折而不断浴火重生,其中一个很重要的原因就在于拥有独具特色、博大精深的中华文化。改革开放以来,中外文化交流频繁,许多新的文化元素开阔了我们的视野。但也曾有一段时间,一些人当中存在"以洋为尊""以洋为美"的思想,盲目追捧西方文化。

习近平总书记指出:"文化自信,是更基础、更广泛、更深厚的自信,是更基本、更深沉、更持久的力量。"文化自信,简单地说就是对自身文化及其内在价值的充分认同和积极践行,主要表现为对文化发展进程的理性认知,对文化发展成就的崇敬自豪,对文化发展能力的科学把握,对文化发展前景的信心希望。坚定文化自信,是事关国运兴衰、事关文化安全、事关民族精神独立性的大问题。党的十八大以来,以习近平同志为核心的党中央把文化建设提升到一个新的历史高度,把文化自信作为中国特色社会主义"四个自信"的重要内容。党的二十大报告指出,我们确立和坚持马克思主义在意识形态领域指导地位的根本制度,新时代党的创新理论深入人心,社会主义核心价值观广泛传播,中华优秀传统文化得到创造性转化、创新性发展,文化事业日益繁荣,网络生态持续向好,意识形态领域形势发生全局性、根本性转变。

守正开新,气象万千。十年来,中国人民更加热爱自己的文化,文化自信明显增强。国风国潮纷纷兴起,北京冬奥会上二十四节气、黄河之水、折柳寄情等文化展示,把中华文化和冰雪运动完美融合在一起;银幕、荧幕、舞台上涌现出一大批精品力作,《长津湖》《山海情》《只此青绿》等优秀文化作品叫好又叫座;文化类综艺节目频频出圈,《中国诗词大会》《朗读者》《国家宝藏》等以文化厚度彰显精神高度,带来现象级流量;红色旅游成为众多民众的出行选择,革命博物馆、纪念馆、遗址遗存遗迹让人们在了解历史中传承红色基因……中国人民的文化自信在多个方面表现出来。人们对中华文化发自内心地崇敬、从精神深处认同，传承中华文化基因更加自觉，文化归属感、自豪感显著增强，更有信心更有能力铸就中华文化新辉煌。

求木之长者，必固其根本；欲流之远者，必浚其泉源。文化自信基于丰厚的文化底蕴。在5000多年文明发展中孕育的中华优秀传统文化，在党和人民伟大斗争中孕育的革命文化和社会主义先进文化，积淀着中华民族最深层的精神追求，代表着中华民族独特的精神标识，这是我们文化自信的根本所在。文化发展具有继承性，同时创新创造赋予文化新的生命力，让文化更具魅力，让文化自信更加坚定。我们坚守中华文化立场，坚持创造性转化、创新性发展，结合时代特点和要求，使中华民族最基本的文化基因与当代文化相适应、与现代社会相协调，努力用中华民族创造的一切精神财富来以文化人、以文育人。

文运同国运相牵，文脉同国脉相连。实现中华民族伟大复兴，是一场震古烁今的伟大事业，需要伟大的精神作支撑。踏上实现第二个百年奋斗目标的新征程，传承着中华文化独一无二的理念、智慧、气度和神韵，浸润着中华民族漫长奋斗积累的文化养分，我们走中国特色社会主义道路，具有无比强大的精神力量。新征程上，坚定文化自信、增强文化自觉，不断激发全民族文化创造活力，我们就能毫无畏惧战胜一切困难挑战，就能坚定不移开辟新天地、创造新奇迹。

(《人民日报》2022年11月04日 第9版)

144

增强忧患意识

陈始发

忧患意识是中华民族的一个重要精神特质。"祸兮福之所倚，福兮祸之所伏""生于忧患，死于安乐""忧劳可以兴国，逸豫可以亡身"，这些古语都体现了深深的忧患意识。中国共产党在内忧外患中诞生，在磨难挫折中成长，在战胜风险挑战中壮大，始终有着强烈的忧患意识。习近平总书记在党的二十大报告中指出："我们必须增强忧患意识，坚持底线思维，做到居安思危、未雨绸缪，准备经受风高浪急甚至惊涛骇浪的重大考验。"在世情国情党情发生深刻变化的情况下，我们党要走好新的赶考之路，团结带领人民全面建设社会主义现代化国家、全面推进中华民族伟大复兴，必须增强忧患意识，坚持底线思维，时刻准备战胜一切艰难险阻。

习近平总书记指出："我们共产党人的忧患意识，就是忧党、忧国、忧民意识，这是一种责任，更是一种担当。"这种忧患意识深刻体现在革命、建设、改革各个历史时期。在革命即将胜利之际,毛泽东同志告诫全党:"因为胜利,党内的骄傲情绪,以功臣自居的情绪,停顿起来不求进步的情绪,贪图享乐不愿再过艰苦生活的情绪,可能生长。"因此,要有"进京赶考"的思想准备,保持"两个务必"的政治清醒。改革开放之初,邓小平同志指出:"一个党,一个国家,一个民族,如果一切从本本出发,思想僵化,迷信盛行,那它就不能前进,它的生机就停止了,就要亡党亡国。"只有增强忧患意识,才能保持清醒头脑,发现问题苗头,预见形势发展走向,下好先手棋、打好主动仗,顺利推进党和国家事业。

党的十八大以来,以习近平同志为核心的党中央以强烈的政治责任感和历史使命感,要求全党牢记"生于忧患,死于安乐"的古训,强调"增强忧患意识、防范风险挑战要一以贯之"。党的十九大报告把防范化解重大风险摆在打好三大攻坚战的首位。党的十九届六中全会通过的《中共中央关于党的百年奋斗重大成就和历史经验的决议》指出:"全党必须铭记生于忧患、死于安乐,常怀远虑、居安思危,继续推进新时代党的建设新的伟大工程。"

新时代十年,面对波谲云诡的国际形势、复杂敏感的周边环境、艰巨繁重的改革发展稳定任务,以习近平同志为核心的党中央坚持底线思维,增强忧患意识,提高防控能力,着力防范化解重大风险,保持经济持续健康发展和社会大局稳定,经受住了来自政治、经济、意识形态、自然界等方面的风险挑战考验,党和国家事业取得历史性成就、发生历史性变革。实践充分证明，一以贯之增强忧患意识、防范风险挑战，是我们党不断从胜利走向胜利的重要思想方法、工作方法。

习近平总书记指出："越是前景光明，越是要增强忧患意识，做到居安思危，全面认识和有力应对一些重大风险挑战。"新征程上，我国发展面临新的战略机遇、新的战略任务、新的战略阶段、新的战略要求、新的战略环境，需要应对的风险和挑战、需要解决的矛盾和问题比以往更加错综复杂。我们更加需要增强忧患意识，时刻保持如履薄冰的谨慎、见叶知秋的敏锐，以"时时放心不下"的责任感，在防范化解风险上勇于担责、善于履责、全力尽责，及早发现问题苗头，积极主动防范风险、发现风险、消除风险。保持战略定力，勇敢面对"四大考验"，坚决战胜"四种危险"，安不忘危、存不忘亡、乐不忘忧，以"赶考"的清醒和坚定答好新时代的答卷，推动中国特色社会主义巨轮乘风破浪、行稳致远。

（《人民日报》2022年11月08日 第9版）

145

务必不忘初心、牢记使命

李立峰

习近平总书记在党的二十大报告中强调:"全党同志务必不忘初心、牢记使命,务必谦虚谨慎、艰苦奋斗,务必敢于斗争、善于斗争,坚定历史自信,增强历史主动,谱写新时代中国特色社会主义更加绚丽的华章。"这一伟大号召,充分彰显了百年大党坚定的战略自信和高度的战略清醒,充分彰显了中国共产党人自警自励的政治智慧和求真务实的政治品格,充分体现了新时代中国共产党人强烈的历史自觉和责任担当。面对新征程上的新挑战新考验,我们必须牢记为中国人民谋幸福、为中华民族谋复兴的初心使命,在新的赶考路上交出更加优异的答卷。

我们党的历史,就是矢志践行初心使命的历史。习近平总书记强调:"中国共产党一经诞生,就把为中国人民谋幸福、为中华民族谋复兴确立为自己的初心使命。"一百多年来,我们党所付出的一切努力、进行的一切斗争、作出的一切牺牲,都是为了人民幸福和民族复兴。回顾党的历史，我们党之所以能够在那么弱小的情况下逐步发展壮大起来，在腥风血雨中一次次绝境重生，在攻坚克难中不断从胜利走向胜利，根本原因就在于不管是处于顺境还是逆境，我们党始终坚守为中国人民谋幸福、为中华民族谋复兴的初心和使命，义无反顾向着这个目标前进，从而赢得了人民衷心拥护和坚定支持。

党的初心和使命是党的性质宗旨、理想信念、奋斗目标的集中体现。人民立场是中国共产党的根本政治立场。中国共产党始终代表最广大人民根本利益，与人民休戚与共、生死相依，没有任何自己特殊的利益，始终把人民放在第一位，同人民群众同呼吸、共命运、心连心。不忘初心、牢记使命，是我们党肩负起实现民族复兴历史使命的根本要求。当今世界正经历百年未有之大变局，我国正处于实现中华民族伟大复兴关键时期，需要应对的风险和挑战、需要解决的矛盾和问题比以往更加错综复杂。越是接近民族复兴越不会一帆风顺，越充满风险挑战乃至惊涛骇浪。不忘初心方能行稳致远，牢记使命才能开辟未来。在向着第二个百年奋斗目标迈进的新征程上，每一名共产党员都要坚守初心使命，弘扬伟大建党精神，自信自强、守正创新、踔厉奋发、勇毅前行，为全面建设社会主义现代化国家、全面推进中华民族伟大复兴而团结奋斗。

坚守初心和使命，并不是一件容易的事情。习近平总书记指出："今天，仍有大量的各种考验，有时甚至会有生死考验。在这种情况下，我们的党员干部能不能坚守党的初心和使命、经受住考验,这是需要我们不断用行动回答的一个严肃问题。"广大党员干部要把不忘初心、牢记使命作为终身课题。要把学习贯彻习近平新时代中国特色社会主义思想作为理论武装的重中之重,在学懂弄通做实上下苦功夫,以党的创新理论滋养初心、引领使命。紧紧围绕新时代新征程中国共产党的使命任务,始终牢记中国共产党是什么、要干什么这个根本问题,始终牢记自己的第一身份是共产党员、第一职责是为党工作、第一目标是为民谋利,坚持全心全意为人民服务的宗旨,想群众之所想、急群众之所急,千方百计为群众排忧解难。面对风险挑战,要敢于担当、积极作为,着力增强推动高质量发展本领、服务群众本领、防范化解风险本领,做到平常时候看得出来、关键时刻站得出来、危难关头豁得出来,永葆初心、勇担使命,在新征程上创造无愧于历史、无愧于人民的业绩。

(《人民日报》2022年11月09日 第9版)

务必谦虚谨慎、艰苦奋斗

朱文鸿

习近平总书记在党的二十大报告中强调,全党同志"务必谦虚谨慎、艰苦奋斗"。在瞻仰延安革命纪念地时,习近平总书记指出:"全党同志要大力弘扬自力更生、艰苦奋斗精神,无论我们将来物质生活多么丰富,自力更生、艰苦奋斗的精神一定不能丢,脚踏实地、苦干实干,集中精力办好自己的事情,把国家和民族发展放在自己力量的基点上。"谦虚谨慎、艰苦奋斗,是我们党的光荣传统和优良作风,也是党在不同历史时期战胜各种风险挑战、不断从胜利走向胜利的重要保证。

人类社会的发展进步,从来都不是直线式运动的简单过程,而是在不断解决矛盾中波浪式前进、螺旋式上升的复杂过程。这就要求我们清醒分析事物发展趋势,仔细研判可能遇到的风险挑战,始终保持忧患意识,慎终如始地做好各项工作。谦虚谨慎、艰苦奋斗的光荣传统和优良作风,集中彰显成熟马克思主义政党面对成功和胜利自警自励的政治智慧和求真务实的政治品格,面对艰难困苦不畏缩、不消沉,依靠自身力量赢得历史主动的坚强意志。

毛泽东同志在党的七届二中全会上指出:"夺取全国胜利,这只是万里长征走完了第一步。"强调"务必使同志们继续地保持谦虚、谨慎、不骄、不躁的作风,务必使同志们继续地保持艰苦奋斗的作风"。改革开放初期,邓小平同志指出:"中国搞四个现代化,要老老实实地艰苦创业。我们穷,底子薄,教育、科学、文化都落后,这就决定了我们还要有一个艰苦奋斗的过程。"发扬谦虚谨慎、艰苦奋斗的光荣传统和优良作风,我们党团结带领人民进行革命、建设、改革,在一穷二白的起点上建成了世界第二大经济体。

中国特色社会主义进入新时代,走在赶考路上的中国共产党人始终保持谦虚谨慎、艰苦奋斗的光荣传统和优良作风。2013年7月在西柏坡,习近平总书记告诫全党:"全党同志要不断学习领会'两个务必'的深邃思想,始终做到谦虚谨慎、艰苦奋斗、实事求是、一心为民,继续把人民对我们党的'考试'、把我们党正在经受和将要经受各种考验的'考试'考好,使我们的党永远不变质、我们的红色江山永远不变色。"在以习近平同志为核心的党中央坚强领导下,在习近平新时代中国特色社会主义思想科学指引下,我们发扬谦虚谨慎、艰苦奋斗的光荣传统和优良作风,攻克了许多长期没有解决的难题,办成了许多事关长远的大事要事,创造了新时代中国特色社会主义的伟大成就,推动我国迈上全面建设社会主义现代化国家新征程。

谦虚谨慎、艰苦奋斗，是我们党的优良传统，也是每一个党员干部应有的品质。历史和实践已经证明，始终具有谦虚谨慎、艰苦奋斗优良作风的政党，才能兴旺发达，不断取得一个又一个胜利。全面建设社会主义现代化国家，是一项伟大而艰巨的事业，前途光明，任重道远。向着新的奋斗目标出发，必须继承和发扬谦虚谨慎、艰苦奋斗的光荣传统和优良作风，脚踏实地、苦干实干，集中精力办好自己的事情，不断把党的二十大描绘的宏伟蓝图变为现实。

(《人民日报》2022年11月10日 第9版)

147

务必敢于斗争、善于斗争

程晓宇

习近平总书记在党的二十大报告中指出,"务必敢于斗争、善于斗争"。这既是回望来路的深刻总结,又是立足现实、着眼长远对全党提出的重要要求。敢于斗争、善于斗争,锤炼出中国共产党人的坚强党性和顽强品质,是我们党求得生存、获得发展、赢得胜利的重要密码。在全面建设社会主义现代化国家新征程上,我们必须始终发扬斗争精神,任何时候、任何情况下都毫不动摇、毫不退缩,向着既定目标勇毅前行。

中国共产党一成立就铭刻着斗争的烙印,敢于斗争、敢于胜利,是党和人民不可战胜的强大精神力量。革命年代,党团结带领人民同帝国主义、封建主义、官僚资本主义开展坚决斗争,夺取新民主主义革命伟大胜利。新中国成立后,党带领人民矢志改变旧中国一穷二白面貌,以"敢教日月换新天"的大无畏精神,以斗争解难题、求发展、促团结,在斗争中站稳脚跟,全面推进社会主义建设。改革开放以来,党领导人民扭住社会主要矛盾不懈奋斗,大踏步赶上时代,为实现中华民族伟大复兴提供充满新的活力的体制保证和快速发展的物质条件。

历史性成就靠团结奋斗铸就,事业发展新天地靠顽强斗争打开。进入新时代,我们党面临形势环境的复杂性和严峻性、肩负任务的繁重性和艰巨性世所罕见、史所罕见。以习近平同志为核心的党中央对党和国家面临的新形势新任务作出科学判断,带领人民勇于进行具有许多新的历史特点的伟大斗争。推进史无前例的反腐败斗争,以"得罪千百人、不负十四亿"的使命担当祛疴治乱;组织人类历史上规模最大的脱贫攻坚战,攻克一个个贫中之贫、坚中之坚,历史性地解决了绝对贫困问题;面对突如其来的新冠肺炎疫情,开展抗击疫情人民战争、总体战、阻击战,统筹疫情防控和经济社会发展取得重大积极成果;面对个别国家的极限施压,保持定力,敢于亮剑,坚定维护国家尊严和核心利益……回首过去十年,一系列突破性进展是在斗争中实现的,一系列标志性成果是在斗争中取得的。惟其艰难,方显勇毅。新时代的伟大成就饱含着党和人民攻坚克难的果敢、创新创造的智慧,体现了百年大党永不褪色的革命性和战斗性。

马克思主义哲学告诉我们,社会在矛盾运动中前进,有矛盾就会有斗争。当前,我国发展进入战略机遇和风险挑战并存、不确定难预料因素增多的时期,这对我们的斗争精神、斗争意志、斗争本领都提出了更高要求。中国共产党人的斗争,从来都是奔着风险挑战、矛盾问题去的。解决发展不平衡不充分问题,破除制约高质量发展的体制机制障碍,啃下重点领域改革的硬骨头,治理生态环境等等,都必须坚持底线思维,发扬斗争精神。决不能碰到一点挫折就畏缩不前,遇到一点困难就打退堂鼓,而要不屈不挠、一往无前,知难而进、迎难而上,拿出"踏平坎坷成大道,斗罢艰险又出发"的斗争意志,与一切风险挑战进行斗争,在斗争中化解矛盾、破解难题。

敢于斗争是立场和原则,善于斗争是方法和策略,要把增强斗争勇气和提高斗争本领统一起来。抓主要矛盾、抓矛盾的主要方面,通过历史看现实、透过现象看本质,根据形势变化及时调整斗争策略,提升见微知著的能力,把握好斗争这门艺术的门道。刀在石上磨,人在事上练。斗争本领不是与生俱来的。党员干部要主动到各种斗争中经受磨砺,不断加强思想淬炼、政治历练、实践锻炼,多捧"烫手的山芋",练胆魄、磨意志、长才干,经风雨、见世面、壮筋骨,想问题、作决策、办事情的能力自然会得到提升,就能练就敢于斗争、善于斗争的真本领。

(《人民日报》2022年11月14日 第13版)

148

回答并指导解决问题是理论的根本任务

肖伟光

党的二十大报告提出:"问题是时代的声音,回答并指导解决问题是理论的根本任务。"2020年3月29日,习近平总书记冒雨来到浙江宁波舟山港穿山港区,一路深入调研,进行着深邃的战略思考,酝酿着新形势下引领发展的新思路。回京后不久,习近平总书记在中央财经委员会第七次会议上提出"构建以国内大循环为主体、国内国际双循环相互促进的新发展格局"。2020年10月,党的十九届五中全会对构建新发展格局作出全面部署。

始终站在时代前沿、聆听时代声音,不断探索时代发展提出的新课题、回应人类社会面临的新挑战,是马克思主义能够历久弥新、创新发展的奥妙所在。革命年代,面对党内一些人"红旗到底打得多久"的疑问,毛泽东同志坚持将马列主义基本原理同中国革命具体实践相结合,写下《中国的红色政权为什么能够存在?》《星星之火,可以燎原》等光辉著作,带领中国共产党创建红军和农村革命根据地,开辟了农村包围城市、武装夺取政权的革命新道路。社会主义革命和建设时期,以邓小平同志为主要代表的中国共产党人,从社会主义建设新的实践经验和时代要求出发,作出许多新的重要论断,如发展才是硬道理、科学技术是第一生产力、社会主义也可以搞市场经济等。历史证明,马克思主义能不能在实践中发挥作用,关键在于能否把马克思主义基本原理同中国具体实际相结合、同中华优秀传统文化相结合。

党的十八大以来,国内外形势新变化和实践新要求,迫切需要我们从理论和实践的结合上深入回答关系党和国家事业发展、党治国理政的一系列重大时代课题。习近平总书记坚持用马克思主义的立场、观点、方法观察时代、把握时代、引领时代,统筹中华民族伟大复兴战略全局和世界百年未有之大变局,以一系列具有战略性、前瞻性、创造性的新理念新思想新战略回答中国之问、世界之问、人民之问、时代之问,回应新形势新任务对党和国家事业发展提出的新要求,是习近平新时代中国特色社会主义思想的主要创立者。

习近平新时代中国特色社会主义思想根据新的时代特点和实践发展,不断深化认识、总结经验,坚持理论指导和实践探索辩证统一,在"实践—认识—实践"的持续深化中发展当代中国马克思主义、二十一世纪马克思主义,用马克思主义之"矢"去射新时代中国之"的",让当代中国马克思主义放射出更加灿烂的真理光芒。比如,提出完整、准确、全面贯彻新发展理念,发展了马克思主义生产力理论;提出全过程人民民主,发展了马克思主义人民民主思想;提出中国式现代化道路,发展了马克思主义现代化理论;等等,为丰富和发展马克思主义作出原创性贡献。

习近平总书记指出:"今天我们所面临问题的复杂程度、解决问题的艰巨程度明显加大,给理论创新提出了全新要求。"新征程上,我们必须坚持解放思想、实事求是、与时俱进、求真务实,一切从实际出发,着眼解决新时代改革开放和社会主义现代化建设的实际问题,不断回答中国之问、世界之问、人民之问、时代之问,作出符合中国实际和时代要求的正确回答,得出符合客观规律的科学认识,形成与时俱进的理论成果,更好指导中国实践。

(《人民日报》2022年11月15日　第9版)

坚持人民至上
——深刻学习领会"六个坚持"之一

张 彦

党的二十大闭幕后不久,习近平总书记来到陕西省延安市安塞区高桥镇南沟村。习近平总书记对老乡们说,我在陕北生活了7年,当年看到老乡们生活很艰苦,心里就想着怎么样让大家生活好起来。这次来延安,看到一派硕果累累的丰收景象,交通条件大为改善,发生了翻天覆地的变化。习近平总书记强调,中国共产党是人民的党,是为人民服务的党,共产党当家就是要为老百姓办事,把老百姓的事情办好。

继续推进实践基础上的理论创新,首先要把握好习近平新时代中国特色社会主义思想的世界观和方法论,坚持好、运用好贯穿其中的立场观点方法。党的二十大报告提出"六个坚持",即坚持人民至上、坚持自信自立、坚持守正创新、坚持问题导向、坚持系统观念、坚持胸怀天下。这"六个坚持",既是我们深刻理解习近平新时代中国特色社会主义思想必须牢牢把握的基本点,也是继续推进理论创新必须始终坚持的基本点。

坚持人民至上是"六个坚持"中的第一个。习近平总书记强调:"人民性是马克思主义的本质属性"。马克思主义博大精深,归根到底就是一句话,为人类求解放。《共产党宣言》庄严宣告:"过去的一切运动都是少数人的,或者为少数人谋利益的运动。无产阶级的运动是绝大多数人的、为绝大多数人谋利益的独立的运动。"坚持人民至上,是马克思主义唯物史观的集中体现,是中国共产党性质宗旨的集中体现。

作为马克思主义政党,中国共产党来自人民、植根人民、造福人民,从诞生之日起就把为中国人民谋幸福、为中华民族谋复兴确立为自己的初心使命,始终代表最广大人民根本利益,与人民休戚与共、生死相依,没有任何自己特殊的利益,从来不代表任何利益集团、任何权势团体、任何特权阶层的利益。江山就是人民,人民就是江山。中国共产党领导人民打江山、守江山,守的是人民的心。人民对美好生活的向往,就是我们党的奋斗目标。

人民立场是我们党的根本政治立场,党的理论是来自人民、为了人民、造福人民的理论,人民的创造性实践是理论创新的不竭源泉。党的十八大以来,在习近平新时代中国特色社会主义思想的指引下,我们深入贯彻以人民为中心的发展思想,在幼有所育、学有所教、劳有所得、病有所医、老有所养、住有所居、弱有所扶上持续用力,人民生活全方位改善。

人均预期寿命提高到78.2岁。居民人均可支配收入从16500元增加到35100元。城镇新增就业年均1300万人以上。建成世界上规模最大的教育体系、社会保障体系、医疗卫生体系，教育普及水平实现历史性跨越。人民群众获得感、幸福感、安全感更加充实、更有保障、更可持续，共同富裕取得新成效。我们党始终把人民放在第一位，坚持尊重社会发展规律和尊重人民历史主体地位的一致性，坚持为崇高理想奋斗和为最广大人民谋利益的一致性，坚持完成党的各项工作和实现人民利益的一致性，不断把为人民造福事业推向前进。

扎根人民的理论必然为人民所拥护，服务人民的理论必然为人民所遵循。新征程上，我们要全面贯彻习近平新时代中国特色社会主义思想，站稳人民立场、把握人民愿望、尊重人民创造、集中人民智慧，继续推进实践基础上的理论创新，不断谱写马克思主义中国化时代化新篇章。

(《人民日报》2022年11月16日　第9版)

150

坚持自信自立
——深刻学习领会"六个坚持"之二

欧阳锡龙

习近平总书记在党的二十大报告中指出:"党的百年奋斗成功道路是党领导人民独立自主探索开辟出来的,马克思主义的中国篇章是中国共产党人依靠自身力量实践出来的,贯穿其中的一个基本点就是中国的问题必须从中国基本国情出发,由中国人自己来解答。"习近平总书记的重要论述,深刻指明我们党全部理论和实践的立足点,揭示了党和人民事业不断从胜利走向胜利的根本所在,凸显了坚持自信自立在世界观和方法论层面的重要意义。

人类历史上,没有一个民族、没有一个国家可以通过依赖外部力量、跟在他人后面亦步亦趋实现强大和振兴。中国共产党和中国人民的自信自立,源自中华民族光辉灿烂的5000多年文明发展史,来自我们党100多年奋斗历程和70多年执政兴国经验,在新时代中国特色社会主义伟大实践中得到鲜明彰显。

中国人民和中华民族从近代以后的深重苦难走向伟大复兴的光明前景，从来就没有教科书，更没有现成答案。正是始终坚持自信自立，党领导人民把国家和民族发展放在自己力量的基点上、把中国发展进步的命运牢牢掌握在自己手中，才创造了一个又一个彪炳史册的人间奇迹。

进入新时代，坚持自信自立已成为中国人民和中华民族的内在气质和精神风貌。坚定道路自信，我们党既不走封闭僵化的老路，也不走改旗易帜的邪路，团结带领人民坚定不移走中国特色社会主义道路。坚定理论自信，我们党把马克思主义作为立党立国、兴党兴国的根本指导思想，把马克思主义基本原理同中国具体实际相结合、同中华优秀传统文化相结合，不断推进马克思主义中国化时代化。坚定制度自信，我们党坚持和完善中国特色社会主义制度、推进国家治理体系和治理能力现代化。坚定文化自信，我们党以社会主义核心价值观为引领，发展社会主义先进文化，弘扬革命文化，传承中华优秀传统文化，国家文化软实力和中华文化影响力不断提升。

对于一个政党和国家来说，只有独立自主、自力更生，才能将前途命运掌握在自己手中。100多年来，我们党领导人民自立自强、不懈探索，从根本上改变了中国人民的前途命运。党的十八大以来，在以习近平同志为核心的党中央坚强领导下、在习近平新时代中国特色社会主义思想指引下，我们不信邪、不怕鬼、不怕压，知难而进、迎难而上，经受住来自政治、经济、意识形态、自然界等方面的风险挑战考验，党和国家事业实现一系列突破性进展，取得一系列标志性成果，如期打赢脱贫攻坚战，完成全面建成小康社会的历史任务，实现第一个百年奋斗目标，顺利开启全面建设社会主义现代化国家新征程。新时代中国特色社会主义伟大成就，极大增强了中华民族的自信心自豪感，中国人民的历史自信更加坚定，历史主动进一步增强。

我们已实现第一个百年奋斗目标，正意气风发向第二个百年奋斗目标进军。同时也要看到，新征程上，我们面临的风险考验只会越来越复杂，甚至会遇到难以想象的惊涛骇浪，各种斗争不是短期的而是长期的，将伴随实现第二个百年奋斗目标全过程。只有坚持自信自立，坚持对马克思主义的坚定信仰、对中国特色社会主义的坚定信念，坚定中国特色社会主义道路自信、理论自信、制度自信、文化自信，才能以更加积极的历史担当和创造精神为马克思主义中国化时代化作出新的贡献，在新征程上谱写新的时代华章、创造新的历史伟业。

（《人民日报》2022年11月17日　第9版）

151

坚持守正创新
——深刻学习领会"六个坚持"之三

景兰杰

党的二十大报告提出:"继续推进实践基础上的理论创新,首先要把握好新时代中国特色社会主义思想的世界观和方法论,坚持好、运用好贯穿其中的立场观点方法。"报告从6个方面对习近平新时代中国特色社会主义思想的世界观和方法论作出概括和阐述,其中一个方面是"必须坚持守正创新"。坚持守正创新是我们党坚持和发展马克思主义,不断推进理论创新、进行理论创造的必然要求,是新时代推进中国特色社会主义理论和实践发展的必然选择。

新时代,我国社会主要矛盾发生新变化,我国发展面临着一系列亟待解决的突出矛盾和问题。我们要在新的历史条件下继续夺取中国特色社会主义伟大胜利,既要坚守根本、培根固本,又要勇于创新、积极创造。以习近平同志为主要代表的中国共产党人,坚持把马克思主义基本原理同中国具体实际相结合、同中华优秀传统文化相结合，创立了习近平新时代中国特色社会主义思想。这一科学思想，以全新的视野深化了对共产党执政规律、社会主义建设规律、人类社会发展规律的认识，指导党和国家事业经受住了来自政治、经济、意识形态、自然界等方面的风险挑战考验，取得历史性成就、发生历史性变革，彰显出守正创新的理论品格和鲜明特质。

守正创新，体现了马克思主义唯物辩证法的要求。我们从事的是前无古人的伟大事业，守正才能不迷失方向、不犯颠覆性错误，创新才能把握时代、引领时代。守正与创新相辅相成，体现了"变"与"不变"、继承与发展、原则性与创造性的辩证统一。

党的十八大以来，我们党在立场、方向、原则、道路等根本性问题上旗帜鲜明、毫不含糊，着力正本清源、固本培元。习近平新时代中国特色社会主义思想强调，我们依然处在马克思主义所指明的历史时代，在坚持以马克思主义为指导这一根本问题上，我们必须坚定不移，任何时候任何情况下都不能动摇。这一科学思想明确了中国特色社会主义最本质的特征是中国共产党领导，中国特色社会主义制度的最大优势是中国共产党领导，大大深化了我们对党的领导地位和作用的认识。这一科学思想强调把走自己的路作为党的全部理论和实践立足点，使我们对走中国特色社会主义道路的认识更清醒、行动更自觉。正是因为有习近平新时代中国特色社会主义思想的科学指引，我们才能在错综复杂的形势环境中不被乱花迷眼、不被浮云遮眼，保持强大战略定力，坚定朝着既定目标前行。

当今世界正处于百年未有之大变局，当代中国正在经历人类历史上最为宏大而独特的实践创新。面对快速变化的世界和中国，我们党全面审视国际国内新的形势，以巨大的理论创新勇气，科学回答了时代和实践提出的重大问题。推进中国式现代化，立足新发展阶段、贯彻新发展理念、构建新发展格局，推动高质量发展，发展全过程人民民主，构建人类命运共同体……一系列原创性新理念新思想新战略，都是党从当代中国和当今世界发展变化出发，经过审时度势、科学判断、深入思考提出来的，指引各领域各方面工作改革创新、展现新貌，指引我们顺应时代发展推进事业前进。

新征程上继续推进实践基础上的理论创新，要悟透守正创新的丰富内涵，把守正创新的要求落到实处。坚持马克思主义基本原理不动摇，坚持党的全面领导不动摇，坚持中国特色社会主义不动摇，以道不变、志不改的坚定，集中精力办好自己的事，把发展主动权牢牢掌握在自己手中。准确把握时代大势，紧跟时代步伐，以满腔热忱对待一切新生事物，不断扩展认识的广度和深度，以新的实践不断为理论发展注入新活力，以与时俱进的理论更好指导新的实践。

(《人民日报》2022年11月21日　第9版)

坚持问题导向
——深刻学习领会"六个坚持"之四

郑水泉

问题是时代的声音。习近平总书记在党的二十大报告中强调:"我们要增强问题意识,聚焦实践遇到的新问题、改革发展稳定存在的深层次问题、人民群众急难愁盼问题、国际变局中的重大问题、党的建设面临的突出问题,不断提出真正解决问题的新理念新思路新办法。"习近平总书记的重要论述,为我们坚持问题导向,科学认识、准确把握、正确解决我们所面临的重大问题提供了根本遵循。

坚持问题导向是马克思主义的鲜明特点。马克思指出:"问题就是时代的口号,是它表现自己精神状态的最实际的呼声。"1848年,席卷欧洲的资产阶级民主革命爆发,马克思积极投入并指导这场革命斗争。革命失败后,马克思深刻总结革命教训,深入剖析其中存在的问题,力求揭示资本主义的本质和规律。晚年的马克思,依然密切关注世界发展新趋势和工人运动新情况，努力从更宏大的视野思考人类社会发展问题。基于对重大问题的深入考察研究，马克思主义揭示了人类社会发展的一般规律，为人类指明了从必然王国向自由王国飞跃的途径。

毛泽东同志指出："什么叫问题？问题就是事物的矛盾。哪里有没有解决的矛盾，哪里就有问题。"中国共产党人干革命、搞建设、抓改革，从来都是为了解决中国的现实问题。坚持问题导向，是我们党重要的思想方法和工作方法。100多年来，我们党之所以能够不断从胜利走向胜利，始终走在时代前列，一个重要原因就在于能够准确把握各个时期中国社会的主要矛盾，在理论和实践相结合中不断解决前进道路上面临的重大时代课题。

习近平总书记强调："每个时代总有属于它自己的问题，只要科学地认识、准确地把握、正确地解决这些问题，就能够把我们的社会不断推向前进。"进入新时代，以习近平同志为核心的党中央聚焦我国发展和我们党执政面临的重大理论和实践问题，把问题作为研究制定政策的起点，把工作的着力点放在最突出的矛盾和问题上，把化解矛盾、破解难题作为打开局面的突破口。在啃硬骨头、涉险滩中全面深化改革，持之以恒纠治"四风"、以零容忍态度惩治腐败，持续深入打好蓝天、碧水、净土保卫战，着力防范和化解重大风险，等等，都彰显了鲜明的问题意识、问题导向，展现了强烈的担当精神、斗争精神。

正是基于对新时代坚持和发展什么样的中国特色社会主义、怎样坚持和发展中国特色社会主义，建设什么样的社会主义现代化强国、怎样建设社会主义现代化强国，建设什么样的长期执政的马克思主义政党、怎样建设长期执政的马克思主义政党等重大时代课题的准确把握和科学回答，习近平新时代中国特色社会主义思想实现了马克思主义中国化时代化新的飞跃。

一个时代有一个时代的问题，一代人有一代人的使命。党的二十大吹响了以中国式现代化全面推进中华民族伟大复兴的进军号角。踏上全面建设社会主义现代化国家新征程，我国发展具备更为坚实的物质基础、更为完善的制度保证。同时，面临问题的复杂程度、解决问题的艰巨程度也明显增加。在危机中育新机、于变局中开新局，必须时刻保持清醒头脑和敏锐眼光，敢于正视问题、善于发现问题，不回避、不躲闪，瞄着问题去、迎着问题上，在发现问题和解决问题中不断开创党和国家事业发展新局面。回答并指导解决问题是理论的根本任务。我们要继续推进实践基础上的理论创新，坚持解放思想、实事求是、与时俱进、求真务实，一切从实际出发，着眼解决新时代改革开放和社会主义现代化建设的实际问题，不断回答中国之问、世界之问、人民之问、时代之问，作出符合中国实际和时代要求的正确回答，得出符合客观规律的科学认识，形成与时俱进的理论成果，更好指导中国实践。

(《人民日报》2022年11月22日　第9版)

153

坚持系统观念
—— 深刻学习领会"六个坚持"之五

杨 莘

山水林田湖草沙是生命共同体。党的十八大以来,我们党坚持山水林田湖草沙一体化保护和系统治理,全方位、全地域、全过程加强生态环境保护,中华大地天更蓝、山更绿、水更清。生态环境保护发生的历史性、转折性、全局性变化,正是坚持和运用系统观念,更加注重综合治理、系统治理、源头治理所取得的成效。

系统观念是马克思主义哲学重要的认识论和方法论,是贯穿习近平新时代中国特色社会主义思想的立场观点方法之一。党的二十大报告提出:"必须坚持系统观念""不断提高战略思维、历史思维、辩证思维、系统思维、创新思维、法治思维、底线思维能力,为前瞻性思考、全局性谋划、整体性推进党和国家各项事业提供科学思想方法"。

唯物辩证法认为,万事万物是相互联系、相互依存的。恩格斯指出:"当我们通过思维来考察自然界或人类历史或我们自己的精神活动的时候,首先呈现在我们眼前的,是一幅由种种联系和相互作用无穷无尽地交织起来的画面"。坚持系统观念,要求我们客观地而不是主观地、发展地而不是静止地、全面地而不是片面地、系统地而不是零散地、普遍联系地而不是孤立地观察事物、分析问题、解决问题,在矛盾双方对立统一的过程中把握事物发展规律。

中国共产党始终坚持唯物辩证法,善于从系统观念出发来认识和改造世界。在《矛盾论》中,毛泽东同志强调,中国共产党人"不但要研究每一个大系统的物质运动形式的特殊的矛盾性及其所规定的本质,而且要研究每一个物质运动形式在其发展长途中的每一个过程的特殊的矛盾及其本质"。邓小平同志强调:"要提倡顾全大局。有些事从局部看可行,从大局看不可行;有些事从局部看不可行,从大局看可行。归根到底要顾全大局。"习近平总书记指出:"系统观念是具有基础性的思想和工作方法。"

党的十八大以来,以习近平同志为核心的党中央统筹中华民族伟大复兴战略全局和世界百年未有之大变局,统筹推进"五位一体"总体布局、协调推进"四个全面"战略布局,采取一系列战略性举措,推进一系列变革性实践,实现一系列突破性进展,取得一系列标志性成果,经受住了来自政治、经济、意识形态、自然界等方面的风险挑战考验,党和国家事业取得历史性成就、发生历史性变革。

新时代中国特色社会主义之所以取得伟大成就,很重要的一个原因就在于我们坚持用系统观念处理好改革发展稳定的关系,整体推进中国特色社会主义各项事业。比如,在全面深化改革方面,加强顶层设计,更加注重改革的系统性、整体性、协同性,许多领域实现历史性变革、系统性重塑、整体性重构。又如,坚持以系统观念沉着有力应对各种风险挑战,坚持底线思维,增强忧患意识,提高防控能力,着力防范化解重大风险,保持经济持续健康发展和社会大局稳定。在全面建设社会主义现代化国家新征程上,我们还面临不少困难和问题,发展不平衡不充分问题仍然突出,必须从系统观念出发加以谋划和解决,全面协调推动各领域工作。

坚持系统观念推进工作,需要不断提高战略思维、历史思维、辩证思维、系统思维、创新思维、法治思维、底线思维能力。这一系列重要思维能力,既各有侧重,又相互联系,是我们需要掌握的科学思维方法。比如,战略思维强调高瞻远瞩、统揽全局,善于把握事物发展总体趋势和方向;辩证思维强调承认矛盾、分析矛盾、解决矛盾,善于抓住关键、找准重点、洞察事物发展规律;系统思维强调统筹兼顾、综合平衡,突出重点、带动全局;等等。学好用好这些科学思维方法,我们就能用普遍联系的、全面系统的、发展变化的观点观察事物,把握事物发展规律,在全面建设社会主义现代化国家新征程上不断书写新篇章。

(《人民日报》2022年11月23日 第9版)

154

坚持胸怀天下
——深刻学习领会"六个坚持"之六

高祖贵

党的二十大报告提出,"继续推进实践基础上的理论创新,首先要把握好新时代中国特色社会主义思想的世界观和方法论,坚持好、运用好贯穿其中的立场观点方法",强调必须坚持胸怀天下。中国共产党是为中国人民谋幸福、为中华民族谋复兴的党,也是为人类谋进步、为世界谋大同的党。中国共产党始终从人类发展大潮流、世界变化大格局、中国发展大历史正确认识和处理同外部世界的关系,以与时俱进的科学理论为中国发展进步指明路径和方向,也为世界和平与发展贡献中国智慧和中国方案。

中国共产党自成立以来,在革命、建设、改革各个历史时期,始终以世界眼光关注人类前途命运。坚持胸怀天下,是我们党百年奋斗的宝贵历史经验之一。马克思主义把解放全人类作为崇高追求,中华优秀传统文化蕴涵的宇宙观和天下观主张协和万邦、天下为公、世界大同。我们党运用马克思主义科学世界观和方法论既不断回答中国之问,也不断回答世界之问,把马克思主义思想精髓同中华优秀传统文化精华贯通起来,党的创新理论始终展现出宽广的世界眼光和强烈的天下情怀。

新时代,中华民族伟大复兴进入关键时期,中国同世界关系发生历史性新变化。习近平新时代中国特色社会主义思想科学把握时代趋势和国际局势重大变化,科学把握世情国情党情深刻变化,科学界定当今世界大势和我国发展新的历史方位。辨方位而正则。这一科学思想作出中国特色社会主义进入新时代、当今世界正处于百年未有之大变局等重大判断,强调"领导干部要胸怀两个大局,一个是中华民族伟大复兴的战略全局,一个是世界百年未有之大变局,这是我们谋划工作的基本出发点",为我们干事创业提供了重要思想指引。

十年来,我们推进和拓展中国式现代化,实现中华民族伟大复兴进入了不可逆转的历史进程。我们为解决人类面临的共同问题提供越来越多的中国智慧、中国方案,为不稳定、不确定、不安全因素日益上升的世界增加了稳定性、确定性、安全性。习近平新时代中国特色社会主义思想统筹中华民族伟大复兴战略全局和世界百年未有之大变局,把中华民族的前途命运与人类社会的未来发展统一起来,提出构建人类命运共同体的重大理念,提出弘扬和平、发展、公平、正义、民主、自由的全人类共同价值,提出推动共建"一带一路"高质量发展,提出全球发展倡议和全球安全倡议等,为处在何去何从十字路口的世界提供了思想指引、价值指引、方向指引。中国积极参与应对全球性挑战，携手各国推动构建人类命运共同体，彰显了世界和平建设者、全球发展贡献者、国际秩序维护者、公共产品提供者的大国担当。

当前，世界之变、时代之变、历史之变正以前所未有的方式展开。新征程上，我们要赢得优势、赢得主动、赢得未来，不断创造新的辉煌，不断为人类发展作出新的更大贡献，必须深刻领悟习近平新时代中国特色社会主义思想胸怀天下的视野和情怀。既立足中国大地寻找解决中国问题的方案，又拓展世界眼光，洞察人类发展进步潮流，积极回应各国人民普遍关切，以海纳百川的宽阔胸襟借鉴吸收人类一切优秀文明成果，为解决人类面临的共同问题提供新思路新方案。更好统筹把握国内国际两个大局，全面把握世界进入新的动荡变革期给我国发展带来的战略机遇和风险挑战，既坚持从中国的基本国情出发，把国家和民族发展放在自己力量的基点上，把中国发展进步的命运牢牢掌握在自己手中；又坚定不移走和平发展道路，深化拓展同各国的互利合作，同国际社会一道构建人类命运共同体，推动建设更加美好的世界。

(《人民日报》2022年11月24日 第9版)

155

用新的伟大奋斗创造新的伟业

谢兵良

习近平总书记在党的二十大报告中指出:"全党同志务必不忘初心、牢记使命,务必谦虚谨慎、艰苦奋斗,务必敢于斗争、善于斗争,坚定历史自信,增强历史主动,谱写新时代中国特色社会主义更加绚丽的华章。""三个务必"彰显着中国共产党人自警自励的政治智慧,蕴含着中国共产党人求真务实的政治品格,体现了我们党时刻保持解决大党独有难题的清醒和坚定,是党员干部必须遵循的行动指南。

中国共产党在内忧外患中诞生,在磨难挫折中成长,在战胜风险挑战中壮大,始终有着强烈的忧患意识。73年前,毛泽东同志在党的七届二中全会上提出:"务必使同志们继续地保持谦虚、谨慎、不骄、不躁的作风,务必使同志们继续地保持艰苦奋斗的作风。""两个务必"包含着对胜利了的政党永葆先进性和纯洁性、对即将诞生的人民政权实现长治久安的深刻忧思。在革命、建设、改革的历程中,一代代共产党人始终保持谦虚、谨慎、不骄、不躁的作风，依靠艰苦奋斗、接续奋斗、顽强奋斗、团结奋斗，战胜一个又一个艰难险阻，取得一个又一个伟大成就。

党的十八大以来，习近平总书记在许多场合提到坚持"两个务必"。2013年7月11日，习近平总书记来到河北省平山县西柏坡，在著名的九月会议旧址召开县乡村干部、老党员和群众代表座谈会。习近平总书记说："每次来西柏坡，我想得最多的是，毛泽东同志当年提出'两个务必'，主要基于哪些考虑？我们学的还有没有不深不透的？'两个务必'耳熟能详，但在当前形势下我们能不能深刻领会'两个务必'，使之更好指导当前党的建设？今天如何结合新的形势弘扬？"一连串的问题，反映了习近平总书记的深沉思考。

新时代十年，我们推进全面从严治党，找到了自我革命这一跳出治乱兴衰历史周期率的第二个答案，党的自我净化、自我完善、自我革新、自我提高能力显著增强，党和国家事业取得历史性成就、发生历史性变革。我们迎来中国共产党成立一百周年，中国特色社会主义进入新时代，完成脱贫攻坚、全面建成小康社会的历史任务，实现第一个百年奋斗目标。这"三件大事"是中国共产党和中国人民团结奋斗赢得的历史性胜利，是彪炳中华民族发展史册的历史性胜利，也是对世界具有深远影响的历史性胜利。中华民族迎来从站起来、富起来到强起来的伟大飞跃，不可逆转地走向伟大复兴。越是接近宏伟目标，越要保持高度历史清醒，越要坚持自我革命。在迈上全面建设社会主义现代化国家新征程、向第二个百年奋斗目标进军的关键时刻,"三个务必"的提出,也是今天结合新的形势对"两个务必"的发展和弘扬,彰显着我们党走好新的赶考之路的清醒和坚定。

"三个务必"充分体现新时代中国共产党人强烈的历史自觉和责任担当。只有不忘初心、牢记使命,坚持以人民为中心的发展思想,不断增强党的政治领导力、思想引领力、群众组织力、社会号召力,才能以咬定青山不放松的执着奋力实现既定目标。只有继续谦虚谨慎、艰苦奋斗,全力办好自己的事,锲而不舍实现我们的既定目标,才能答好新时代的答卷。只有敢于斗争、善于斗争,发扬斗争精神,提高斗争本领,增强志气、骨气、底气,不信邪、不怕鬼、不怕压,知难而进、迎难而上,才能战胜前进道路上各种困难和挑战,打开事业发展新天地。

全面建设社会主义现代化国家,是一项伟大而艰巨的事业,前途光明,任重道远。前进道路上,我们要时刻准备经受风高浪急甚至惊涛骇浪的重大考验,必须准备付出更为艰巨、更为艰苦的努力。广大党员干部必须做到"三个务必",坚定信心、埋头苦干、奋勇前进,用新的伟大奋斗创造新的伟业。

(《人民日报》2022年11月28日 第9版)

156

主动识变应变求变

蒋金锵

习近平总书记在党的二十大报告中指出:"全党必须坚定信心、锐意进取,主动识变应变求变,主动防范化解风险,不断夺取全面建设社会主义现代化国家新胜利!"奋进新征程,我们有党和人民长期奋斗形成的坚实物质基础、完善制度保证,但也面对着战略机遇和风险挑战并存、不确定难预料因素增多的复杂形势。习近平总书记强调主动识变应变求变,为我们抓住机遇、应对挑战,不断夺取全面建设社会主义现代化国家新胜利提供了科学思想方法和工作方法。

辩证唯物主义认为,事物处于不断发展变化之中,变化是绝对的;同时,事物的变化不是杂乱无章的,而是有规律的。这告诉我们,科学把握事物发展变化的趋势、条件、方向等,制定正确的战略、政策、举措,就能应对变局、破解困局、推动发展。党的十八大以来,以习近平同志为核心的党中央准确认识我国社会主要矛盾变化,作出中国特色社会主义进入新时代的重大判断，为我国发展标注新的历史方位；准确认识我国发展阶段、环境、条件变化，推动构建新发展格局，下出把握发展主动权的先手棋；准确把握世纪疫情与百年变局叠加下世界形势演变趋势，提出全球发展倡议和全球安全倡议，为世界发展和安全注入信心和动力……我们党科学研判时与势、辩证把握危与机，因应时代变化、回答时代课题，以新理念新思路新办法应变局、化危机，团结带领人民书写了经济快速发展和社会长期稳定两大奇迹新篇章。新时代十年的成功实践充分说明，主动识变应变求变，才能赢得优势、赢得主动、赢得未来。

我们的事业越前进、越发展，新情况新问题就会越多，面临的风险和挑战就会越多。当前，各种"黑天鹅""灰犀牛"事件随时可能发生，我们必须增强识变的智慧、应变的本领。识变是应变、求变的前提。我们党之所以善观大势、善谋大势，根本在于拥有马克思主义科学理论指导。我们要善于运用马克思主义立场观点方法科学分析形势、准确把握大势。既看优势和条件，也看困难和挑战；既看当下和局部，更看长远和全局，分清主要矛盾和次要矛盾、矛盾的主要方面和次要方面，看清变化的本质，从而精准抓住影响变局的关键因素。在准确识变基础上，还要有科学应变的本领。以如履薄冰的谨慎备豫不虞，以坚定的战略定力沉着应对，以担当负责的精神攻坚克难，坚持问题导向，坚持底线思维，补短板、强弱项、固底板、扬优势，妥善应对各种复杂局面。

历史发展有其规律，但人在其中不是完全消极被动的，不仅能够因时而变、顺势而为，而且能够主动求变、创造机遇。主动求变，是主体在新形势下的积极主动作为，体现为改革创新永无止境的自觉认识和推动改革不断向纵深发展的坚定行动。党的二十大报告科学谋划了未来5年乃至更长时期党和国家事业发展的目标任务和大政方针，提出一系列新思路、新战略、新举措。这是我们党在准确把握规律基础上对党和国家事业的前瞻性、战略性、创造性谋划，彰显了我们党主动求变、引领发展的勇气和智慧。比如，党的二十大报告提出实施科教兴国战略，强化现代化建设人才支撑，并作出具体部署，这正是开辟发展新领域新赛道、不断塑造发展新动能新优势的主动作为。我们要认真贯彻落实党的二十大作出的重大决策部署，积极应变局、育新机、开新局。保持"求变"的战略清醒，增强"求变"的战术主动，积极推动关系经济社会发展全局、涉及重大制度创新、有利于提升群众获得感等方面的改革，在改革创新中解难题、添活力、塑优势，把发展的主动权牢牢掌握在自己手中，推动社会主义现代化建设不断取得新的更大进展。

(《人民日报》2022年12月01日 第9版)

157

继续推进实践基础上的理论创新

欧阳辉

理论的生命力在于不断创新。坚持理论创新,是我们党百年奋斗的历史经验之一。我们党的历史,就是一部不断推进马克思主义中国化时代化的历史,就是一部不断推进理论创新、进行理论创造的历史。习近平总书记在党的二十大报告中强调:"不断谱写马克思主义中国化时代化新篇章,是当代中国共产党人的庄严历史责任。"这对继续推进实践基础上的理论创新提出了新的更高要求。

我们党之所以能够领导人民在一次次求索、一次次挫折、一次次开拓中完成中国其他各种政治力量不可能完成的艰巨任务,根本在于坚持解放思想、实事求是、与时俱进、求真务实,坚持把马克思主义基本原理同中国具体实际相结合、同中华优秀传统文化相结合,不断推进马克思主义中国化时代化并用以指导实践。党的二十大报告将推进马克思主义中国化时代化概括为一个追求真理、揭示真理、笃行真理的过程。社会发展的规律往往隐藏在纷繁芜杂的社会现象背后。推进实践基础上的理论创新，不仅需要实践的不断推进和积累，而且需要艰苦的思想理论探索和概括。

习近平总书记在党的二十大报告中指出："人民性是马克思主义的本质属性，党的理论是来自人民、为了人民、造福人民的理论，人民的创造性实践是理论创新的不竭源泉。"我们党善于把握客观情况变化、善于总结人民群众实践经验，结合新的实践不断推进理论创新、用新的理论指导新的实践，让马克思主义的科学性和真理性在中国得到了充分检验、人民性和实践性在中国得到了充分贯彻、开放性和时代性在中国得到了充分彰显。

问题是创新的起点，也是创新的动力源。从某种意义上说，理论创新的过程就是发现问题、筛选问题、研究问题、解决问题的过程。现实中，问题无时不在、无处不有，往往是老问题还在应对中或刚刚解决，新问题又出现了，呈现新老问题交织缠绕的复杂局面。其中，有些问题可以凭老经验、用老办法加以解决，但也有不少问题是凭老经验、老办法难以应对的。我们必须聚焦实践遇到的新问题、改革发展稳定存在的深层次问题、人民群众急难愁盼问题、国际变局中的重大问题、党的建设面临的突出问题，不断提出真正解决问题的新理念新思路新办法。只有增强问题意识，着眼解决新时代改革开放和社会主义现代化建设的实际问题，认真研究解决重大而紧迫的问题，才能真正把握历史脉络，找到发展规律，得出符合客观规律的科学认识，形成与时俱进的理论成果，更好推进实践基础上的理论创新。

理论的先进是最彻底的先进，思想的主动是最大的主动。拥有马克思主义科学理论指导是我们党坚定信仰信念、把握历史主动的根本所在。新时代新征程，继续推进实践基础上的理论创新，不断谱写马克思主义中国化时代化新篇章，离不开科学思想的指引，离不开科学世界观和方法论的指导。党的十八大以来，我们党勇于进行理论探索和创新，取得重大理论创新成果，集中体现为习近平新时代中国特色社会主义思想。这一科学思想深刻回答了中国之问、世界之问、人民之问、时代之问，是运用马克思主义立场观点方法分析新时代中国特色社会主义的智慧结晶，彰显了党的基本理论和指导思想与时俱进。继续推进实践基础上的理论创新，首先要把握好习近平新时代中国特色社会主义思想的世界观和方法论，坚持好、运用好贯穿其中的立场观点方法，不断提高用中国化时代化的马克思主义分析和解决问题的能力，以思想的力量激扬奋进的力量，以理论的主动把握历史的主动，不断开辟马克思主义中国化时代化新境界，让马克思主义在中国大地上展现出更强大、更有说服力的真理力量。

(《人民日报》2022年12月02日 第9版)

158

永葆共产党人的清廉作风

薛 琳

腐败是危害党的生命力和战斗力的最大毒瘤,反腐败是最彻底的自我革命。党的二十大报告提出:"坚持不敢腐、不能腐、不想腐一体推进,同时发力、同向发力、综合发力。"一体推进不敢腐、不能腐、不想腐,不仅是反腐败斗争的基本方针,也是新时代全面从严治党的重要方略。

党的十八大以来,以习近平同志为核心的党中央以"得罪千百人、不负十四亿"的使命担当祛疴治乱,反腐败斗争取得压倒性胜利并全面巩固,消除了党、国家、军队内部存在的严重隐患,确保党和人民赋予的权力始终用来为人民谋幸福。习近平总书记系统总结我们党在反腐败斗争中取得的显著成效、积累的重要经验,其中一条重要经验是:"从治标入手,把治本寓于治标之中,让党员干部因敬畏而'不敢'、因制度而'不能'、因觉悟而'不想'。"坚持不敢腐、不能腐、不想腐一体推进,体现了我们党在推进反腐败斗争上标本兼治的系统思维，既强调惩罚的惩治和震慑作用、制度的约束作用，又强调思想教育从源头上消除贪腐的作用。三者既各有侧重，又同时发力、同向发力、综合发力。

反腐倡廉作为一个复杂的系统工程，需要多管齐下、综合施策，从理想信念抓起是具有治本功效的办法。一些干部贪腐落马，归根到底是因为理想信念不坚定。理想信念是共产党人安身立命的根本。如果没有理想信念，或者理想信念不坚定，精神上就会"缺钙"，就会得"软骨病"，就容易导致政治上变质、经济上贪婪、道德上堕落、生活上腐化。而"不想腐"的思想自觉一旦形成，就会产生强大的自我约束力和自身免疫力，因而是从源头上铲除腐败的重要途径。

习近平总书记指出："构筑拒腐防变的思想堤坝，用理想信念强基固本，用党的创新理论武装全党，用优秀传统文化正心明德，补足精神之'钙'，铸牢思想之'魂'，筑牢思想道德防线。"每一名党员干部都要牢记，一代代中国共产党人打江山、守江山，守的是人民的心。中国共产党作为马克思主义政党，代表中国最广大人民的根本利益，没有任何自己特殊的利益。党的干部要心中装着百姓，把人民放在心中最高位置，始终坚持全心全意为人民服务的根本宗旨，多做为群众排忧解难的实事，多下为群众服务的功夫，在想群众之所想、急群众之所急中排除私心杂念，坚持一心为公。

只有理论上清醒了，政治上才能坚定、行动上才能自觉。党员干部要加强理论武装，坚持不懈用习近平新时代中国特色社会主义思想凝心铸魂,把握好习近平新时代中国特色社会主义思想的世界观和方法论,坚持好、运用好贯穿其中的立场观点方法,培养过硬的政治素养和政治能力。必须加强自律、慎独慎微,经常对照党章检查自己的言行,加强党性修养,陶冶道德情操,永葆共产党人政治本色。为人要清白、做官要清廉,必须从点滴做起。要常修为政之德,常怀律己之心,常思贪欲之害,勿以善小而不为,勿以恶小而为之,坚持从小事小节中加强修养、完善自己,严以修身,正心明道,永葆共产党人的清廉作风。

(《人民日报》2022年12月05日 第9版)

159

树牢群众观点

李梦云

人民是历史的创造者,是决定党和国家前途命运的根本力量。党的二十大报告提出:"全党要坚持全心全意为人民服务的根本宗旨,树牢群众观点,贯彻群众路线,尊重人民首创精神,坚持一切为了人民、一切依靠人民,从群众中来、到群众中去,始终保持同人民群众的血肉联系。"群众观点是马克思主义政党的根本观点。始终同人民在一起,为人民利益而奋斗,是马克思主义政党同其他政党的根本区别。人民群众中蕴含着无穷的智慧和力量,凝聚人民、依靠人民,我们就能战胜各种艰难险阻,无往而不胜。

习近平总书记指出:"在全面深化改革进程中,我们要坚持马克思主义群众观点,坚持党的群众路线,'以百姓心为心',把实现好、维护好、发展好最广大人民根本利益作为推进改革的出发点和落脚点,让发展成果更多更公平惠及全体人民。"中国共产党是中国工人阶级的先锋队,同时是中国人民和中华民族的先锋队，始终坚持全心全意为人民服务的根本宗旨。坚持人民至上是我们党百年奋斗的历史经验之一。群众路线是我们党的生命线和根本工作路线，是我们党永葆青春活力和战斗力的重要传家宝。一百多年来，我们党所付出的一切努力、进行的一切斗争、作出的一切牺牲，都是为了人民幸福和民族复兴，所取得的一切成就、创造的一切奇迹、铸就的一切辉煌，都是在与人民同甘共苦、命运与共的团结奋斗中实现的。

党的十八大以来，以习近平同志为核心的党中央团结带领全党全国各族人民迎难而上、不懈奋斗，一仗接着一仗打，战胜接踵而至的风险挑战，推动党和国家事业取得历史性成就、发生历史性变革。我们坚持以人民为中心的发展思想，打赢了人类历史上规模最大的脱贫攻坚战，在中华大地上全面建成了小康社会，人民对美好生活的向往不断变为现实，获得感、幸福感、安全感更加充实、更有保障、更可持续。实践证明，为了人民而发展，发展才有意义；依靠人民而发展，发展才有动力。

习近平总书记在二十届中央政治局常委同中外记者见面时指出："一路走来，我们紧紧依靠人民交出了一份又一份载入史册的答卷。面向未来，我们仍然要依靠人民创造新的历史伟业。"今天，在党的坚强领导下，亿万人民更加自信、自立、自强，极大增强了志气、骨气、底气，意气风发迈上全面建设社会主义现代化国家新征程。前进道路上，我们还会遇到各种各样的风险考验、难以想象的惊涛骇浪。形势越是复杂严峻，越要加强与人民群众的血肉联系，越要凝聚起亿万人民推动事业发展的强大合力。人民永远是我们党最坚实的依靠力量、最强大的前进动力。

树牢群众观点，就要牢记"江山就是人民，人民就是江山"的道理，不断实现好、维护好、发展好最广大人民的根本利益，不断把人民对美好生活的向往变为现实；就要始终同人民站在一起、想在一起、干在一起，从群众中来、到群众中去，想人民之所想，行人民之所嘱，始终保持同人民群众的血肉联系；就要把加强党的领导和尊重人民首创精神结合起来，鼓励人民群众大胆探索、勇于创新，使人民的创造热情得到激发、创造意愿得到尊重、创造实践得到支持、创造才能得到发挥，最大限度把各阶层各方面的智慧和力量凝聚起来，共同为全面建设社会主义现代化国家、全面推进中华民族伟大复兴而奋斗。

(《人民日报》2022年12月06日　第9版)

160

把党的伟大自我革命进行到底

肖 飞

全面从严治党永远在路上,党的自我革命永远在路上。习近平总书记在党的二十大报告中指出:"经过不懈努力,党找到了自我革命这一跳出治乱兴衰历史周期率的第二个答案。"勇于自我革命,是我们党最鲜明的品格,也是我们党最大的优势。党的十八大以来,以习近平同志为核心的党中央以刀刃向内的勇气向党内顽瘴痼疾开刀,以雷霆万钧之势推进全面从严治党,开辟了百年大党自我革命的新境界。新时代新征程,我们要继续大力发扬自我革命精神,完善党的自我革命制度规范体系,把党的伟大自我革命进行到底。

习近平总书记强调:"在百年奋斗历程中,党领导人民取得一个又一个伟大成就、战胜一个又一个艰难险阻,历经千锤百炼仍朝气蓬勃,得到人民群众支持和拥护,原因就在于党敢于直面自身存在的问题,勇于自我革命,始终保持先进性和纯洁性,不断增强创造力、凝聚力、战斗力,永葆马克思主义政党本色。"党的百年奋斗历程就是一部激浊扬清的自我革命史。在革命、建设、改革的伟大历史进程中，我们党坚持从严管党治党，以革命者必先自我革命的坚定意志和决心，坚决同一切弱化党的先进性、损害党的纯洁性的问题作斗争。党的十八大以来，以习近平同志为核心的党中央坚持不懈把全面从严治党向纵深推进，坚持自我革命永远在路上，一以贯之推进党的建设新的伟大工程。从加强和规范党内政治生活、营造风清气正的党内政治生态，到锲而不舍落实中央八项规定精神、持续深化纠治"四风"，再到保持零容忍的警醒、零容忍的力度，统筹推进各领域反腐败斗争……一系列重大举措着眼根本性、长远性问题，向歪风邪气和顽瘴痼疾开刀，确保党永远不变质、不变色、不变味。坚持自我革命，是我们党长期实践积累的宝贵经验，必将在新时代实践中不断丰富和发展。

不忘初心、牢记使命，这是党立于不败之地的根本所在，也是党勇于自我革命的底气所在。习近平总书记强调："做到不忘初心、牢记使命，并不是一件容易的事情，必须有强烈的自我革命精神。"新时代十年，我们持之以恒推进全面从严治党，深入推进新时代党的建设新的伟大工程，以党的自我革命引领社会革命，实现了党的自我净化、自我完善、自我革新、自我提高，让广大党员干部更加坚守初心使命。也要认识到，党面临的执政考验、改革开放考验、市场经济考验、外部环境考验将长期存在，精神懈怠危险、能力不足危险、脱离群众危险、消极腐败危险将长期存在。新时代新征程，要做到务必不忘初心、牢记使命，必须时刻保持解决大党独有难题的清醒和坚定，继续坚持自我革命，确保党在坚持和发展中国特色社会主义的历史进程中始终成为坚强领导核心。

党的自我革命是一项系统工程，体现在加强党的自身建设和推进党的事业的全过程各方面。踏上新征程，我们要坚持以政治建设为统领，把党的政治建设摆在首位，保证全党服从中央、坚持党中央权威和集中统一领导；坚持思想建党、理论强党，持续推进理论武装，坚持不懈用习近平新时代中国特色社会主义思想凝心铸魂；坚持制度治党、依规治党，完善党内法规制度体系，增强党内法规的权威性和执行力；坚持严明纪律规矩，把铁的纪律转化为党员干部的自觉遵循；坚持以严的基调强化正风肃纪，推进作风建设常态化长效化；坚持不敢腐、不能腐、不想腐一体推进，坚决同消极腐败现象斗争到底。要通过自我革命把我们党建设得更加坚强有力，为全面建设社会主义现代化国家提供坚强保证。

(《人民日报》2022年12月07日　第12版)

161

健全新型举国体制

王 钦

习近平总书记在党的二十大报告中指出:"完善党中央对科技工作统一领导的体制,健全新型举国体制。"党的十八大以来,我们不断健全关键核心技术攻关新型举国体制,把集中力量办大事的制度优势、超大规模的市场优势同发挥市场在资源配置中的决定性作用结合起来,强化国家战略科技力量,推动科技自立自强不断取得新进展。

新型举国体制是面向国家重大需求,通过政府力量和市场力量协同发力,凝聚和集成国家战略科技力量、社会资源共同攻克重大科技难题的组织模式和运行机制,其特征是充分发挥我国制度优势,并综合运用行政的和市场的各种手段,尊重科学规律、经济规律、市场规律。这一体制能够把政府、市场、社会有机结合起来,科学统筹、集中力量、优化机制、协同攻关,强化企业技术创新主体地位,加快转变政府科技管理职能,营造良好创新生态,更好激发创新活力。

健全新型举国体制，是实施创新驱动发展战略的必然要求，也是牢牢掌握创新主动权和发展主动权、实现科技自立自强的现实需要。当前，全球新一轮科技创新正在加速推进，信息、生物医药、新材料等领域已经呈现出革命性突破的先兆。同时，科技创新还表现出从单点创新转向系统能力提升，需要积极推进跨学科、跨产业的科技创新资源整合。这就要求更加重视科技创新生态建设，构建有效的科技创新组织模式，促进各类主体协同创新，提高创新链整体效能。

新型举国体制在提升国家创新体系整体效能方面具有明显优势，能够激发基础研究领域活力、参与主体活力、创新体系整体活力。基础研究是一个国家科技综合实力的重要标志，是抢抓科技创新机遇和推进关键核心技术攻关的重要支撑。当前，应着力健全支持基础研究的体制保障，在强化基础研究核心力量的同时，引导多元主体和多方资源向基础研究领域聚集，不断激发基础研究创新活力。在激发参与主体活力方面，针对不同任务特点，分类进行管理体制机制创新，有效配置科技创新资源。比如，针对重大装备攻关，可以充分发挥核心企业的作用，构建具有活力的企业创新生态。在激发创新体系整体活力方面，可以充分发挥政府、大学、科研机构和企业的作用，调动广大科研人员的积极性，推进研究力量优化配置和资源共享。新时代新征程，我们要把握大势、抢占先机，直面问题、迎难而上，不断完善关键核心技术攻关的新型举国体制，提升我国科技水平，为经济社会持续健康发展注入强大科技动力。

（《人民日报》2022年12月08日 第9版）

162

坚持和发展中国特色社会主义的必由之路

杨　明

习近平总书记在党的二十大报告中强调"五个必由之路",深刻阐明"这是我们在长期实践中得出的至关紧要的规律性认识,必须倍加珍惜、始终坚持"。其中第一个就是"坚持党的全面领导是坚持和发展中国特色社会主义的必由之路"。

坚持无产阶级政党领导是科学社会主义的一条基本原则。马克思指出:"为保证社会革命获得胜利和实现革命的最高目标——消灭阶级,无产阶级这样组织成为政党是必要的。"列宁在领导俄国革命和苏联社会主义实践中强调:"国家政权的一切政治经济工作都由工人阶级觉悟的先锋队共产党领导。"社会主义事业是共产党人的事业,社会主义制度的建立、完善和巩固都离不开共产党的领导。

习近平总书记指出:"一定要认清,中国最大的国情就是中国共产党的领导。什么是中国特色?这就是中国特色。"治理好我们这个世界上人口最多的国家,必须坚持党的全面领导。党政军民学，东西南北中，党是领导一切的。我们党是中国特色社会主义事业的坚强领导核心，是这一伟大事业的开创者、引领者、推动者。正是在党的坚强领导下，我们战胜前进道路上的各种风险挑战，用几十年时间走完了发达国家几百年走过的工业化历程，创造了经济快速发展和社会长期稳定两大奇迹。

习近平总书记指出："中国特色社会主义最本质的特征是中国共产党领导，中国特色社会主义制度的最大优势是中国共产党领导。"中国特色社会主义大厦需要四梁八柱来支撑，党是贯穿其中的总的骨架，党中央是顶梁柱。我国国家制度和国家治理体系具有多方面的显著优势，其中首要的是坚持党的集中统一领导，坚持党的科学理论，保持政治稳定，确保国家始终沿着社会主义方向前进的显著优势。发挥党的领导这一最大优势，我们才能有效协调党和国家事业各领域重大关系，确保大政方针的稳定性和持续性，更好发挥我国国家制度和国家治理体系各方面的显著优势。

党的十八大以来，以习近平同志为核心的党中央团结带领全党全国各族人民采取一系列战略性举措，推进一系列变革性实践，实现一系列突破性进展，取得一系列标志性成果。经济实力实现历史性跃升，国家治理体系和治理能力现代化水平明显提高，全面发展全过程人民民主、法治中国建设开创新局面，生态环境保护发生历史性、转折性、全局性变化，全党全国各族人民文化自信明显增强、精神面貌更加奋发昂扬……实践充分表明,党的领导是党和国家的根本所在、命脉所在,是全国各族人民的利益所系、命运所系,坚持党的全面领导是坚持和发展中国特色社会主义的必由之路。

党的二十大报告提出:"全面建设社会主义现代化国家、全面推进中华民族伟大复兴,关键在党。"只有始终坚持和加强党的全面领导,才能为全面建成社会主义现代化强国、全面推进中华民族伟大复兴提供根本政治保证。前进道路上,必须坚持和加强党的全面领导,坚决维护党中央权威和集中统一领导,把党的领导落实到党和国家事业各领域各方面各环节,使党始终成为风雨来袭时全体人民最可靠的主心骨。我们要深刻领悟"两个确立"的决定性意义,增强"四个意识"、坚定"四个自信"、做到"两个维护",不断提高政治判断力、政治领悟力、政治执行力,健全总揽全局、协调各方的党的领导制度体系,完善党中央重大决策部署落实机制,确保全党在政治立场、政治方向、政治原则、政治道路上始终同以习近平同志为核心的党中央保持高度一致,确保全党全国各族人民在党的旗帜下团结成"一块坚硬的钢铁",凝聚起万众一心推进中华民族伟大复兴的磅礴力量。

(《人民日报》2022年12月12日 第7版)

163

实现中华民族伟大复兴的必由之路

陈志刚

习近平总书记在党的二十大报告中指出,"中国特色社会主义是实现中华民族伟大复兴的必由之路"。习近平总书记的重要论述,深刻阐明了过去我们为什么能够成功、未来我们怎样才能继续成功,为实现中华民族伟大复兴的中国梦指明了前进方向。

一个国家实行什么样的主义,关键要看这个主义能否解决这个国家面临的历史性课题。实现中华民族伟大复兴,是近代以来中国人民最伟大的梦想。鸦片战争后,中国逐步成为半殖民地半封建社会,国家蒙辱、人民蒙难、文明蒙尘,中华民族遭受了前所未有的劫难。为拯救民族危亡,实现中华民族伟大复兴,无数仁人志士进行了可歌可泣的斗争,但终究未能改变旧中国的社会性质和中国人民的悲惨命运。实践证明,不触动旧的社会根基的自强运动,各种名目的改良主义,旧式农民战争,资产阶级革命派领导的民主主义革命,照搬西方政治制度模式的各种方案，都不能完成中华民族救亡图存和反帝反封建的历史任务，都不能让中国的政局和社会稳定下来，也都谈不上为中国实现国家富强、人民幸福提供制度保障。

实现中华民族伟大复兴，必须在科学理论指导下，在先进政党领导下，探索出一条适合本国国情的发展道路。中国共产党一经诞生，就把为中国人民谋幸福、为中华民族谋复兴确立为自己的初心和使命，团结带领人民历经千辛万苦、付出巨大代价，开辟出中国特色社会主义这一创造人民美好生活、实现中华民族伟大复兴的康庄大道。中国特色社会主义承载着几代中国共产党人的理想和探索，寄托着无数仁人志士的夙愿和期盼，凝聚着亿万人民的奋斗和牺牲，是近代以来中国社会发展的必然选择。

中国特色社会主义进入新时代，以习近平同志为核心的党中央在立场、方向、原则、道路等根本性问题上旗帜鲜明、毫不含糊，着力正本清源、固本培元，始终高举中国特色社会主义伟大旗帜，以伟大的历史主动精神、巨大的政治勇气、强烈的责任担当，采取一系列战略性举措，推进一系列变革性实践，实现一系列突破性进展，取得一系列标志性成果，推动党和国家事业取得历史性成就、发生历史性变革，为实现中华民族伟大复兴提供了更为完善的制度保证、更为坚实的物质基础、更为主动的精神力量。当前，实现中华民族伟大复兴进入了不可逆转的历史进程，中国共产党和中国人民正信心百倍推进中华民族从站起来、富起来到强起来的伟大飞跃。

方向决定道路，道路决定命运。实现中华民族伟大复兴，道路是最根本的问题。历史雄辩地证明，中国特色社会主义是科学社会主义理论逻辑和中国社会发展历史逻辑的辩证统一，是实现中华民族伟大复兴的唯一正确道路。这条道路符合中国实际、反映中国人民意愿、适应时代发展要求，不仅走得对、走得通，而且走得稳、走得好。

中国特色社会主义这条道路，我们看准了、认定了，必须坚定不移走下去。坚定不移走中国特色社会主义这条唯一正确的道路，坚持道不变、志不改，把国家和民族发展放在自己力量的基点上、把中国发展进步的命运牢牢掌握在自己手中，就一定能够不断谱写新时代中国特色社会主义新篇章，奋力实现中华民族伟大复兴的中国梦，在人类的伟大时间历史中创造中华民族的伟大历史时间。

（《人民日报》2022年12月13日　第13版）

164

中国人民创造历史伟业的必由之路

王小鸿

团结就是力量,奋斗开创未来。习近平总书记在党的二十大报告中强调"团结奋斗是中国人民创造历史伟业的必由之路"。我们要深刻把握团结奋斗的丰富内涵、实践要求,在党的旗帜下团结成"一块坚硬的钢铁",心往一处想、劲往一处使,推动中华民族伟大复兴号巨轮乘风破浪、扬帆远航。

团结奋斗是中国人民创造历史伟业的必由之路。团结奋斗是中国共产党和中国人民最显著的精神标识。中国人民是具有伟大奋斗精神、伟大团结精神的人民。在历史长河中,中国人民团结一心、共同奋斗,铸就了绵延几千年发展至今的中华文明。作为马克思主义政党,中国共产党十分重视团结,非常善于团结,视党的团结统一为党的生命,始终以奋发有为的精神状态团结带领中国人民为实现中华民族伟大复兴的中国梦而奋斗。党100多年的历史,也是一部党团结带领中国人民攻坚克难、不断赢得伟大胜利的不懈奋斗史,写满着顽强拼搏的英勇果敢，凝聚着团结奋斗的智慧汗水。

党的十八大以来，党和国家面临的形势之复杂、斗争之严峻、改革发展稳定任务之艰巨世所罕见、史所罕见。以习近平同志为核心的党中央团结带领全党全国各族人民撸起袖子加油干、风雨无阻向前行，勇于进行具有许多新的历史特点的伟大斗争，靠团结奋斗赢得彪炳中华民族发展史册、对世界具有深远影响的历史性胜利。新时代党和人民团结奋斗的精神，书写在五级书记共同抓、东部西部共协作、各行各业共参与的脱贫攻坚战中，激扬在一方有难、八方支援的抗击自然灾害的顽强斗争中……新时代的伟大成就是党和人民一道拼出来、干出来、奋斗出来的。走过艰辛奋斗历程、历经诸多风险考验，我们党的政治领导力、思想引领力、群众组织力、社会号召力显著增强，广大人民的前进动力更加强大、奋斗精神更加昂扬、必胜信念更加坚定，正向第二个百年奋斗目标阔步迈进。

以中国式现代化全面推进中华民族伟大复兴，艰巨性和复杂性前所未有，对团结奋斗提出了更高要求。围绕明确奋斗目标形成的团结才是最牢固的团结，依靠紧密团结进行的奋斗才是最有力的奋斗。习近平新时代中国特色社会主义思想奠定团结奋斗的思想根基，指引团结奋斗的正确方向，提供攻坚克难的强大思想武器和具体工作方法。前进道路上，我们要以习近平新时代中国特色社会主义思想统一团结奋斗的意志和行动，不断巩固和加强党的团结统一、党同人民的团结、海内外中华儿女大团结等各方面团结，确保党始终成为中国人民团结奋斗的坚强领导核心，确保拥有团结奋斗的强大政治凝聚力、发展自信心，形成同心共圆中国梦的强大合力。

习近平总书记指出："在我们这么一个有着14亿人口的国家，每个人出一份力就能汇聚成排山倒海的磅礴力量，每个人做成一件事、干好一件工作，党和国家事业就能向前推进一步。"在党的坚强领导下，深刻把握团结奋斗是中国人民创造历史伟业的必由之路，团结一心、接续奋斗，我们就一定能战胜前进道路上的风险挑战，创造令人刮目相看的新的奇迹。

（《人民日报》2022年12月14日　第13版）

165 新时代我国发展壮大的必由之路

郑延冰

党的二十大报告提出"贯彻新发展理念是新时代我国发展壮大的必由之路"。这一重要论述深刻阐明了贯彻新发展理念对于全面建设社会主义现代化国家、全面推进中华民族伟大复兴的重大意义。

发展是一个不断变化的进程,发展环境、发展条件等都不会一成不变。改革开放以来,我国充分发挥自身在资源和劳动力等方面的比较优势,通过引进外资、实施外向型发展战略等推动经济快速发展起来。进入新时代,我国经济发展的环境和条件发生了深刻复杂的变化。一方面,我国物质基础雄厚、人力资源丰富、市场空间广阔、发展潜力巨大,新的增长动力正在孕育形成,经济长期向好基本面没有改变。另一方面,经济长期高速增长中积累的突出矛盾和问题日益显现,发展不平衡、不协调、不可持续问题比较突出,主要表现为发展方式粗放、创新能力不强、城乡区域发展不平衡、资源环境约束趋紧、环境污染等问题突出，传统发展模式难以为继。这要求我们必须推动经济发展从高速增长转向高质量发展，解决好经济社会发展中长期积累的不平衡不充分问题。

理念是行动的先导，一定的发展实践都是由一定的发展理念来引领的。我国发展环境、发展条件的深刻变化，必然要求我们及时更新和转变发展理念，以新的发展理念引领新阶段我国经济发展实践，提升发展质量，培育新的发展动能、比较优势和国际竞争力。党的十八大以来，以习近平同志为核心的党中央对我国经济社会发展提出了许多重大理论和理念，其中新发展理念是最重要、最主要的。新发展理念是我们党在深刻总结国内外发展经验教训和深刻分析国内外发展大势基础上形成的，要解决的是我国经济发展长期积累的突出矛盾和问题。创新发展注重的是解决发展动力问题，协调发展注重的是解决发展不平衡问题，绿色发展注重的是解决人与自然和谐问题，开放发展注重的是解决发展内外联动问题，共享发展注重的是解决社会公平正义问题。新发展理念是一个系统的理论体系，五大发展理念之间相互贯通、相互促进，是一个具有内在联系的集合体，既系统回答了新时代关于我国发展的目的、动力、方式、路径等一系列理论和实践问题，又深刻阐明了我们党关于发展的政治立场、价值导向、发展模式、发展道路等重大政治问题，集中反映了我们党对社会主义建设规律和我国经济社会发展规律认识的深化。

贯彻新发展理念是关系我国发展全局的一场深刻变革，涉及一系列思维方式、行为方式、工作方式变革和一系列工作关系、社会关系、利益关系调整。党的二十大对贯彻新发展理念作出新的重要部署，提出"必须完整、准确、全面贯彻新发展理念，坚持社会主义市场经济改革方向，坚持高水平对外开放，加快构建以国内大循环为主体、国内国际双循环相互促进的新发展格局。"这为我们在新征程上贯彻新发展理念、构建新发展格局、推动高质量发展指明了方向。必须坚持系统观念，把新发展理念完整、准确、全面地贯彻到经济社会发展全过程和各领域，推动五大发展理念在贯彻落实过程中相互促进、一体推进和协同发力、形成合力，决不能因哪一个发展理念贯彻不到位而影响整体发展进程。同时，要坚持重点论，以重点突破带动整体推进。创新是引领发展的第一动力，决定发展的速度、效能、可持续性。习近平总书记指出："协调发展、绿色发展、开放发展、共享发展都有利于增强发展动力，但核心在创新。抓住了创新，就抓住了牵动经济社会发展全局的'牛鼻子'"。这就要求我们坚定不移实施创新驱动发展战略，以创新发展引领和支撑协调发展、绿色发展、开放发展、共享发展。

（《人民日报》2022年12月15日 第13版）

166

永葆生机活力、走好新的赶考之路的必由之路

陈从楷

党的二十大闭幕不到一周,习近平总书记带领中共中央政治局常委专程前往陕西,瞻仰延安革命纪念地。习近平总书记指出:"全党同志要把老一辈革命家和共产党人留下的光荣传统和优良作风传承好发扬好,勇于推进党的自我革命,坚定不移推进全面从严治党,始终保持党的先进性和纯洁性,确保党始终成为中国特色社会主义事业的坚强领导核心。"

党的二十大报告提出:"全面从严治党是党永葆生机活力、走好新的赶考之路的必由之路。"这一重大论断,是马克思主义建党学说同中国共产党建设实际相结合的重大理论成果,展现出我们党解决大党独有难题的清醒和坚定,具有重要时代价值和深远历史意义。

办好中国的事情,关键在党、关键在全面从严治党。习近平总书记指出:"堡垒最容易从内部被攻破。从某种意义上说,

自从党成立以来,我们党面临的最大风险是内部变质、变色、变味,丧失马克思主义政党的政治本色,背离党的宗旨而失去最广大人民支持和拥护。"一百多年来,我们党始终保持忧患意识,不断加强自身建设,为确保党始终成为坚强领导核心提供了有力保障。

全面从严治党是新时代党治国理政的一个鲜明特征。党的十八大以来,以习近平同志为核心的党中央勇于面对党面临的重大风险考验和党内存在的突出问题,把全面从严治党纳入"四个全面"战略布局、作为新时代党的自我革命的伟大实践,从制定和落实中央八项规定破题,持之以恒纠治"四风",坚持思想从严、监督从严、执纪从严、治吏从严、作风从严、反腐从严,层层压实管党治党政治责任,以前所未有的勇气和定力推进党风廉政建设和反腐败斗争,推动全面从严治党取得了历史性、开创性成就,产生了全方位、深层次影响。

一个饱经沧桑而初心不改的党,才能基业常青;一个铸就辉煌仍勇于自我革命的党,才能无坚不摧。新时代新征程,中华民族复兴伟业前途光明、任重道远,必须坚持全面从严治党不动摇,永葆党的先进性和纯洁性。我们要深刻认识到,全面建设社会主义现代化国家、全面推进中华民族伟大复兴,关键在党。只有把全面从严治党战略方针贯穿中国特色社会主义事业全过程和党的建设各方面,把我们党淬炼得更加坚强有力,才能推动伟大事业不断向前。

习近平总书记强调:"面对新征程上的新挑战新考验,我们必须高度警省,永远保持赶考的清醒和谨慎,驰而不息推进全面从严治党,使百年大党在自我革命中不断焕发蓬勃生机,始终成为中国人民最可靠、最坚强的主心骨。"走好全面从严治党这条"必由之路",必须深刻领悟"两个确立"的决定性意义,坚决做到"两个维护",确保全党更加紧密地团结在以习近平同志为核心的党中央周围,更加自觉地用习近平新时代中国特色社会主义思想凝心铸魂。大力弘扬伟大建党精神,不忘初心使命,勇于自我革命,不断清除一切损害党的先进性和纯洁性的有害因素,不断清除一切侵蚀党的健康肌体的病原体。完善党的自我革命制度规范体系,坚持制度治党、依规治党。通过坚定不移全面从严治党,确保党在新时代坚持和发展中国特色社会主义的历史进程中始终成为坚强领导核心,走好新时代的赶考路,答好新时代的新考卷。

(《人民日报》2022年12月16日 第9版)

167

对世界现代化理论的重大丰富和发展

于春晖

在新中国成立特别是改革开放以来长期探索和实践基础上，经过党的十八大以来在理论和实践上的创新突破，我们党成功推进和拓展了中国式现代化。习近平总书记在党的二十大报告中深刻阐明了中国式现代化的中国特色、本质要求和必须牢牢把握的重大原则，阐明了在现代化问题上的鲜明立场和主张。中国式现代化理论是在长期实践基础上形成的思想理论结晶，把我们党对中国式现代化的认识提升到一个新的高度，是对世界现代化理论的重大丰富和发展。

在中国这样一个人口规模超过现有发达国家人口总和的发展中国家实现现代化，艰巨性和复杂性前所未有，在人类历史上没有先例可循，更没有现成的道路可走。我们党坚持解放思想、实事求是、与时俱进、求真务实，独立自主探索符合自身实际的现代化发展道路。社会主义革命和建设时期，我们党提出努力把我国逐步建设成为一个具有现代农业、现代工业、现代国防和现代科学技术的社会主义强国目标。改革开放和社会主义现代化建设时期,我们党提出"中国式的现代化",制定了"三步走"发展战略。新时代,习近平总书记指出,"我们建设的现代化必须是具有中国特色、符合中国实际的",强调"以中国式现代化全面推进中华民族伟大复兴"。以习近平同志为核心的党中央团结带领全党全国各族人民成功推进和拓展了中国式现代化,打赢脱贫攻坚战,全面建成小康社会,书写了经济快速发展和社会长期稳定两大奇迹新篇章。

思想是行动的先导,理论是实践的指南。推进中国式现代化是一场长期而艰巨的社会革命,离不开科学理论的指导。党的十八大以来,我们党对建设社会主义现代化国家在认识上不断深入、战略上不断成熟、实践上不断丰富。习近平总书记深刻总结我国和世界其他国家现代化建设的历史经验,深入思考实现什么样的现代化、怎样实现现代化等重大问题,对中国式现代化作出一系列重要论述,形成逻辑严密、内涵丰富的科学理论体系。从五个方面深入阐释中国式现代化的中国特色,从领导力量、方向道路、发展方式、民主政治、精神文化、社会公平、生态文明、全球治理、文明境界等方面科学概括中国式现代化的本质要求,从领导核心、发展道路、根本立场、基本动力、精神状态等方面确立前进道路上必须牢牢把握的重大原则……习近平总书记关于中国式现代化的一系列重要论述,为我们奋进全面建设社会主义现代化国家新征程指明了前行方向、提供了根本遵循。

世界上既不存在定于一尊的现代化模式，也不存在放之四海而皆准的现代化标准。中国实现现代化，发展途径和推进方式必然具有自己的特点。中国式现代化坚持以人民为中心的发展思想，在高质量发展中促进共同富裕，发展全过程人民民主，丰富人民精神世界，促进中华民族永续发展，与世界良性互动、合作共赢。中国式现代化超越了西方以资本为中心的现代化、两极分化的现代化、物质主义膨胀的现代化、对外扩张掠夺的现代化老路，拓展了发展中国家走向现代化的途径。中国式现代化理论既切合中国实际，体现社会主义建设规律，也体现人类社会发展规律，使人类对现代化问题有了崭新的认识，展现了现代化的全新方向和光明前景。新时代新征程，我们要聚焦中国式现代化进程中遇到的问题，不断提出解决问题的新理念新思路新办法，不断塑造发展新动能新优势，推动现代化理论和实践取得更多创新突破。

（《人民日报》2022年12月19日　第9版）

168

实现人类历史上前所未有的伟大创举
——深刻理解把握中国式现代化的中国特色之一

鄢一龙

中国式现代化,是中国共产党领导的社会主义现代化,既有各国现代化的共同特征,更有基于自己国情的中国特色。党的二十大报告对中国式现代化的中国特色进行了概括,其中之一是人口规模巨大的现代化:"中国式现代化是人口规模巨大的现代化。我国十四亿多人口整体迈进现代化社会,规模超过现有发达国家人口的总和,艰巨性和复杂性前所未有,发展途径和推进方式也必然具有自己的特点。"

习近平总书记指出:"我们的现代化既是最难的,也是最伟大的。"人口规模巨大就是这种难、这种伟大的一个重要体现。人口越多,就业、住房、教育、医疗、社保等基本公共服务压力就越大,这也给实现现代化所需要的要素保障等带来巨大压力。迄今为止,全球实现现代化的国家和地区不超过30个、总人口不超过10亿人。我国在14亿多人口规模的基础上实现现代化，这意味着比现在所有发达国家人口总和还要多的中国人民将进入现代化行列，这也意味着我们必然要承受其他国家都不曾遇到的各种压力和严峻挑战。同时，这将彻底改写现代化的世界版图，在人类历史上具有深远意义。

经过全党全国各族人民持续奋斗，我们实现了第一个百年奋斗目标，在中华大地上全面建成了小康社会，历史性地解决了绝对贫困问题。但也要清醒看到，由于人口众多，我国发展面临的环境压力较大、资源约束较紧。比如，2017年，我国耕地保有量居世界第三位，但人均耕地面积不到世界平均水平的1/2；2019年，我国人均水资源量约为世界平均水平的1/4；油气、铁、铜等大宗矿产人均储量远低于世界平均水平。同时，发展不平衡不充分问题仍然突出。我国实现现代化，必然要走出一条不同于西方国家的道路。

人多又有人多的好处。今天的中国，有14亿多人口、9亿多劳动力、1.7亿多受过高等教育或拥有各类专业技能的人才。同时，中国还是一个人均GDP超1.2万美元、中等收入群体规模超4亿人、市场主体总数超1.5亿户的大国。人口规模巨大可以创造巨大人口红利，支撑劳动和人力资本密集型产业发展，形成超大规模市场和超大规模经济体。这是全面建设社会主义现代化国家的重要支撑。

习近平总书记指出："中国幅员辽阔、人口众多，要想发展振兴，最重要的就是立足国情、走自己的路。"在中国共产党领导下，我们以中国式现代化全面推进中华民族伟大复兴。

我们党是中国式现代化的主心骨和领航者，具有强大的政治领导力、思想引领力、群众组织力、社会号召力，能够凝聚起亿万人民团结奋斗的磅礴伟力，充分发挥社会主义制度集中力量办大事的优势。我们党始终坚持以人民为中心，一切为了人民、一切依靠人民，全体人民共同参与现代化过程、共享现代化成果，逐步实现全体人民共同富裕。

习近平总书记指出："在我国这样一个14亿人口的国家实现社会主义现代化，这是多么伟大、多么不易！"全面建设社会主义现代化国家，是一项伟大而艰巨的事业，前途光明，任重道远。我们在推进和拓展中国式现代化进程中，必须从国情出发想问题、作决策、办事情，始终走符合中国国情的现代化道路。只要我们全面贯彻落实党的二十大作出的决策部署，以中国式现代化全面推进中华民族伟大复兴，就一定能够以14亿多人口的体量进入现代化行列，实现人类历史上前所未有的伟大创举。

(《人民日报》2022年12月20日　第9版)

169

着力促进全体人民共同富裕
—— 深刻理解把握中国式现代化的中国特色之二

潘玉驹

贺兰山脚下的闽宁镇，是闽宁合作和东西部扶贫协作的生动样本。产业合作、劳务协作、人才支援、资金支持……20多年间，合作硕果累累。2016年，习近平总书记来到宁夏，感慨地说："闽宁合作探索出了一条康庄大道，这个宝贵经验可以向全国推广，做一个示范，实现共同富裕。"

东西部扶贫协作的实践生动表明，全体人民共同富裕是中国式现代化的中国特色之一。党的二十大报告提出："中国式现代化是全体人民共同富裕的现代化。"我们党坚持把实现人民对美好生活的向往作为现代化建设的出发点和落脚点，着力维护和促进社会公平正义，着力促进全体人民共同富裕，坚决防止两极分化。

共同富裕是马克思主义追求的一个重要目标。马克思指出，在未来社会，"生产将以所有的人富裕为目的""所有人共同享受大家创造出来的福利"。共同富裕是中华民族千百年来的美好期盼,是中国共产党矢志不渝的奋斗目标。毛泽东同志在新中国成立之初就提出了我国发展富强的目标,指出"这个富,是共同的富,这个强,是共同的强,大家都有份"。邓小平同志指出:"社会主义的本质,是解放生产力,发展生产力,消灭剥削,消除两极分化,最终达到共同富裕。"习近平总书记强调:"共同富裕是社会主义的本质要求,是人民群众的共同期盼。我们推动经济社会发展,归根结底是要实现全体人民共同富裕。"

实现共同富裕是中国共产党领导和我国社会主义制度的本质要求。消除贫困、改善民生、实现共同富裕体现着社会主义制度的优越性,也是我们党坚持全心全意为人民服务根本宗旨的重要体现。党的十八大以来,以习近平同志为核心的党中央把人民放在心中最高位置,把人民对美好生活的向往作为奋斗目标,强调让发展成果更多更公平惠及全体人民,不断促进人的全面发展,朝着实现全体人民共同富裕不断迈进。新时代十年,我们打赢人类历史上规模最大的脱贫攻坚战,困扰中华民族几千年的绝对贫困问题得到历史性解决。居民人均可支配收入从16500元增加到35100元,中等收入群体规模超过4亿人。建成世界上最大的社会保障网,基本养老保险参保人数由7.9亿增加到10.4亿,基本医疗保险参保人数由5.4亿增加到13.6亿。累计建设各类保障性住房和棚改安置房8000多万套,2亿多困难群众住房条件得到改善……我们持续增进民生福祉,在幼有所育、学有所教、劳有所得、病有所医、老有所养、住有所居、弱有所扶上持续用力,人民生活全方位改善,获得感、幸福感、安全感更加充实、更有保障、更可持续。

党的二十大报告将"实现全体人民共同富裕"作为中国式现代化的本质要求之一,并就"扎实推进共同富裕"作出重大决策部署。应当认识到,共同富裕是一个长远目标,需要一个过程,不可能一蹴而就,对其长期性、艰巨性、复杂性要有充分估计,等不得,也急不得。共同富裕是一个久久为功、动态发展的过程,必须在高质量发展中去推进,靠全体人民共同奋斗来实现。要提高发展的平衡性、协调性、包容性,持续缩小城乡、区域发展差距,打好共同富裕的基础。在做大做好"蛋糕"的基础上,还要通过合理的制度安排把"蛋糕"切好分好。新时代新征程,在党的领导下把14亿多中国人民的积极性、主动性、创造性充分激发出来、凝聚起来,共同富裕的宏伟蓝图就能一步步变成美好现实。

(《人民日报》2022年12月21日　第9版)

170

物质文明和精神文明均衡发展、相互促进
——深刻理解把握中国式现代化的中国特色之三

张 明

习近平总书记在党的二十大报告中指出:"中国式现代化是物质文明和精神文明相协调的现代化。"物质富足、精神富有是社会主义现代化的根本要求。推进中国式现代化,既需要不断厚植现代化的物质基础,也需要更好构筑中国精神、中国价值、中国力量。

中国式现代化是中国共产党领导的社会主义现代化。社会主义现代化坚持以人为本,追求的是人的全面发展和社会的全面进步。物质贫困不是社会主义,精神贫乏也不是社会主义。党的二十大报告提出以中国式现代化全面推进中华民族伟大复兴。实现伟大梦想,需要强大的物质力量,也需要强大的精神力量。只有物质文明建设和精神文明建设都搞好,国家物质力量和精神力量都增强,人民物质生活和精神生活都改善,我们才能向着民族复兴宏伟目标顺利迈进。

习近平总书记指出："实现中国梦，是物质文明和精神文明均衡发展、相互促进的结果。"辩证唯物主义强调世界的统一性在于它的物质性，但也认为意识对物质有反作用。我们坚持以辩证、全面的观点正确处理物质文明和精神文明的关系，在推进社会主义现代化建设过程中，将解放生产力、发展生产力作为社会主义本质要求和根本任务，始终坚持发展是第一要务，不断夯实现代化的物质基础。同时也强调，现代化既是物质生产力不断提升的过程，也是人的精神世界不断丰富的过程。加强社会主义精神文明建设，能够为经济社会持续健康发展提供精神动力和文化条件，这正是精神变物质、物质变精神的辩证法。我们党以系统思维坚持推进物质文明和精神文明相协调的现代化，摒弃了西方物质主义膨胀的现代化，为破解人类在现代化进程中遇到的精神贫乏等问题，探索更好的现代化发展路径提供了中国方案。

经过接续奋斗特别是新时代十年的砥砺奋进，党和国家事业取得历史性成就、发生历史性变革，为实现中华民族伟大复兴提供了更为完善的制度保证、更为坚实的物质基础、更为主动的精神力量。新时代的历史性成就、历史性变革是全方位的。我们党把文化自信和道路自信、理论自信、制度自信并列为中国特色社会主义"四个自信"，强调文化自信是更基础、更广泛、更深厚的自信，站在新的历史高度推进文化建设，大大增强了全党全国各族人民的精神力量。新时代十年，面对世界形势的深刻变化，面对改革发展稳定的一系列深层次问题，面对来自多方面的风险考验，我们能够处变不惊、从容应对，除了雄厚物质实力奠定的基础，也离不开党和人民昂扬的奋斗精神、不断增强的志气骨气底气和全社会向上向善的良好风气、极大提升的凝聚力和向心力。新时代波澜壮阔的实践充分说明，只有物质文明和精神文明协调发展，中国特色社会主义巍巍巨轮才能劈波斩浪、一往无前。

共同富裕是全体人民共同富裕，是人民群众物质生活和精神生活都富裕。着力促进全体人民共同富裕，对推进物质文明建设和精神文明建设提出了更高要求。一方面，要完整、准确、全面贯彻新发展理念，加快构建新发展格局，实现高质量发展，不断夯实中国式现代化的物质基础。另一方面，要大力发展社会主义先进文化，加强理想信念教育，传承中华文明，积极回应人民群众精神文化需求，推进文化自信自强，为中国式现代化提供坚强思想保证、强大精神力量、丰润道德滋养。协调推进物质文明建设和精神文明建设，中国式现代化必将不断促进物的全面丰富和人的全面发展。

（《人民日报》2022年12月22日　第7版）

171

努力建设人与自然和谐共生的美丽中国
——深刻理解把握中国式现代化的中国特色之四

赵渊杰

习近平总书记在党的二十大报告中深刻阐述了中国式现代化五个方面的中国特色,其中一个重要方面就是"人与自然和谐共生的现代化",进一步丰富和拓展了中国式现代化的内涵和外延,为在社会主义现代化建设中正确处理人与自然的关系提供了根本遵循。

人与自然的关系是人类社会最基本的关系,正确处理现代化进程中人与自然的关系,说到底是要解决好生态环境保护和经济发展的关系。在200多年的现代化进程中,西方发达国家普遍走过一条先污染后治理的道路,在创造巨大物质财富的同时,也加速了对自然资源的攫取,带来严重的生态环境问题,人与自然的深层次矛盾日益显现。20世纪30年代开始,多起环境公害事件相继在西方国家发生,损失巨大、震惊世界。

我国是一个拥有14亿多人口的发展中国家,是现代化的后发国家。人口规模巨大和现代化的后发性，意味着我国实现现代化面临更强的资源环境约束，这决定了中国式现代化必须摒弃西方发达国家大量消耗资源能源、肆意破坏生态环境、先污染后治理的现代化老路，必须立足人口众多、资源相对不足、环境承载力较弱的基本国情，探索人与自然和谐共生的现代化新路。

惟其艰巨，所以伟大；惟其艰巨，更显荣光。中国式现代化对人类现代化的重大贡献之一，就在于用实践证明了生态环境保护和经济发展是辩证统一、相辅相成的关系，建设生态文明、推动绿色低碳循环发展，不仅可以满足人民日益增长的优美生态环境需要，而且可以推动实现更高质量、更有效率、更加公平、更可持续、更为安全的发展，走出一条生产发展、生活富裕、生态良好的文明发展道路。

党的十八大以来，以习近平同志为核心的党中央把生态文明建设摆在全局工作的突出位置，对生态文明建设进行全面系统部署安排，提出绿水青山就是金山银山的理念，形成了习近平生态文明思想，把"美丽中国"纳入社会主义现代化强国目标，把"生态文明建设"纳入"五位一体"总体布局，把"人与自然和谐共生"纳入新时代坚持和发展中国特色社会主义基本方略，把"绿色"纳入新发展理念，把"污染防治"纳入三大攻坚战，指引和推动我国生态文明建设从认识到实践都发生了历史性、转折性、全局性变化。经过不懈努力，中国式现代化的生态根基更加牢固，绿色底色不断厚植，人民群众的生态环境获得感、幸福感、安全感更加充实。

习近平总书记强调："在全面建设社会主义现代化国家新征程上，全党全国要保持加强生态文明建设的战略定力，着力推动经济社会发展全面绿色转型，统筹污染治理、生态保护、应对气候变化，努力建设人与自然和谐共生的美丽中国，为共建清洁美丽世界作出更大贡献！"实现现代化是一个长期的历史过程，生态环境修复和改善需要长期艰苦努力，不可能一蹴而就、一劳永逸。当前，我国生态文明建设仍然面临诸多矛盾和挑战，生态环境稳中向好的基础还不稳固，从量变到质变的拐点还没有到来，生态环境质量同人民群众对美好生活的期盼相比，同建设美丽中国的目标相比，同构建新发展格局、推动高质量发展、全面建设社会主义现代化国家的要求相比，都还有较大差距。推进人与自然和谐共生的中国式现代化，必须牢固树立和践行绿水青山就是金山银山的理念，保持生态文明建设的战略定力，促进生态环境持续改善，实现中华民族永续发展。

（《人民日报》2022年12月23日　第9版）

172

致力于推动构建人类命运共同体
——深刻理解把握中国式现代化的中国特色之五

谢 韬

走和平发展道路,是中国式现代化的中国特色之一。中国共产党从人类发展大潮流、世界变化大格局、中国发展大历史正确认识和处理同外部世界的关系,在坚定维护世界和平与发展中谋求自身发展,又以自身发展更好维护世界和平与发展。中国式现代化的成功实践,探索出崭新的现代化道路,为人类持久和平、繁荣发展作出重大贡献。

回顾人类现代化进程,一些国家通过战争、殖民、掠夺等方式实现现代化,这种损人利己、充满血腥罪恶的现代化之路给广大发展中国家带来深重苦难。中国摒弃对外侵略扩张的现代化老路,始终在和平发展道路上推进现代化。中国用几十年时间走完了发达国家几百年走过的工业化历程,创造了经济快速发展和社会长期稳定两大奇迹。中国式现代化的巨大成就,不是靠谁的恩赐,也不是靠对外军事扩张和殖民掠夺,而是中国共产党团结带领中国人民靠自力更生、艰苦奋斗拼出来、干出来的，是坚持与世界良性互动、合作共赢，在拥抱世界、学习世界、贡献世界中取得的，是独立自主走和平发展道路结出的硕果。

中国走和平发展道路，具有深厚历史文化渊源，符合我国根本利益，符合世界发展大势，是从历史、现实、未来的客观判断中得出的结论。和平、和睦、和谐是中华民族一直追求和传承的理念，中华民族的血液里没有侵略他人、称霸世界的基因。近代之后，中国陷入半殖民地半封建社会的深渊，人民饱受战争之苦，更加渴望和平、珍惜和平。新中国成立后，中国人民为推进社会主义现代化全力拼搏，深知和平稳定的环境是国家发展的重要前提。从提出和平共处五项原则、和平与发展是时代主题，到推动构建人类命运共同体，我们党坚定奉行独立自主的和平外交政策，探索符合国情的发展道路，坚定把发展立足点放在国内，探索走出一条与传统大国崛起不同的和平发展道路。

新时代，中国的和平发展道路越走越宽广，中国式现代化不断推进和拓展。面对世界对发展起来的中国的关注，习近平总书记强调："中国无论发展到什么程度，永远不称霸，永远不搞扩张。"习近平总书记创造性提出并不断丰富发展构建人类命运共同体的重要思想，为人类实现共同发展、长治久安、持续繁荣指明了方向。中国贯彻新发展理念，构建新发展格局，推动高质量发展，集中力量办好自己的事，连续多年对世界经济增长的贡献率超过30%；实行更加积极主动的开放战略，共建"一带一路"成为深受欢迎的国际公共产品和国际合作平台；提出全球发展倡议、全球安全倡议等重大思想理念；倡议并推动同多个国家和地区构建双边及区域性命运共同体……从一系列引领性理念到诸多实实在在的行动，新时代的中国为世界和平与发展作出重要贡献，国际影响力、感召力、塑造力显著提升。

当前，世界之变、时代之变、历史之变正以前所未有的方式展开，和平赤字、发展赤字、安全赤字、治理赤字愈加突出。站在历史的十字路口，世界各国对和平、发展、合作、共赢的期待更加强烈。党的二十大报告提出："我们党立志于中华民族千秋伟业，致力于人类和平与发展崇高事业，责任无比重大，使命无上光荣。"中国将一如既往坚持维护世界和平、促进共同发展的外交政策宗旨，站在历史正确的一边、站在人类文明进步的一边，弘扬全人类共同价值，同国际社会一道努力落实全球发展倡议、全球安全倡议，向着构建人类命运共同体的目标前进。中国的发展是世界和平力量的增长。随着中国式现代化的深入推进，中国必将给世界带来更多稳定性和确定性，必将为人类发展进步注入更多正能量。

(《人民日报》2022年12月26日 第9版)

173

建设宜居宜业和美乡村

杨 果

建设什么样的乡村、怎样建设乡村,是摆在我们面前的一个重要课题。习近平总书记在党的二十大报告中强调"建设宜居宜业和美乡村"。党的十八大以来,以习近平同志为核心的党中央坚持把解决好"三农"问题作为全党工作的重中之重,打赢脱贫攻坚战,实施乡村振兴战略,农业综合生产能力上了大台阶,农民收入持续增长,农村民生显著改善,乡村面貌焕然一新,我国农业农村现代化事业取得历史性成就、发生历史性变革,为建设宜居宜业和美乡村奠定了坚实基础。

建设宜居宜业和美乡村,一个重要方面是推动乡村生态振兴、改善农村人居环境。习近平总书记强调:"要推动乡村生态振兴,坚持绿色发展,加强农村突出环境问题综合治理,扎实实施农村人居环境整治三年行动计划,推进农村'厕所革命',完善农村生活设施,打造农民安居乐业的美丽家园,让良好生态成为乡村振兴支撑点。"党的十八大以来,在以习近平同志为核心的党中央坚强领导下,农村人居环境整治三年行动扎实推进,全面提升农村人居环境质量,农村脏乱差面貌有了明显改观,村庄环境基本实现干净整洁有序,美丽乡村建设取得明显成效。截至去年底,全国农村卫生厕所普及率超过70%,推行农村生活垃圾收运处理的自然村比例保持在90%以上。中办、国办印发的《农村人居环境整治提升五年行动方案(2021—2025年)》,为进一步改善农村人居环境、加快建设生态宜居美丽乡村设定了"任务书""路线图""时间表"。

整治提升农村人居环境,守住乡村生态红线,不仅是打造宜居环境的前提,也是坚持绿色发展、实现产业兴旺、实现乡村共同富裕的基础。习近平总书记指出,"良好生态环境是农村最大优势和宝贵财富""以绿色发展引领乡村振兴是一场深刻革命"。实践证明,美丽乡村激活美丽经济。农村生态环境好了,生态农业、养生养老、森林康养、乡村旅游等就会红火起来,田园风光、湖光山色、秀美乡村就能变成金山银山。近年来,不少农村地区依托特色生态资源因地制宜发展特色产业,乡村新产业新业态蓬勃发展,推动乡村自然资本加快增值,让良好生态成为乡村振兴的支撑点,产业兴、百姓富、生态美的发展格局逐步形成。

建设宜居宜业和美乡村,必须系统施策、协同推进、综合治理,更好促进农业高质高效、乡村宜居宜业、农民富裕富足。要深入实施乡村建设行动,持续完善农村基础设施,提升公共服务水平,促进城乡统筹发展。传承保护传统村落民居和优秀乡土文化,保留具有本土特色和乡土气息的乡村风貌,打造各具特色的现代版"富春山居图"。统筹保护与发展,在保护基础上做好生态资源价值挖掘,积极发展特色农业、农产品深加工、乡村旅游、农村电商等产业,将乡村生态优势更好转化为经济优势,让乡亲们的生活越来越红火。

(《人民日报》2022年12月29日　第9版)